高等继续教育财经专业精品教材系列

财智睿读

财务管理

Financial Management （第二版）

宋 涛 主编

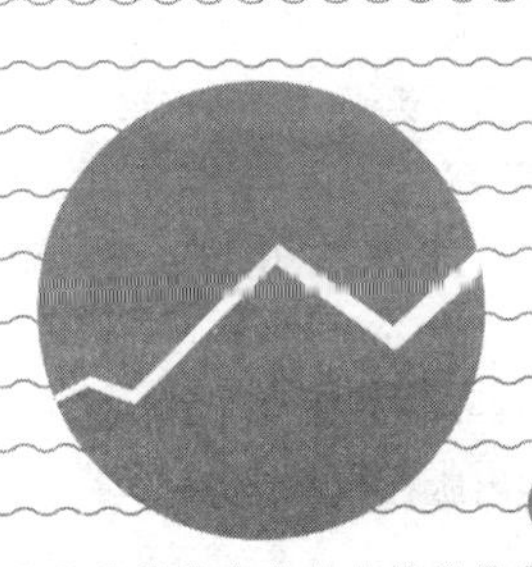

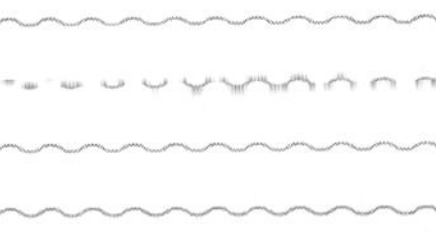

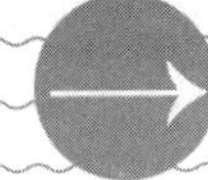

中国财经出版传媒集团
经济科学出版社
Economic Science Press

图书在版编目（CIP）数据

财务管理/宋涛主编．—2版．—北京：经济科学出版社，2020.1
高等继续教育财经专业精品教材系列
ISBN 978-7-5218-1297-8

Ⅰ.①财…　Ⅱ.①宋…　Ⅲ.①财务管理-成人高等教育-教材　Ⅳ.①F275

中国版本图书馆CIP数据核字（2020）第023328号

责任编辑：于海汛　李　林
责任校对：杨　海
版式设计：齐　杰
责任印制：李　鹏

财务管理
（第二版）
宋　涛　主编
经济科学出版社出版、发行　新华书店经销
社址：北京市海淀区阜成路甲28号　邮编：100142
总编部电话：010-88191217　发行部电话：010-88191522
网址：www.esp.com.cn
电子邮件：esp@esp.com.cn
天猫网店：经济科学出版社旗舰店
网址：http://jjkxcbs.tmall.com
北京密兴印刷有限公司印装
787×1092　16开　14.75印张　230000字
2020年3月第2版　2020年3月第1次印刷
印数：0001—3000册
ISBN 978-7-5218-1297-8　定价：30.00元
（图书出现印装问题，本社负责调换。电话：010-88191510）

前　言

在“十二五”即将结束、“十三五”面临开局之际，为适应国家提升高校教学水平和创新能力、大力发展继续教育、推动普通高校继续教育改革发展的要求，山东财经大学在原有山东省成人高等教育品牌专业特色课程系列教材的基础上，组织编写了这一新的成人高等教育财经专业精品教材系列。

该系列教材立足大众创业、万众创新，建设创新型国家的经济社会发展需要，紧扣财经类专业课程设置和教学大纲，科学、系统地涵盖了专业教学的基本内容，其中主要包括专业基础课和专业主干课程教材。这些教材适用于经济、管理学科，尤其是经济学、会计学、金融学等专业成人教育的教学，对指导和帮助学生获取本专业的基础理论和专业知识具有较强的针对性。

该系列教材的编写依托雄厚的学科专业实力和师资资源，主编、副主编及参编人员均为长期从事高校继续教育教学、科研和管理的专家、教授及一线教学骨干，教材在内容的设计方面较好地体现了实践性、应用性和对策性等特点，同时，该系列教材注重创新，力求把最新的理论发展、专业知识和政策信息纳入其中，内容上融入了编撰者多年来从事专业理论教学研究的优秀成果，其中不乏许多获省部级以上奖励的成果，从而较好地实现了教材系统性和科学性、创新性和实践性的有机结合。该系列教材在使用范围和地域上，具有广泛的适应性。

《财务管理》是成人高等教育财经专业精品系列教材之

一。在现代企业中，不仅财务人员要精通财务管理理论和方法，其他管理者也需要树立财务管理理念，通晓财务管理的基本原理和基本内容。近几年，中国经济快速发展、经济全球化进程日益加速、企业的经营环境复杂多变，改变了我国传统的财务管理理念、方式和方法，使得企业财务管理的理论、教学和实践从未像今天这样富有挑战性。为了使读者能够有效掌握财务管理的基本理论和现代财务管理的主要特点，本书在编写过程中力求吸收最新的财务理论，与我国当前经济体制改革中的财务管理实务相结合，用精辟的语言将财务管理的经典基础理论和前沿问题阐述清楚。

本书在编写体例、涵盖内容和编写方法上体现了以下特点：

1. 系统性。教材的每一章，除了有开篇的“本章要点”之外，还在每章教材内容的最后，增加了“本章小结”和“本章练习题”（练习附答案），以使读者在学习了每章之后有一个前后呼应，便于总结、巩固已学过的知识。

2. 基础性。教材介绍了财务管理最基本的理论和方法，强调专业基础知识的储备，为后续课程的学习打下良好基础。

3. 简明性。教材的编写力求用通俗、简明的语言介绍财务管理的基本理论，而不求细致的论证，避免传统教材的抽象式、说教多，以调动学习兴趣，保证初学者能把握重点，有效掌握课程内容。

本教材由山东财经大学会计学院宋涛担任主编，负责教材的总体框架设计、提纲细目的确定和编写。

本教材在编写过程中参阅、借鉴了大量文献资料，并得到了有关部门和专家、学者的指导和帮助，在此表示诚挚的谢意。

本教材既可用于成人高等教育教学，也可用作普通高等学校和高职高专会计学专业课程的教材或参考资料。

由于编者水平有限，疏漏和不足之处在所难免，恳请各位专家同仁和读者批评指正，以便以后修正和提高。

编　者

2015年9月

目　录

第 1 章 财务管理总论

本章要点

- ✧ 财务管理概述
- ✧ 财务管理目标
- ✧ 财务管理环境

1.1 财务管理概述

1.1.1 财务和财务管理的含义

财指钱财，引申为资金，务是事务，意指经济活动，财务就是和资金有关的经济活动，一般称为财务活动。和资金有关的经济活动包括什么呢？以企业为例，企业的生产经营必然产生对资金的需求，除所有者向企业提供资金外，银行等债权人也可能将资金借给企业使用，从而形成了筹资活动；企业将筹集到的资金部分用于建厂房、买设备，部分用于购买原材料、占用到应收账款和产品上、保持现金形式以满足生产过程中的各项支付需要等，前者属于投资活动，后者属于资金营运活动；企业销售产品、提供劳务会形成营业收入，营业收入需要分配给员工、经营者、国家、债权人及所有者，这属于广义的分配活动。

财务按其主体不同可以分为国家财务（财政）、企事业单位财务和家庭财务，现代意义上的财务主要是指企业财务。企业财务有广义和狭义之分，狭义的财务仅指企业的财务活动，广义的财务还包括财务关系。因为企业的资金运动从表面上看是钱和物的增减变动，其实钱和物的增减变动都离不开人与人之间的关系。企业在进行各项财务活动的过程中，必然要与各方面发生经济利益关系，我们要透过资金运动的表象，看到其背后人与人之间的财务关系。

所以，企业财务可以定义为企业在生产经营过程中客观存在的资金运动（财务活动）及其所体现的经济利益关系（财务关系）。企业财务管理是企业组织财务活动、处理财务关系的一项综合性的管理工作，是企业管理的重要组成部分。

1.1.2 财务管理要素

1. 财务管理的主体

财务管理的主体是指根据企业内部决策机构组成，具体行使财务管理权力的机构。

目前，我国大部分企业只设立一个财务会计机构，该机构集会计核算和财务管理职能于一身，但往往以会计职能为主，财务管理职能为辅。

随着对财务管理工作的日益重视，一些企业将财务管理职能独立出来，设立了和会计机构处于同等重要位置的财务管理机构，帮助企业完成资金筹集和投放等方面的工作。

2. 财务管理的客体

财务管理的客体即财务管理的对象。财务管理的对象是资金，是现金流转。会计上的现金是指库存现金，是一个静态概念，而财务管理中的现金是一个动态概念，是指资金运动的过程，通常用现金流表示。

现金流是一种管理理念，也是一种管理工具。现金流可以比作企业的血液，如果供血不足，企业就会感染各种疾病。企业不能一味只强调利润，必须重视现金流。即使企业短期内亏损，只要手头有足够的现金，就可以渡过难关；反之，即使企业有账面盈利，但如果手上都是无法兑现的应收账款，企业也就无法维持日常运营。从这个意义上说，现金流比利润更重要。所以，一些企业推崇“现金为王”、“现金流至上”。

3. 财务管理的内容

组织财务活动

（1）组织财务活动。组织财务活动实际上是一个对资金流动全过程的管理，具体包括以下四项内容：

①投资管理。投资是指以收回现金并获利为目的而发生的现金流出。例如，建造厂房、购置设备、购买其他企业的股票和债券等。投资需要考虑的问题有：投什么？投多少？什么时间投？投资的收益和风险如何？该不该投？投资管理主要解决的问题是如何合理的分配资金，以平衡投资的风险和收益。所以，投资管理将会影响资产负债表的左方，即企业的资产结构。

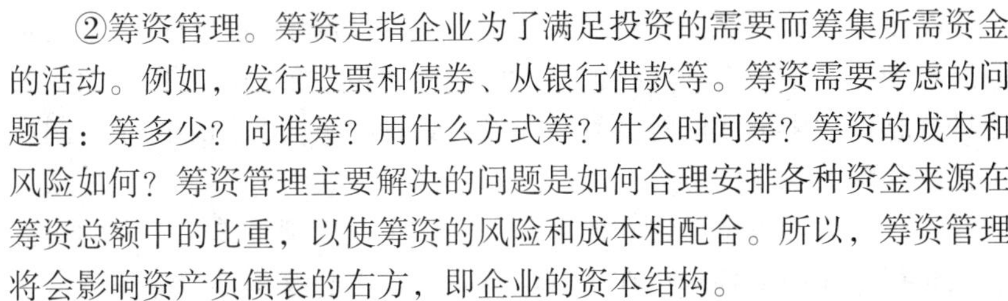

②筹资管理。筹资是指企业为了满足投资的需要而筹集所需资金的活动。例如，发行股票和债券、从银行借款等。筹资需要考虑的问题有：筹多少？向谁筹？用什么方式筹？什么时间筹？筹资的成本和风险如何？筹资管理主要解决的问题是如何合理安排各种资金来源在筹资总额中的比重，以使筹资的风险和成本相配合。所以，筹资管理将会影响资产负债表的右方，即企业的资本结构。

在财务管理中，一般认为投资管理和筹资管理所解决的均是长期决策问题。投资管理又称资本预算决策，筹资管理又称资本结构决策。

③营运资金管理。营运资金是指流动资产和流动负债的差额。营运资金的持有数量和管理水平直接关系到企业的盈利能力和财务风险。营运资金管理的目的一是根据对流动资产需求量的合理估计确定各流动资产的最佳持有量，加速流动资产的周转，从而提高流动资产的利用效率，二是根据流动资产的投资状况，合理安排流动负债的筹资方式和筹资额。

④利润分配管理。利润分配，也称狭义的分配，是指对企业净利润的分配。利润分配主要考虑的问题是净利润中有多少应向投资者进行分配，有多少留在企业中用于今后的发展。提取的盈余公积和向投资者分配后剩余的未分配利润均未流出企业，故统称为留存收益。留存收益构成了企业的一种长期资金来源，从这个意义上讲，利润分配可以视为一项特殊的筹资活动。

（2）财务关系。企业在筹资、投资、营运和分配等财务活动中必然要与有关方面发生广泛的经济联系，从而产生与有关各方的经济利益关系，这种经济利益关系就是财务关系。主要包括以下几个方面：

①企业与投资者之间、企业与受资者之间的财务关系。企业与投资者之间的财务关系是指企业的投资者向企业投入资金，企业向其投

资者支付投资报酬所形成的经济利益关系。企业与受资者之间的财务关系是指企业以购买股票或直接投资的形式向其他企业投资所形成的经济利益关系。这两种财务关系体现的是产权关系。

②企业与债权人之间、企业与债务人之间的财务关系。企业与债权人之间的财务关系是指企业向债权人借入资金，并按借款合同的规定支付利息和偿还本金所形成的经济利益关系。企业与债务人之间的财务关系是指企业将其资金以购买债券、提供借款或商业信用等形式出借给其他企业所形成的经济利益关系。这两种财务关系体现的是债权债务关系。

③企业与政府之间的财务关系。企业与政府之间的财务关系是指政府作为社会管理者，为行使其行政职能，按照税法规定向企业收缴各种税款过程中形成的经济利益关系。这种财务关系体现的是强制和无偿的分配关系。

④企业内部各单位之间的财务关系。企业内部各单位之间的财务关系是指企业内部各单位在生产经营各环节中相互提供产品或劳务所形成的经济利益关系。这种财务关系体现的是企业内部的分工协作关系。

⑤企业与职工之间的财务关系。企业与职工之间的财务关系是指企业向职工支付劳动报酬过程中所形成的经济利益关系。这种财务关系体现的是职工个人和企业集体在劳动成果上的分配关系。

⑥企业与供应商、企业与客户之间的财务关系。企业与供应商、企业与客户之间的财务关系是指企业与供应商、企业与客户之间相互提供产品、劳务所形成的经济利益关系。这种财务关系体现的是社会成员之间的分工协作关系。

1.2 财务管理目标

1.2.1 财务管理目标的主要观点

财务管理目标是指企业进行财务管理活动所要达到的目的。财务管理目标是企业财务管理工作的根本出发点和归宿，是评价企业财务活动是否合理有效的基本标准，是企业财务管理工作的行为导向。

财务管理目标制约着财务工作运行的基本特征和发展方向。不同的财务管理目标会产生不同的财务管理运行机制。因此，科学的设置财务管理目标，对优化理财行为、实现财务管理的良性循环具有重要的意义。从根本上讲，财务管理目标取决于企业目标和特定的社会经济模式，比较有代表性的观点主要有以下三种。

1. 利润最大化

这种观点认为：利润代表了企业新创造的财富，利润越多说明企业的财富增加得越多。

利润是企业在一定时期内全部收入与全部成本费用的差额，反映权责发生制下企业当期经营活动中投入（所费）与产出（所得）的对比结果，在一定程度上体现了企业经济效益的高低。以利润最大化作为企业财务管理的目标，有利于企业加强管理，合理使用资金，获取最大的经济效益，实现社会财富的增加。

但利润最大化目标在实践中存在着以下难以解决的问题：

（1）没有考虑利润的取得时间和资金的时间价值。比如，今年获利 1 000 万元与明年获利 1 000 万元哪一个更为理想？若不考虑资金时间价值，则无法得出正确的结论。

（2）没有考虑利润与投入资本之间的关系。比如，对 A 项目投入 100 万元可获取 20 万元利润，对 B 项目投入 500 万元可赚取 80 万元，哪一个更符合财务目标？企业如果不将实现的利润与资本投入的数额联系在一起考虑，很难做出正确的财务决策。

（3）没有考虑风险因素。一般而言，项目收益越高，其风险越大。如果不考虑风险因素，可能导致企业因一味追求利润最大化而在进行财务决策时优先选择收益高但风险也大的项目，一旦决策失误，会给企业带来不可弥补的损失。

（4）片面追求利润最大化，可能导致企业短期行为。比如，忽视新产品研发、生产安全、设备维护、履行社会责任等方面的投资与管理。

2. 股东财富最大化

这种观点认为：企业应通过合理经营，采用科学的财务管理策略，在考虑资金时间价值和风险价值的基础上，为股东增加尽可能多的财富。

将企业的股票价格乘以其股份数即为股东财富。以股东财富最大化作为企业财务管理的目标，可以促使管理者在进行有关投资、筹资决策时必须从股东利益出发，考虑其决策对股票市场价格的影响，积极为股东创造价值。

股东财富最大化目标容易量化，考虑了资金时间价值和风险价值，在一定程度上能够克服企业追求利润上的短期行为，但也存在以下缺陷：

（1）只强调了股东利益，而忽略了企业其他利益相关者的利益。

（2）股票价格的波动受多种因素的共同影响，并非企业自身所能完全控制。

（3）股东财富最大化只适用于上市的企业。

3. 企业价值最大化

这种观点认为：企业价值是企业综合因素的价值体现，是企业长期稳定发展的基础。

企业价值不是企业各项资产账面价值的简单相加，即资产负债表中的资产总额，而是目前将企业整体出售时的市场价值，是企业所能创造的预期未来现金流量的贴现值，反映了企业潜在的或预期的获利能力和成长能力。

以企业价值最大化作为财务管理目标，其优点主要表现在以下几个方面：

（1）考虑了资金时间价值和风险价值。未来现金流量的现值概念中，包含了资金时间价值和风险价值两个方面的因素，因此有利于企业统筹安排长短期规划、合理选择投资方案、有效筹措资金、合理制定股利政策等。

（2）有利于克服管理上的短期行为。企业价值的确定考虑了未来每年的预期现金流量，而不仅仅是有限的近几年的，可以有效避免短期行为。

（3）考虑了各利益相关者的利益。企业价值是各利益相关者在企业中博弈的结果，体现了利益相关者的共同利益，而不仅仅是股东的利益。

企业价值最大化揭示了市场认可的企业价值，有利于体现企业管理的目标，而且也充分考虑了资金的时间价值和风险价值，所以被认为是一个较为科学、合理的财务管理目标。本书以企业价值最大化作为最优的财务管理目标。

1.2.2 财务管理目标的协调

现代企业的资金来源于所有者（投资者）和债权人，而且企业所有权与经营权分离，因此，企业中形成了所有者、经营者和债权人三方利益群体。财务管理目标是企业所有者的目标，与企业经营者和债权人的目标并不完全一致。为了能够最终实现企业财务管理目标，应统一协调各利益群体之间的利益冲突，谋求各方利益的均衡。

1. 所有者与经营者的利益冲突与协调

现代企业一般是所有权和经营权分离，所有者聘请经营者负责经营管理企业，但两者的目标并不完全相同。经营者希望在提高股东财富和企业价值的同时，能够获得更多的报酬，而所有者则希望以较少的报酬支出带来更高的股东财富和企业价值。两者目标的不完全一致性以及信息的不对称性（经营者因具体负责企业的经营管理而比所有者掌握更多的企业信息）使得经营者在决策时可能不会完全考虑所有者的利益，甚至直接损害所有者的利益。例如，经营者不尽心尽力工作，不愿为股东的利益而冒必要的风险；由于我国目前法制尚不健全，监督不得力，经营者的消极可能导致经营者权责分离、责利不清的局面，并最终导致企业资产大量流失。这些不利于股东的表现很难构成法律上的责任，一般只能从道德上予以谴责。再如，经营者为了实现自己的目标，可能会违背股东的意愿而乱花股东的钱财；为追求享受而装修豪华办公室，购置高档汽车，公款吃喝。这些行为将使股东的利益受损。

（1）约束。解聘和并购是分别通过所有者和资本市场约束经营者的两种方法。所有者可以通过组织机构的设计、权责利的统一、注册会计师审计等手段对经营者实施监督。在经营者背离所有者目标时减少其报酬，甚至予以解聘。而如果企业的经营业绩不佳，其市场价值就会降低，从而降低并购成本，企业因此就很可能成为被并购的目标，一旦企业被并购，经营者就会失去现有工作。所以，在这两种情况下，经营者为了保住工作职位就需要为实现财务管理目标而努力工作。

（2）激励。激励是将经营者的报酬与其绩效挂钩，以使经营者自觉采取能够实现股东财富和企业价值最大化的措施。激励措施通常有两种基本方式：“绩效股”方式是指视经营者业绩情况给予其数量不等的股票作为报酬，经营者为了获得更多的股票就要不断采取措施提高经营绩效，从而增加股东财富和企业价值；而“股票期权”方式则允许经营者以约定的价格购买一定数量的本企业股票，股票的市场价格高于约定价格的部分就是经营者的报酬。经营者为了获得更多因股票价格上涨所带来的报酬的增加，必然会采取措施提高股价，从而增加股东财富和企业价值。

2. 所有者与债权人的利益冲突与协调

企业向债权人借入资金后，两者形成一种委托代理关系。债权人出借资金的目的是到期收回本金并获得约定的利息收入，主要强调资金的安全性；而所有者所控制的企业借款的目的是通过有风险的投资获得较高的收益，更多强调的是收益性，两者的目标不一致。资金一旦借出，债权人就失去了对资金的直接控制权。在未经债权人同意的情况下，所有者可能会要求经营者改变资金的用途，将资金投放于风险更高的项目，造成债权人风险与收益的不对称，也可能会要求经营者借入新的债务，从而造成企业偿债风险增加，原有债权价值下降。

对所有者与债权人的利益冲突，通常可以采取以下方式予以协调：

（1）寻求立法保护。比如，在企业破产时优先分配剩余财产。

（2）在借款合同中加入某些限制性条款。比如，规定借款专款专用，限制举借新的借款，限制大额现金支出等。

（3）当债权人发现企业有侵蚀其债权价值的意图时，拒绝进一步合作。比如，提前收回借款，不再发放新的借款，要求企业提高利率等。

1.3 财务管理环境

财务管理环境是指对企业财务活动产生影响作用的内外部条件的统称。内部条件包括企业的生产情况、经营规模、资产结构等，相对比较简单，比较容易把握和加以利用，而外部条件构成比较复杂，是企业难以改变的约束条件，企业财务决策应更多地适应外部条件的要求和变化。本书主要研究影响企业财务管理的外部条件，包括经济环境、法律环境和金融环境。

1.3.1 经济环境

经济环境是指企业进行财务活动的宏观经济状况。影响财务管理的主要经济因素有：

1. 经济周期

经济发展具有波动性，一般经历复苏、繁荣、萧条和衰退四个阶段的循环。在不同的经济周期阶段，企业应相应的采用不同的财务管理策略。在经济萧条阶段，由于整个宏观环境不景气，企业很可能处于紧缩状态之中，产销量下降，投资锐减，企业应减少筹资；在经济繁荣阶段，市场需求旺盛，预期产销量上升，企业为了扩大再生产需要扩大投资，从而要求财务人员迅速筹集所需资金。

2. 经济发展水平

经济发展水平越高，对财务管理的要求就越高。高水平的财务管理活动，能帮助企业合理选择筹资方式，保持最佳资本结构，降低财务风险；科学的投资决策能提高资金的使用效率，为股东和企业创造更多的财富，进而促进经济发展水平的进一步提高。经济发展水平的提高又会通过改变企业的财务战略、财务理念和财务管理方法与手段，促进企业财务管理水平的提高。

3. 经济政策

经济政策是指政府为行使其管理职能而制定的影响经济运行的一系列方针和策略，具体包括财税政策、金融政策、外汇政策、外贸政策、价格政策、投资政策、社会保障制度、企业会计准则体系等。不同的宏观经济政策对企业财务管理影响不同。比如，金融政策中的货币发行量、信贷规模会影响企业投资的资金来源和投资的预期收益；财税政策会影响企业的资本结构和投资项目的选择；价格政策会影响资金的投向和投资的回收期及预期收益。

4. 通货膨胀

通货膨胀会给企业的财务管理带来很大困难：通货膨胀会使企业生产成本增加，增加企业对资金的需求；国家为了防止经济过热一般会减少资金供应，从而造成企业筹资难度加大，且会增加企业的资本成本；通货膨胀还可能引起企业利润虚增，造成企业资金过早流出企业。为了减轻通货膨胀的不利影响，企业应当在通货膨胀的不同阶段分别采取不同的措施加以防范。

1.3.2 法律环境

财务管理的法律环境是指企业和外部发生经济关系时所应遵守的各种法律、法规和规章。市场经济的重要特征在于它是以法律规范和市场规则为特征的经济制度。企业的财务活动，无论是筹资、投资还是利润分配，都要和企业外部发生经济关系，在处理这些经济关系时，应当遵守有关的法律规范，具体包括公司法、证券法、税法、合同法、会计法和企业会计准则等。法律环境对企业的影响是多方面的，如企业的组织形式、公司治理结构、投资活动、筹资活动、利润分配活动等。下面主要介绍企业的组织形式。

企业的组织形式有三种：个人独资企业、合伙企业和公司制企业。

个人独资企业是指依法设立的，由一个自然人投资，财产为投资者个人所有，投资者以其个人财产对企业债务承担无限责任的经营实体。个人独资企业具有结构简单、容易开办、利润独享、限制较少等优点，但也存在着出资者负有无限偿债责任和筹资困难等缺点。

合伙企业是指依法设立，各合伙人订立合伙协议，共同出资、合伙经营、共享收益、共担风险，并对本企业债务承担无限连带责任的营利性组织。合伙企业具有开办容易、信用较佳的优点，但也存在无限合伙人负无限连带责任、管理权共享、决策缓慢等缺点。

公司是指依照《公司法》登记设立，以营利为目的，由股东投资形成的企业法人。公司股东作为出资者享有资产收益、参与重大决策和选择管理者等权利，并以其出资额或所持股份为限对公司承担有限责任。公司这一组织形式已经成为西方国家所采用的普遍形式，也是我国建立现代企业制度过程中选择的企业组织形式之一。我国公司法所称公司指有限责任公司和股份有限公司。

本书所指的企业财务管理，主要是指公司制企业的财务管理。公司一旦成立，其主要的活动，包括财务管理活动，都要按照《公司法》的规定来进行。因此，《公司法》是公司制企业财务管理最重要的强制性规范，公司的财务管理活动不能违反该法律，公司的自主权不能超出该法律的限制。其他企业也要按照相应的企业法来进行其财务管理活动。

1.3.3 金融环境

1. 金融市场

金融市场是指资金供应者和资金需求者双方通过某种形式融通资金达成交易的场所。金融市场上的交易对象是资金的使用权。

按交易的期限，金融市场可分为货币市场和资本市场。

货币市场，又称作短期金融市场，是指以期限在 1 年以内的金融工具为媒介，进行短期资金融通的市场。主要包括银行同业拆借市场、票据承兑和票据贴现市场、短期债券市场、大额定期存单市场等。货币市场的主要功能是调节短期资金融通，融通资金的用途一般是弥补短期资金的不足。

资本市场，又称作长期金融市场，是指以期限在 1 年以上的金融工具为媒介，进行长期资金融通的市场。主要包括股票市场、债券市场、融资租赁市场等。资本市场的主要功能是实现长期资本的融通，筹资的目的是解决长期投资性资金的需要，用于补充长期资本。

2. 金融机构

金融机构包括银行和非银行金融机构。

银行是指经营存款、放款、汇兑、储蓄等金融业务，承担信用中介的金融机构，主要包括各种商业银行和政策性银行。商业银行包括国有商业银行（中国工商银行、中国农业银行、中国银行和中国建设银行）和其他商业银行（招商银行、浦发银行、中信实业银行、华夏银行等）；国家政策性银行主要包括中国进出口银行、国家开发银行、中国农业发展银行。

非银行机构主要包括保险公司、信托投资公司、财务公司、证券公司和租赁公司等。

3. 金融工具

金融工具是指在金融市场上资金供需双方进行金融交易时所使用的信用工具，它对于交易双方所应承担的义务与享有的权利均具有法律效力。金融工具一般具有以下特征。

（1）流动性。流动性是指金融工具能够在短期内迅速地、不受损失地转变为现金的能力。流动性强的金融工具应具备两个条件：一是变现迅速；二是金融工具的市场价值较稳定。

（2）风险性。风险性是指购买金融工具的本金和预定收益遭受损失的可能性，一般包括违约风险和市场风险。违约风险是指证券的发行人由于经营状况恶化、破产等原因而导致投资者购买金融工具的本金不能得到偿还的风险。市场风险是指由于金融工具的市场价格波动可能给投资者造成经济损失的风险。

（3）收益性。收益性是指持有金融工具能够给投资者带来一定的收益。金融工具的收益性通常用所得收益与投入本金之比来表示，即收益率。

一般来说，金融工具的流动性越强，其风险性越低，收益性也越低；反之，流动性差的金融工具风险大，收益也高。比如，股票的风险通常比债券的风险大，其收益一般也大于债券的收益。

4. 利率

（1）利率的含义。利率是利息与本金之比。从资金的借贷关系看，利率是一定时期内运用资金资源的交易价格，是资金获取者为取得资金使用权而付出的代价。

（2）利率的分类。利率可以按照不同的标准进行分类，具体分类如下：

①按利率之间的变动关系，利率可分为基准利率和套算利率。基准利率是指在多种利率并存的条件下起决定作用的利率。如果基准利

率发生变动，其他利率也要相应变动。在我国，中国人民银行对商业银行的贷款利率是基准利率。套算利率是指各金融机构根据基准利率和借贷款的具体特点换算出来的利率。一般来说，风险大的贷款项目套算利率高。比如，如果基准利率为 5%，某金融机构贷款给 AAA 级和 AA 级企业时分别在基准利率基础上加 0.5% 和 1%，则套算利率分别为 5.5% 和 6%。

②按债权人取得的报酬情况，利率可分为实际利率和名义利率。实际利率是指物价不变从而货币购买力不变条件下的利率，或者是在物价变化时扣除通货膨胀补偿率后的利率。名义利率是指包括通货膨胀补偿率的利率。名义利率与实际利率之间的关系为：

名义利率 = 实际利率 + 通货膨胀补偿率

在现实经济生活中，物价不断上涨似乎是一种普遍的趋势，所以，通常情况下名义利率要高于实际利率。市场上的各种利率都是名义利率，实际利率一般是根据已知的名义利率和通货膨胀补偿率推算出来的。

③按在借贷期内是否调整，利率可分为固定利率和浮动利率。固定利率是指在借贷期内不做调整的利率。在通货膨胀情况下，实行固定利率会给债权人尤其是长期放贷的债权人带来损失。浮动利率是指在借贷期限内可以调整的利率。浮动利率可以为债权人减少通货膨胀所带来的损失。

利率的构成

（3）利率的构成。在金融市场上，利率作为资金使用权的价格，可用下式表示：

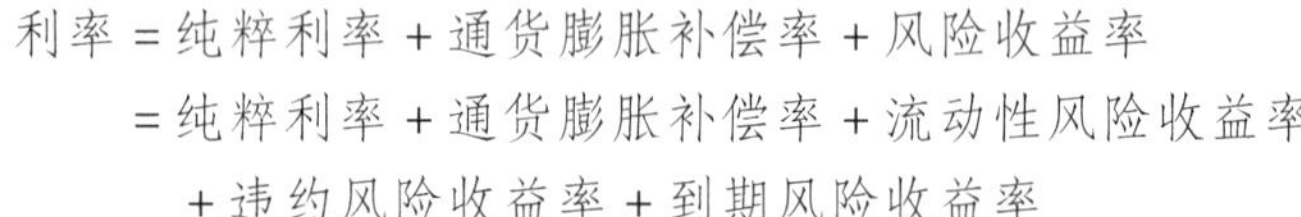

利率 = 纯粹利率 + 通货膨胀补偿率 + 风险收益率
　　= 纯粹利率 + 通货膨胀补偿率 + 流动性风险收益率
　　　+ 违约风险收益率 + 到期风险收益率

①纯粹利率。纯粹利率是指没有风险和通货膨胀情况下的平均利率。纯粹利率受社会平均资金利润率、资金供求关系和国家调控的影响。在没有通货膨胀的情况下，可将国库券的利率视为纯粹利率。

②通货膨胀补偿率。通货膨胀的存在使货币贬值、实际购买力下降，从而影响投资者的真实收益。为了弥补通货膨胀造成的购买力损失，资金提供者在进行投资或贷款时，会要求在纯粹利率的基础上加上预期的通货膨胀补偿率。

③风险收益率。风险收益率，又称风险溢价，是指投资者因承担风险所获得的额外收益，主要包括流动性风险收益率、违约风险收益率和到期风险收益率。

流动性风险收益率是指投资者在投资于变现力较低的证券时所要

求的额外收益率，目的是补偿投资者因证券不能及时变现所遭受的损失。各种有价证券的变现能力是不同的，比如，政府债券易被公众接受，投资人随时可以出售以收回投资，变现能力较强，而一些小企业的债券相对不易变现，投资人要求的流动性风险收益率就要高一些。

违约风险是指债务人无法按约定支付利息或偿还本金给投资者带来的风险。借款人的信用等级越低，违约风险越大，投资者要求的利率就越高。

到期风险收益率是指因到期时间长短不同而形成的利率差别。到期时间越长，由于市场利率上升，投资于固定利率长期债券和长期借款的债权人遭受损失的风险越大，投资人要求的收益率就越高。例如，五年期存款利率高于三年期存款利率。

本章小结

1. 企业财务是指企业在生产经营过程中客观存在的资金运动（财务活动）及其所体现的经济利益关系（财务关系）。企业财务管理是企业组织财务活动、处理财务关系的一项综合性的管理工作。

2. 财务管理的主体是指根据企业内部决策机构组成，具体行使财务管理权力的机构。

3. 财务管理的对象是资金，是现金流转。现金流是一种管理理念，也是一种管理工具。

4. 财务管理具体包括投资管理、筹资管理、营运资金管理和利润分配管理四项内容。

5. 财务关系主要包括企业与投资者之间、企业与受资者之间的财务关系，企业与债权人之间、企业与债务人之间的财务关系，企业与政府之间的财务关系，企业内部各单位之间的财务关系，企业与职工之间的财务关系，企业与供应商之间、企业与客户之间的财务关系。

6. 财务管理目标是指企业进行财务管理活动所要达到的目的，主要有三种观点：利润最大化、股东财富最大化和企业价值最大化。企业价值最大化是最优的财务管理目标。

7. 对所有者与经营者的利益冲突，协调方式主要有约束和激励。约束有解聘和并购两种方法，激励主要有绩效股和股票期权两种方式。

8. 财务管理环境是指对企业财务活动产生影响作用的企业内外部条件的统称，外部条件主要包括经济环境、法律环境和金融环境。

9. 经济环境是指企业进行财务活动的宏观经济状况，主要有经济周期、经济发展水平、经济政策和通货膨胀。

10. 金融市场是指资金供应者和资金需求者双方通过某种形式融通资金达成交易的场所，按交易的期限，金融市场可分为货币市场和资本市场。

11. 金融工具是在金融市场上资金供需双方进行金融交易时所使用的信用工具，具有流动性、风险性和收益性的特点。金融工具的流动性越强，其风险性越低，收益性也越低。

12. 利率是利息与本金之比。利率作为资金使用权的价格，可用下式表示：

利率 = 纯粹利率 + 通货膨胀补偿率 + 风险收益率
　　= 纯粹利率 + 通货膨胀补偿率 + 流动性风险收益率
　　　+ 违约风险收益率 + 到期风险收益率

本章练习题

一、单项选择题

1. 财务管理的最优目标是（　　）。

A. 利润最大化　　B. 每股收益最大化
C. 风险最小化　　D. 企业价值最大化

2. 财务管理是企业组织财务活动，处理（　　）的一项综合性管理工作。

A. 筹资关系　B. 投资关系　C. 分配关系　D. 财务关系

3. 下列属于通过采取激励方式协调股东与经营者矛盾的方法是（　　）。

A. 股票期权　B. 解聘　C. 并购　D. 监督

4. 企业与政府之间的财务关系体现为（　　）。

A. 债权债务关系　　B. 强制和无偿的分配关系
C. 资金结算关系　　D. 风险收益对等关系

5. 没有风险和通货膨胀情况下的平均利率是（　　）。

A. 固定利率　B. 基准利率　C. 纯粹利率　D. 名义利率

二、多项选择题

1. 企业财务活动包括（　　）。

A. 投资活动　　B. 筹资活动
C. 资金营运活动　　D. 分配活动

2. 以利润最大化作为企业财务管理目标的缺陷有（　　）。

A. 没有考虑资金的时间价值　B. 没有考虑风险因素

C. 可能导致企业的短期行为　　D. 只强调了股东利益

3. 所有者与经营者利益冲突的协调方式有（　　）。

A. 约束　　B. 激励

C. 提前收回借款　　D. 规定借款专款专用

4. 所有者与债权人利益冲突的协调方式有（　　）。

A. 授予股票期权　　B. 提前收回借款

C. 规定借款专款专用　　D. 寻求立法保护

5. 影响企业财务管理的外部条件主要有（　　）。

A. 自然环境　　B. 经济环境

C. 法律环境　　D. 金融环境

6. 金融工具的基本特征包括（　　）。

A. 流动性　　B. 流通性

C. 风险性　　D. 收益性

7. 在金融市场上，利率的构成因素有（　　）。

A. 纯粹利率　　B. 通货膨胀补偿率

C. 风险收益率　　D. 企业利润率

8. 企业财务关系包括（　　）。

A. 企业与政府之间的财务关系

B. 企业与受资者之间的财务关系

C. 企业内部各单位之间的财务关系

D. 企业与职工之间的财务关系

9. 企业按组织形式可以分为（　　）。

A. 个人独资企业　　B. 合伙企业

C. 集体企业　　D. 公司

10. 影响纯粹利率的因素有（　　）。

A. 社会平均资金利润率　　B. 通货膨胀

C. 资金供求关系　　D. 国家调控

三、判断题

1. 企业与受资者之间的财务关系体现的是债权性质的投资与受资关系。（　　）

2. 在没有通货膨胀的情况下，国库券的利率可以视为纯粹利率。（　　）

3. 从资金的借贷关系看，利率是指一定时期内运用资金资源的交易价格。（　　）

4. 企业与政府之间的财务关系体现为一种投资与受资关系。（　　）

5. 企业的资金运动，既表现为钱和物的增减变动，又体现了人与人之间的经济利益关系。(　　)

6. 财务管理的经济环境包括经济周期、经济发展水平、经济政策和金融市场状况。(　　)

第 2 章
财务管理基础观念

本章要点

✧ 资金时间价值
✧ 风险与收益

2.1 资金时间价值

2.1.1 资金时间价值的概念

资金时间价值是指资金经过一定时间的投资和再投资所增加的价值。假设不考虑通货膨胀因素，今天向银行存入 100 元钱，存款年利率为 2%，一年后可得 102 元，这就说明今天的 100 元钱和一年后的 102 元钱等值，这 2 元的增值即是资金时间价值。资金在使用过程中随时间的推移而发生的价值增值现象，称为资金具有时间价值的属性。

通常情况下，资金的时间价值是在没有风险和通货膨胀条件下的社会平均资金利润率，这是利润平均化规律作用的结果。因为企业在投资某项目时，至少要取得社会平均利润率，否则不如投资于另外的项目或另外的行业。因此，资金时间价值是评价投资方案是否可行的基本标准。

资金时间价值一般用相对数表示。实际生活中，若通货膨胀率很低或没有通货膨胀，可用国库券的利率表示时间价值。

2.1.2 资金时间价值的计算

由于资金时间价值的存在，一定量的资金在不同时点上的价值不相等，所以，不同时点的资金不能直接进行比较。只有把不同时点上的现金流量换算到相同的时点基础上，才能进行大小的比较和比率的计算。

由于资金时间价值反映的是资金的增值额，因此，相对于一定量的增值额，有两个数额与它对应，即资金原有的数额和增值后的数额，分别称为现值和终值。终值，也称为本利和，是指现在一定量的资金在未来某一点的价值，即若干期后包括本金和利息在内的未来价值。现值，也称为本金，是指未来某一时点上一定量的资金折合到现在的价值。根据终值求现值叫做贴现，贴现时所用的利率叫做贴现率。现值和终值是一定量的资金在前后两个不同时点上对应的价值，两者之间的差额即是资金的时间价值。

为方便计算，本书有关字母的含义定义如下：P 表示现值；F 表示终值；I 表示利息；i 表示利率（贴现率）；n 表示计算利息的期数。

1. 单利计息条件下终值和现值的计算

单利计息就是只对本金计算利息，以前计息期间产生的利息不作为计息基础。这里所说的计息期，是指相邻两次计息的时间间隔，如年、月、日等。除非特别指明，计息期一般为一年。

（1）单利终值的计算。单利终值的计算公式为：

$$F = P \times (1 + i \times n)$$

式中，$(1 + i \times n)$ 为单利终值系数。

【例 2-1】某人将 1 000 元钱存入银行，年利率为 3%，按单利计算 3 年后的本利和。

$F = 1\ 000 \times (1 + 3\% \times 3) = 1\ 090$（元）

（2）单利现值的计算。根据单利终值的计算公式可得其现值的计算公式为：

$$P = \frac{F}{1 + i \times n}$$

式中，$\frac{1}{1 + i \times n}$为单利现值系数。

结论：单利终值和单利现值互为逆运算，单利终值系数和单利现值系数互为倒数关系。

【例 2－2】 某人希望 5 年后从银行获得本利和 36 000 元，假定存款年利率为 4%，按单利计算现在应存入多少钱。

$$P=\frac{36\ 000}{1+4\%\times 5}=30\ 000\text{（元）}$$

2. 复利计息条件下终值和现值的计算

复利计息是指不仅对本金计算利息，而且以前计息期间产生的利息也要作为以后期间的计息基础，俗称“利滚利”。

（1）复利终值的计算。复利终值是指一定量的本金按复利计算的若干期后的本利和。复利终值时间序列图如图 2－1 所示：

复利计息条件下的终值计算

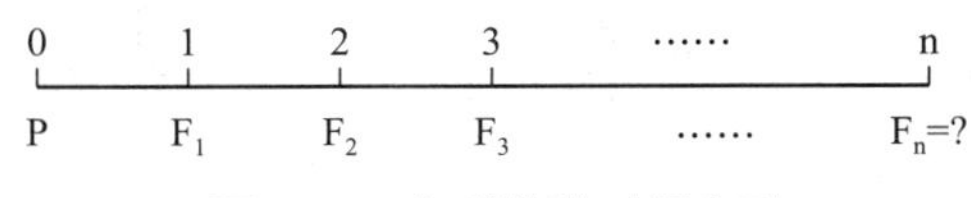

图 2－1　复利终值时间序列

图中，横线代表时间，数字 0、1、2、…、n 分别为各期期末。0 期末表示现在。

复利终值计算分析如下：

第一期期末的终值为：$F_1=P\times(1+i)$

第二期期末的终值为：$F_2=F_1\times(1+i)=P\times(1+i)\times(1+i)=P\times(1+i)^2$

第三期期末的终值为：$F_3=F_2\times(1+i)=P\times(1+i)^2\times(1+i)=P\times(1+i)^3$

……

第 n 期期末的终值为：$F_n=F_{n-1}\times(1+i)=P\times(1+i)^{n-1}\times(1+i)=P\times(1+i)^n$

因此，复利终值的计算公式为：

$$F=P\times(1+i)^n$$

式中，$(1+i)^n$ 为复利终值系数，通常记作（F/P，i，n）。在实际工作中，为了便于计算，可编制“复利终值系数表”（见本书附表 1），以备查阅。该表的第一行是利率 i，第一列是计息期数 n，相应的 $(1+i)^n$ 值在其纵横相交处。例如，（F/P，10%，5）表示利率为 10%、期数为 5 的复利终值系数，通过查附表一可得 1.6105。该系数表明，在年利率为 10%、复利计息的情况下，现在的 1 元钱和 5 年后的 1.6105 元钱是等值的。

【例 2－3】 某人将 1 000 元钱存入银行，年利率为 3%，按复利计算3年后的本利和。

$F = 1\,000 \times (1+3\%)^3 = 1\,000 \times (F/P,\ 3\%,\ 3) = 1\,000 \times 1.0927 = 1\,092.7$（元）

（2）复利现值的计算。复利现值是指未来一定时间的特定资金按复利计算的现在价值，或者说是为取得未来一定的本利和现在所需要的本金。复利现值时间序列图如图2－2所示：

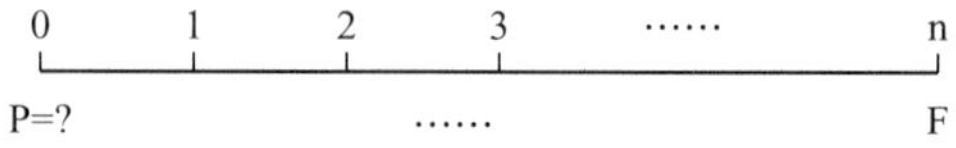

0	1	2	3	……	n
P=?		……			F

图2－2　复利现值时间序列

由复利终值计算公式可知，复利现值计算公式为：

$$P = \frac{F}{(1+i)^n} = F \times (1+i)^{-n}$$

式中，$(1+i)^{-n}$称为复利现值系数，通常记作（P/F，i，n）。为了便于计算，可编制“复利现值系数表”（见本书附表2）。该表的使用方法与“复利终值系数表”相同。

结论：复利终值和复利现值互为逆运算，复利终值系数和复利现值系数互为倒数关系。

【例2－4】某人希望5年后从银行获得本利和36 000元，假定存款年利率为4%，按复利计算现在应存入多少钱。

$P = 36\,000 \times (1+4\%)^{-5} = 36\,000 \times (P/F,\ 4\%,\ 5) = 36\,000 \times 0.8219 = 29\,588.4$（元）

3. 年金终值和现值的计算

年金是指在一定时期内发生的间隔期相同、金额相等的系列收付款项，通常记作A。借款每期的利息、每期的租金、期交保险金、按月领取的养老金、等额分期付款等都属于年金收付形式。

年金按照收付的方式和时间不同，可分为普通年金、先付年金、递延年金和永续年金。

（1）普通年金。普通年金，又称后付年金，是指每期期末等额收付的系列款项。普通年金时间序列图如图2－3所示。

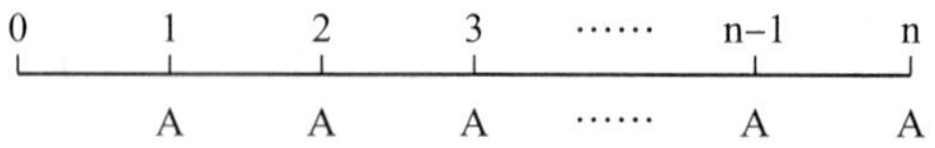

0	1	2	3	……	n-1	n
	A	A	A	……	A	A

图2－3　普通年金时间序列

①普通年金终值。普通年金终值是指一定时期内每期期末等额收付款项的复利终值之和。

普通年金终值的计算

根据复利终值计算公式，普通年金终值计算如下：

$$F = A + A \times (1+i) + A \times (1+i)^2 + \cdots + A \times (1+i)^{n-2} + A \times (1+i)^{n-1}$$

根据等比数列的求和公式，对上式进行整理可得：

$$F = A \times \frac{(1+i)^n - 1}{i}$$

式中，$\frac{(1+i)^n - 1}{i}$称为普通年金终值系数，记作（F/A，i，n）。在实际工作中，为了便于计算，可编制“年金终值系数表”（见本书附表 3）。

【例 2－5】某企业投资建设一项工程，在 5 年建设期内每年末从银行借款 100 万元，借款年利率为 5%，则该工程竣工时企业应付的本息总额为：

$F = 100 \times (F/A, 5\%, 5) = 100 \times 5.5256 = 552.56$（万元）

②偿债基金。偿债基金是指为使年金终值达到既定金额每年年末应支付的年金数额，是普通年金终值问题的一种变形，即已知年金终值而求年金。其计算公式为：

$$A = \frac{F}{\frac{(1+i)^n - 1}{i}} = F \times \frac{i}{(1+i)^n - 1} = \frac{F}{(F/A, i, n)} = F \times (A/F, i, n)$$

式中，$\frac{i}{(1+i)^n - 1}$称为偿债基金系数，是普通年金终值系数的倒数，记作（A/F，i，n）。

结论：普通年金终值和偿债基金互为逆运算，普通年金终值系数和偿债基金系数互为倒数关系。

【例 2－6】某企业拟在 5 年后偿还 300 万元的借款，假设银行存款利率为 3%，则为偿还该项借款每年应建立的偿债基金为：

$A = 300 \times (A/F, 3\%, 5) = \frac{300}{(F/A, 3\%, 5)} = \frac{300}{5.3091} = 56.51$（万元）

③普通年金现值。普通年金现值是指一定时期内每期期末等额收付款项的复利现值之和。

根据复利现值计算公式，普通年金现值计算如下：

$$P = A \times (1+i)^{-1} + A \times (1+i)^{-2} + \cdots + A \times (1+i)^{-(n-1)} + A \times (1+i)^{-n}$$

根据等比数列的求和公式，对上式进行整理可得：

$$P = A \times \frac{1-(1+i)^{-n}}{i}$$

式中，$\frac{1-(1+i)^{-n}}{i}$称为普通年金现值系数，记作（P/A，i，n）。在实际工作中，为了便于计算，可编制“年金现值系数表”（见本书附表4）。

【例2-7】某企业租入大型设备一台，在5年内每年末支付租金80万元，年利率为6%，相当于现在一次性支付的租金总额为：

P=80×（P/A，6%，5）=80×4.2124=336.99（万元）

④年投资回收额。年投资回收额是指现在一笔投资在以后一定时期内每年可以收回的等额款项，是普通年金现值问题的一种变形，即已知年金现值而求年金。其计算公式为：

$$A = \frac{P}{\frac{1-(1+i)^{-n}}{i}} = P \times \frac{i}{1-(1+i)^{-n}} = \frac{P}{(P/A,\ i,\ n)} = P \times (A/P,\ i,\ n)$$

式中，$\frac{i}{1-(1+i)^{-n}}$称为投资回收系数，是普通年金现值系数的倒数，记作（A/P，i，n）。

结论：普通年金现值和投资回收额互为逆运算，普通年金现值系数和投资回收系数互为倒数关系。

【例2-8】某企业投资于一项目100万元，该项目寿命期10年，期望的投资收益率为5%，若要在10年内每年年末等额收回投资，则每年应收回的金额为：

$$A = 100 \times (A/P,\ 5\%,\ 10) = \frac{100}{(P/A,\ 5\%,\ 10)} = \frac{100}{7.7217} = 12.95$$（万元）

（2）先付年金。先付年金，又称预付年金或即付年金，是指在每期期初等额收付的系列款项。先付年金时间序列图如图2-4所示。

先付年金
终值的计算

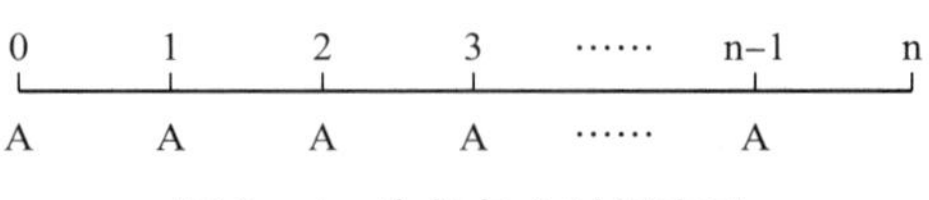

图2-4 先付年金时间序列

①先付年金终值。先付年金终值是指一定时期内每期期初等额收付款项的复利终值之和。

根据复利终值计算公式，先付年金终值计算如下：

$$F=A\times(1+i)+A\times(1+i)^2+A\times(1+i)^3+\cdots+A\times(1+i)^{n-1}+A\times(1+i)^n$$

对上式进行整理可得：

$$F=A\times\frac{(1+i)^n-1}{i}\times(1+i)=A\times(F/A,\ i,\ n)\times(1+i)$$

$$=A\times\left[\frac{(1+i)^{n+1}-1}{i}-1\right]=A\times[(F/A,\ i,\ n+1)-1]$$

式中，$\left[\frac{(1+i)^{n+1}-1}{i}-1\right]$称为先付年金终值系数，通常记作$[(F/A,\ i,\ n+1)-1]$。它和普通年金终值系数$\frac{(1+i)^n-1}{i}$相比，期数加1，而系数减1。

【例2-9】某人于每年年初在银行存入5 000元，假定年利率为3%，则3年后的本利和为：

$F=5\ 000\times(F/A,\ 3\%,\ 3)\times(1+3\%)$

$=5\ 000\times3.0909\times(1+3\%)=15\ 918.14$（元）

或$=5\ 000\times[(F/A,\ 3\%,\ 3+1)-1]$

$=5\ 000\times(4.1836-1)=15\ 918$（元）

②先付年金现值。先付年金现值是指一定时期内每期期初等额收付款项的复利现值之和。

根据复利现值计算公式，先付年金现值计算如下：

$$P=A+A\times(1+i)^{-1}+A\times(1+i)^{-2}+\cdots+A\times(1+i)^{-(n-2)}+A\times(1+i)^{-(n-1)}$$

对上式进行整理可得：

$$P=A\times\frac{1-(1+i)^{-n}}{i}\times(1+i)=A\times(P/A,\ i,\ n)\times(1+i)$$

$$=A\times\left[\frac{1-(1+i)^{-(n-1)}}{i}+1\right]=A\times[(P/A,\ i,\ n-1)+1]$$

式中，$\left[\frac{1-(1+i)^{-(n-1)}}{i}+1\right]$称为先付年金现值系数，通常记作$[(P/A,\ i,\ n-1)+1]$。它和普通年金现值系数$\frac{1-(1+i)^{-n}}{i}$相比，期数要减1，而系数要加1。

【例2-10】某人分期付款购买汽车1辆，在5年内每年年初付款80 000元，假定年利率为4%，相当于现在一次性支付的价款为：

$P=80\ 000\times(P/A,\ 4\%,\ 5)\times(1+4\%)$

$=80\ 000\times4.4518\times(1+4\%)=370\ 389.76$（元）

或 $=80\ 000\times[(P/A,\ 4\%,\ 5-1)+1]$

$=80\ 000\times(3.6299+1)=370\ 392$（元）

（3）递延年金。递延年金是指第一次收付发生在第二期或第二期以后的年金。递延年金是普通年金的特殊形式，可视为推迟发生的普通年金。一般用 m 表示没有发生年金的期数，即递延期。递延年金的时间序列图如图 2－5 所示。

0　1　2 … m　m+1　m+2　……　m+n

A　A　……　A

图 2－5　递延年金时间序列

①递延年金终值。递延年金终值的大小与有无递延期以及递延期的长短无关，故递延年金终值计算方法与普通年金终值计算方法相同。

②递延年金现值。递延年金现值的计算有两种方法：

递延年金
现值的计算

一是两段贴现法。两段贴现法将递延年金视为 n 期普通年金，求出递延期 m 期末的现值，然后再将该现值按复利现值的计算方法贴现到第 0 期期末。

$$P=A\times(P/A,\ i,\ n)\times(P/F,\ i,\ m)$$

二是系数差法。系数差法假设递延期内也发生同样金额的年金收付 A，先计算 m + n 期的年金现值，然后扣除递延期 m 期内的年金现值。

$$P=A\times[(P/A,\ i,\ m+n)-(P/A,\ i,\ m)]$$

【例 2－11】 某企业投资一项目，建设期为 3 年，从第 4 年起的 8 年内每年年末可获利 60 万元，假定期望收益率为 5%，该获利总现值为：

$P=60\times(P/A,\ 5\%,\ 8)\times(P/F,\ 5\%,\ 3)$

$=60\times6.4632\times0.8638=334.97$（万元）

或 $=60\times[(P/A,\ 5\%,\ 3+8)-(P/A,\ 5\%,\ 3)]$

$=60\times(8.3064-2.7232)=334.99$（万元）

（4）永续年金。永续年金是指无限期等额收付的年金。永续年金是普通年金的特殊形式，即期限趋于无穷的普通年金。现实中的存本取息，可视为永续年金。永续年金的时间序列图如图 2－6 所示。

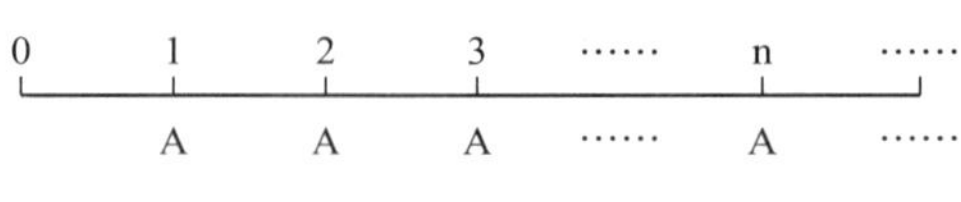

图 2－6　永续年金时间序列

由于永续年金没有终止时间，因此不存在终值，只有现值。根据普通年金现值的计算公式，当 $n\to\infty$ 时，可得永续年金的现值计算公式为：

$$P=\frac{A}{i}$$

【例2-12】某学校拟采用存本取息的方式建立一项永久性的奖学金，计划每年末颁发10万元奖金。若年利率为5%，现在应存入多少钱？

$P=\frac{A}{i}=\frac{10}{5\%}=200$（万元）

2.1.3　资金时间价值计算中的特殊问题

实际利率的计算

1. 实际利率的计算

复利的计息期不一定总是一年，有可能是季度、月份或日，如债券可能每半年计息一次。当利息在一年内复利几次时，给出的年利率叫做名义利率，每年只复利一次的利率才是实际利率。

假设一笔存款本金为P，年名义利率为r，一年中计息次数为m，每次计息利率为 $\frac{r}{m}$，根据复利终值计算公式可知该笔存款1年后本利和为：

$$F=P\times\left(1+\frac{r}{m}\right)^{m}$$

若每年复利一次，年利率为i，则该笔存款1年后本利和为：

$$F=P\times(1+i)$$

假设两种计息方式下的终值相等，则有：

$$i=\left(1+\frac{r}{m}\right)^{m}-1$$

上式表示了实际利率与名义利率之间的关系，其中i为实际利率，r为名义利率。

【例2-13】某项5年期借款100 000元，年利率为8%，每半年复利一次，则实际年利率为：

$i=\left(1+\frac{8\%}{2}\right)^{2}-1=1.0816-1=8.16\%$

该借款5年后的本利和为：

$F=100\,000\times\left(1+\frac{8\%}{2}\right)^{2\times5}=100\,000\times\left(F/P,\ \frac{8\%}{2},\ 2\times5\right)$

$=100\,000\times1.4802=148\,020$（元）

或：$F=100\ 000\times(1+8.16\%)^5=100\ 000\times(F/P,\ 8.16\%,\ 5)=148\ 024.43$（元）

注意：如果每年复利次数超过一次，通常以实际计息期为分析期。另一种方法是先求出实际利率，然后按年为计息期进行计算。

2. 贴现率的计算

贴现率的计算

实践中，经常会遇到已知现值、终值、年金和计息期期数而求贴现率的问题。其计算步骤一般为：

（1）根据已知条件，列出计算等式。

（2）计算系数值，假定系数 $=a$。

（3）查阅相应系数表。沿着 n 所在的那一行横向查找，若恰好有一系数等于 a，则该系数所在列的 i 即为所求的贴现率。

（4）如果 n 所在的那一行没有恰好等于 a 的系数，则应运用插值法进行计算：在 n 行上找到和 a 最接近的两个系数值 b_1 和 b_2（满足条件 $b_1<a<b_2$）以及对应的 i_1 和 i_2，则贴现率 i 的计算公式如下：

$$\frac{i-i_1}{i_2-i_1}=\frac{a-b_1}{b_2-b_1}$$

【例 2－14】 现有 100 万元资金进行投资，希望 10 年后可获本利和 259.4 万元，问选择投资机会时最低可接受的年收益率应为多少？

由 $100=259.4\times(P/F,\ i,\ 10)$

求得 $(P/F,\ i,\ 10)=0.3855$

从“复利现值系数表”第一栏找到 10，该行恰好有一系数为 0.3855，其对应的 i 值 10% 即为最低可接受的年收益率。

【例 2－15】 现有 5 000 元资金进行投资，欲在今后 10 年中每年末得到 750 元，问选择投资机会时最低可接受的年收益率应为多少？

由 $5\ 000=750\times(P/A,\ i,\ 10)$

求得 $(P/A,\ i,\ 10)=6.6667$

查“年金现值系数表”，在 $n=10$ 的那一行中寻找到与 6.6667 最接近的两个系数值 6.7101 和 6.4177，以及对应的 i 值 8% 和 9%，则有：

$$\frac{i-8\%}{9\%-8\%}=\frac{6.6667-6.7101}{6.4177-6.7101}$$

解得 $i=8.15\%$

或者用以下形式：

$$\left.\begin{array}{l}\left.\begin{array}{l}8\%\\ i\end{array}\right\}x\\ 9\%\end{array}\right\}1\%\qquad\left.\begin{array}{l}\left.\begin{array}{l}6.7101\\ 6.6667\end{array}\right\}0.0434\\ 6.4177\end{array}\right\}0.2924$$

则有：$\frac{x}{1\%}=\frac{0.0434}{0.2924}$

解得：$i=8\%+\frac{0.0434}{0.2924}\times 1\%=8.15\%$

3. 期数的计算

实践中，经常会遇到已知现值、终值、年金和贴现率而求计息期期数的问题。其计算方法和步骤与贴现率的计算相同。

【例 2－16】 现投资于某项目 100 万元，预期每年年末回收 25 万元，假定会计收益率为 10%，问至少应回收多少年?

由 $100=25\times(P/A,\ 10\%,\ n)$

得 $(P/A,\ 10\%,\ n)=4$

查“年金现值系数表”得：$(P/A,\ 10\%,\ 5)=3.7908$，$(P/A,\ 10\%,\ 6)=4.3553$，则有：

$\frac{n-5}{6-5}=\frac{4-3.7908}{4.3553-3.7908}$

解得 $n=5.37$（年）

2.2 风险与收益

2.2.1 风险和收益的概念

1. 风险

（1）风险的含义。财务活动高度复杂而又充满不确定性，它可能给企业带来一定的利益，也可能使企业承担破产清算的风险。所以，企业财务人员必须对财务活动中的风险有清醒的认识，将风险观念始终贯穿于财务管理的各项决策中。

风险是指在一定条件下和一定时期内可能发生的各种结果的不确定性。风险可能给投资人带来超出预期的回报，也可能带来超出预期的损失。一般说来，投资人对意外损失的关切比对意外收益要强烈得多。因此，人们研究风险时侧重减少损失，主要从不利的方面来考察风险，经常把风险看成是不利事件发生的可能性。从财务管理角度看，风险是企业在各项财务活动过程中，由于各种难以预料或无法控制的因素作用，使企业的实际收益与预计收益发生背离，从而蒙受经济损失的可能性。

（2）风险的分类。从个别投资主体的角度看，风险可以分为企业特有风险和市场风险两类。

企业特有风险是指发生于个别企业的特有事件造成的风险，如产品质量问题被曝光、失去重要合同、诉讼失败等。这类事件是随机发生的，不会影响所有企业，可以通过多元化投资予以分散，即发生于一家企业的不利事件可以被其他企业的有利事件所抵消。因此，企业特有风险又被称为可分散风险或非系统风险。

市场风险是指影响所有或大部分企业的因素引起的风险，如战争、经济衰退、通货膨胀、自然灾害、国家政策的变化等。由于这类风险影响所有的企业，不能通过多元化投资来分散，因此，市场风险又被称为不可分散风险或系统风险。

2. 收益

（1）收益的含义。收益，也称报酬，是指一项投资所获得的回报，可以用收益额（报酬额）或收益率（报酬率）来表示。

收益额包括两部分：一是投资的现金净收入，比如投资于债券的利息收入、投资于股票的股利收入；二是资本利得收益或损失，是指投资的期末市场价格或卖价相对于期初市场价格或买价的升值。

由于投资金额的大小和投资时间的长短对收益有很大影响，收益通常以收益率，即一定时期内（一般为一年）的收益占投资的期初市场价格或买价的百分比来表示。收益率也包括两部分：一是投资的现金收益率，比如投资于债券的利息收益率、投资于股票的股利收益率；二是资本利得收益率。

（2）收益率的类型。在实际财务工作中，由于工作角度和出发点的不同，收益率有以下类型：

①实际收益率。实际收益率是指在特定时期已经实现的或者确定可以实现的收益率，是投资的最终回报。

②期望收益率。期望收益率，也称预期收益率，是指在不确定的条件下，考虑未来各种可能的结果后预期实现的收益率。

③必要收益率。必要收益率，也称要求收益率，是指考虑风险因素后投资者合理要求的最低收益率。必要收益率由无风险收益率和风险收益率组成。无风险收益率即无风险利率，包括纯粹利率和通货膨胀补偿率。风险收益率是指投资者因为冒风险投资而要求获得的超过无风险收益率的额外收益率，其大小取决于风险的大小和投资者对风险的偏好。

在完善资本市场中，期望收益率和必要收益率是相等的，且等于实际收益率。但现实中市场并不是完美的，因此在进行投资决策时，首先要根据其他同等风险的可能投资，确定投资者愿意进行投资所需的最低收益率，即必要收益率。其次，估计投资者进行投资可能获得的收益率，即期望收益率。然后将必要收益率和预期收益率进行比较，以决定是否进行投资。只有投资的期望收益率大于或等于投资者要求的必要收益率，投资者方可以进行投资。经过一段时间后，投资有了回报，这一回报即为实际收益率。实际收益率可能会低于或高于期望收益率，这正是风险的基本性质。

2.2.2　单项资产的收益和风险

1. 单项资产的期望收益率

期望收益率是各种可能的收益率以各自概率为权数计算的加权平均值。其计算公式为：

$$\overline{R} = \sum_{i=1}^{n} R_i P_i$$

式中：$\overline{R}$表示期望收益率；

R_i 表示第 i 种结果出现时的收益率；

P_i 表示第 i 种结果出现的概率。

【例 2-17】 甲、乙两个投资项目的收益率及概率分布情况如表 2-1 所示。

表 2-1　甲项目和乙项目的预期收益状况　单位：%

经济状况	概率	甲项目收益率	乙项目收益率
萧条	25	10	5
一般	50	20	20
繁荣	25	30	35

甲、乙两个投资项目的期望收益率计算如下：

$\overline{R}_{甲} = 10\% \times 25\% + 20\% \times 50\% + 30\% \times 25\% = 20\%$

$\overline{R}_{乙} = 5\% \times 25\% + 20\% \times 50\% + 35\% \times 25\% = 20\%$

2. 单项资产的风险

风险的存在会导致企业资产的收益存在不确定性，其大小可用收益率的离散程度来衡量。离散程度是指收益率的各种可能结果与期望收益率的偏差。离散程度越大，风险越大；离散程度越小，风险越小。评价离散程度的指标主要有方差、标准差和标准离差率。

（1）方差和标准差。从概率分布中可以大致了解资产风险的大小：预期未来的收益率分布越集中，资产的风险越小。但要使所采用的方法具有应用价值，还必须能够提供一个确定的数值计算方法，以衡量风险的大小，这需要用到统计学上的方差和标准差的概念。

标准差是方差的算术平方根，两者均用来反映各种可能的收益率与期望收益率的离散程度。其计算公式如下：

$$\delta^2 = \sum_{i=1}^{n}(R_i - \overline{R})^2 \times P_i$$

$$\delta = \sqrt{\delta^2} = \sqrt{\sum_{i=1}^{n}(R_i - \overline{R})^2 \times P_i}$$

式中：δ^2 表示方差；

δ 表示标准差。

根据【例 2－17】的资料，分别计算甲、乙两个投资项目的方差和标准差如下：

$$\begin{aligned}\delta^2_{甲} &= (10\% - 20\%)^2 \times 25\% + (20\% - 20\%)^2 \times 50\% \\ &\quad + (30\% - 20\%)^2 \times 25\% \\ &= 0.5\%\end{aligned}$$

$$\delta_{甲} = \sqrt{0.5\%} = 7.07\%$$

$$\begin{aligned}\delta^2_{乙} &= (5\% - 20\%)^2 \times 25\% + (20\% - 20\%)^2 \times 50\% \\ &\quad + (35\% - 20\%)^2 \times 25\% \\ &= 1.13\%\end{aligned}$$

$$\delta_{乙} = \sqrt{1.13\%} = 10.63\%$$

对于期望收益率相同的项目，方差和标准差越大，收益分布的离散程度越大，风险也就越高。根据上面的计算结果，甲、乙两个项目的期望收益率相同，甲项目的标准差（方差）小于乙项目的标准差（方差），所以甲项目的风险小于乙项目的风险。

（2）标准离差率。一般情况下，风险的大小与标准差呈同方向变动关系，但是标准差是一个绝对量指标，只能用来比较期望收益率相同的投资项目的风险程度，而无法比较期望收益率不同的投资项目的风险程度。要解决这一问题，必须借助于标准离差率，也称变异系数。标准离差率是指标准差与期望收益率的比值，计算公式如下：

$$CV = \frac{\delta}{\overline{R}}$$

式中，CV 表示标准离差率。

根据【例 2－17】的资料，分别计算甲、乙两个投资项目的标准离差率如下：

$$CV_{甲} = \frac{7.07\%}{20\%} = 0.35$$

$$CV_{乙} = \frac{10.63\%}{20\%} = 0.53$$

一般情况下，标准离差率越大，风险越大。根据计算结果可知，甲项目的标准离差率小于乙项目的标准离差率，说明乙项目的风险更大。这与标准差（方差）的分析结果一样，原因是甲和乙两个项目的期望收益率相同。如果多个项目的期望收益率相同，标准差（方差）和标准离差率都可以用来比较项目风险的大小，且评价结果相同；但如果多个项目的期望收益率不同，需要根据标准离差率来比较项目风险的大小，根据标准差（方差）的大小进行分析可能会得出不恰当的结果。

【例 2－18】 丙、丁两个投资项目的期望收益率、标准差和标准离差率如表 2－2 所示。

表 2－2　丙项目和丁项目的期望收益率、标准差和标准离差率

	丙项目	丁项目
期望收益率（%）	10	20
标准差（%）	5	8
标准离差率	0.5	0.4

根据表 2－2 中的信息，由于两个项目的期望收益率不同，需要根据标准离差率的大小进行风险比较。丙项目的标准离差率大于丁项目的标准离差率，说明丙项目的风险更大。但丙项目的标准差却小于丁项目的标准差。

2.2.3　资产组合的收益和风险

根据理性经济人假设，投资者通常不会把所有资金都投放到一项资产上，而会投资于多种资产，即构造一个资产组合。若组合中的资产全为有价证券，称为证券组合。

在对资产组合的研究中，最为重要的是哈利·马可维兹（Harry Markowitz）于 1952 年提出的现代证券投资组合理论，其研究的目的是获得一个有效的投资组合。该理论认为，由若干种股票组成的一个投资组合，其收益率是这些股票收益率的加权平均数，但其风险要小于这些股票的加权平均风险，因为投资组合能降低风险。

1. 资产组合的期望收益率

资产组合的期望收益率是组合中各项资产期望收益率的加权平均

数，权数是资产组合中各项资产的投资额占资产组合全部投资额的比例。其计算公式为：

$$\overline{R}_p = \sum_{i=1}^{n} \overline{R}_i W_i$$

式中：$\overline{R}_p$ 表示资产组合的期望收益率；

$\overline{R}_i$ 表示资产组合中第 i 项资产的期望收益率；

W_i 表示资产组合中第 i 项资产的投资额占资产组合全部投资额的比例；

i 表示资产组合中资产的数量。

【例 2－19】 假设 A、B、C 三个项目构成一个资产组合，三个项目的期望收益率分别为 11%、20% 和 16%，其在组合中的价值比例为 5∶3∶2，则该资产组合的期望收益率计算如下：

$\overline{R}_p = 50\% \times 11\% + 30\% \times 20\% + 20\% \times 16\% = 14.7\%$

资产组合的风险

2. 资产组合的风险

风险包括系统风险和非系统风险，通过组合可将非系统风险分散掉。因此，资产组合的风险仅指不可被分散掉的系统风险。

【例 2－20】 假设 W 股票和 M 股票构成一个资产组合，两种股票在组合中各占 50%，它们的收益率和风险如表 2－3 所示。

表 2－3　W 股票和 M 股票组合的收益率与风险

年度	W 的收益率（%）	M 的收益率（%）	WM 组合的收益率（%）
20×1	40	－10	15
20×2	－10	40	15
20×3	35	－5	15
20×4	－5	35	15
20×5	15	15	15
平均收益率	15	15	15
标准差	22.6	22.6	0

从表 2－3 中可以看出，当 W 股票的收益率下降时，M 股票的收益率正好上升，即两者收益的变动方向相反，且变动幅度完全相同，反之亦然。我们把股票 W 和 M 称为完全负相关关系。如果投资者分别持有 W 和 M 两种股票，都有很大风险，但如果将它们构造成一个资产组合，则可能没有任何风险。所以，这是一个最理想的组合，当资产间呈现完全负相关关系时，资产组合能消除全部风险。完全负相关资产组合的收益率如图 2－7 所示。

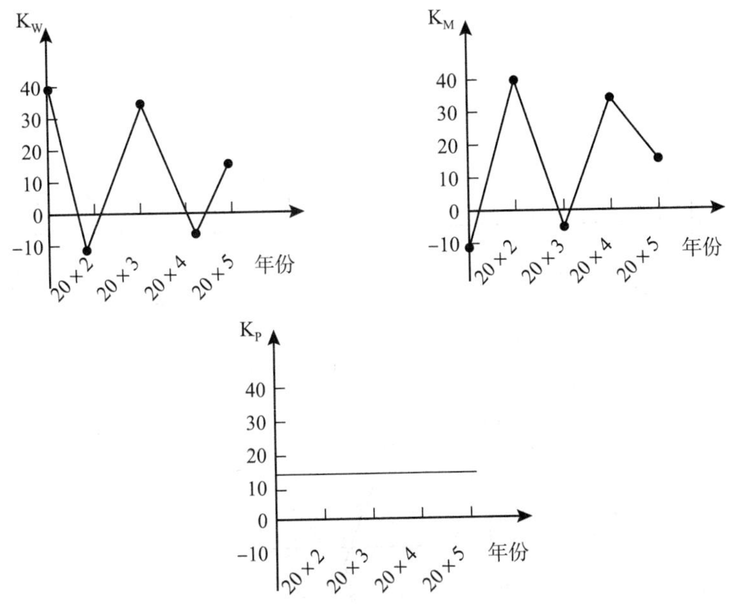

图 2－7　完全负相关资产组合的收益率

【例 2－21】假设 W 股票和 W′股票构成一个资产组合，两种股票在组合中各占 50%，它们的收益率和风险如表 2－4 所示。

表 2－4　　W 股票和 W′股票组合的收益率与风险

年度	W 的收益率（%）	W′的收益率（%）	WW′组合的收益率（%）
20×1	40	40	40
20×2	－10	－10	－10
20×3	35	35	35
20×4	－5	－5	－5
20×5	15	15	15
平均收益率	15	15	15
标准差	22.6	22.6	22.6

从表 2－4 中可以看出，当 W 股票收益率上升时，W′股票的收益率也上升，即两者收益的变动方向相同，且变动幅度完全相同，反之亦然，我们把股票 W 和 W′称为完全正相关关系。资产间呈现完全正相关关系时，资产组合不能消除任何风险。完全正相关资产组合的收益率如图 2－8 所示。

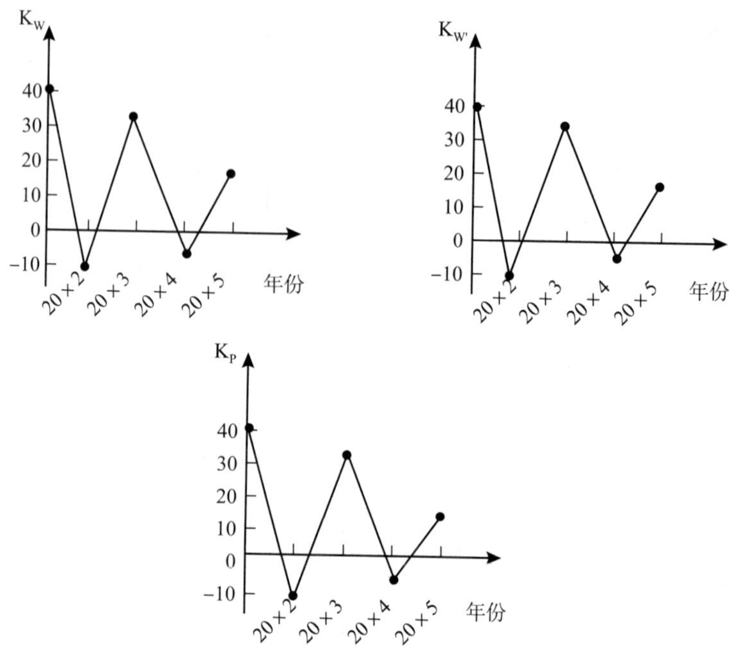

图 2－8　完全正相关资产组合收益率

实际上，完全正相关与完全负相关的资产都不存在，大多数资产的相关性都处于两者之间。因此，资产组合可以分散和化解部分风险（可分散风险），但不能完全消除风险，因为市场风险是不能消除的，如图 2－9 所示。

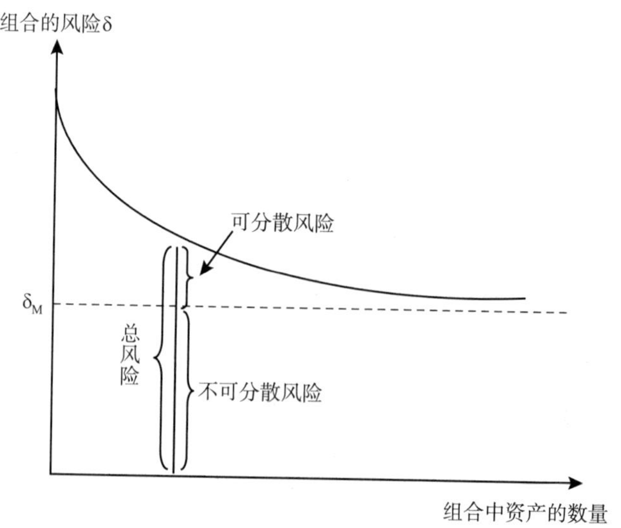

图 2－9　可分散风险和不可分散风险

3. 贝塔系数

一般的，投资者承担风险会得到回报，但系统风险原则说明，承担风险时所得到的回报的大小，仅仅取决于这项投资的不可分散的系统风险。因为我们假设投资者是理性的，作为理性的投资者，应该进行多元化组合投资，当组合中资产数量足够多时，投资者自己完全可以将可分散风险降到零。市场不会对可分散风险予以补偿，因为这种风险是不必要的。因此，根据系统风险原则，不管一项资产的整体风险有多大，在确定这项资产的必要收益率时，只需要考虑市场风险部分。由于系统风险是影响资产必要收益率的关键性因素，我们将借助于贝塔系数来衡量不同投资的系统风险水平。

（1）贝塔系数的含义。贝塔系数是指个别资产的收益率同市场组合收益率之间的相关性，反映个别资产收益率的变化与市场上全部资产平均收益率变化的关联程度，即相对于市场全部资产平均风险水平来说，一项资产所包含的系统风险的大小，通常用 β 表示。特别地，对于市场组合，$\beta_m = 1$。如果资产的贝塔系数等于 1，说明该资产的风险程度与市场组合相同；如果资产的贝塔系数大于 1，说明该资产的风险大于市场的风险，反之则小于市场的风险。

在实务中，贝塔系数一般不需要投资者自己计算，一些证券投资机构及金融机构会定期计算并公布，供投资者作为参考。

（2）资产组合贝塔系数。资产组合贝塔系数是指资产组合中个别资产贝塔系数的加权平均值，权数是资产组合中各项资产的投资额占资产组合全部投资额的比例。其计算公式如下：

$$\beta_p = \sum_{i=1}^{n} \beta_i w_i$$

式中：β_p 表示资产组合的贝塔系数；

β_i 表示第 i 种资产的贝塔系数；

W_i 表示资产组合中第 i 项资产的投资额占资产组合全部投资额的比例。

【例 2－22】某投资者持有一个由 3 项资产构成的资产组合，每项资产在整个资产组合中的投资比重分别为 50%、30% 和 20%，其贝塔系数分别为 1.2、1.1 和 0.8，则资产组合的贝塔系数为：

$\beta_p = 1.2 \times 50\% + 1.1 \times 30\% + 0.8 \times 20\% = 1.09$

2.2.4 资本资产定价模型

资本资产定价模型

1990年，美国斯坦福大学威廉·夏普（William Sharp）教授因对金融资产价格形成理论的贡献，即所谓的资本资产定价模型的创建而获得诺贝尔经济学奖。该理论揭示了在均衡状态下资产风险与收益率之间关系的经济本质。直观而言，资本资产定价模型可用于回答如下这一常见而又不容回避的问题：为了补偿某一特定程度的风险，投资者应该获得多大的收益率？由于该理论论证严谨，可操作性强，能较好地解释证券投资的一些基本问题，因而它在西方当代财务理论中具有重要地位。

资本资产定价模型描述的是单项资产或资产组合的必要收益率与其系统风险之间的线性关系，基本公式如下：

$$R_i = R_F + (R_M - R_F)\beta_i$$

式中：R_i 表示第 i 种资产或资产组合的必要收益率；

R_F 表示无风险收益率；

R_M 表示市场组合的必要收益率；

β_i 表示第 i 种资产或资产组合的贝塔系数。

资本资产定价模型揭示的是必要收益率和市场风险之间的定量关系，是考虑风险因素后投资者所要求的最低收益率。一项特定资产或资产组合的必要收益率等于无风险收益率加上风险收益率，而其风险收益率的高低取决于该资产以贝塔系数表示的市场风险的大小以及市场组合的风险收益率。

可将资本资产定价模型反映在坐标图中，称为证券市场线（SML），如图2－10所示。

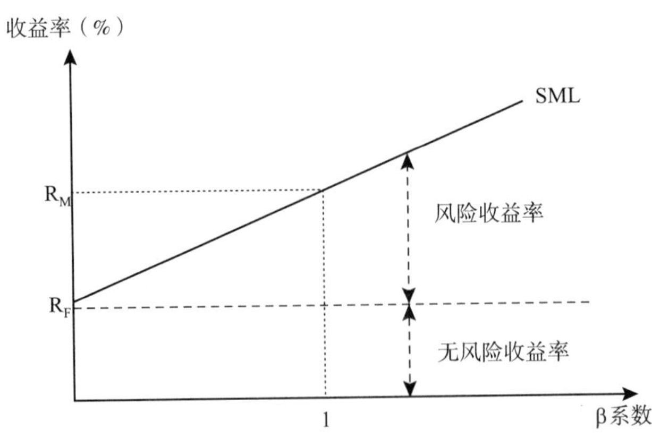

图2－10 证券市场线

【**例2-23**】假设无风险利率为5%，证券市场的必要收益率为10%，如果投资于β系数为1.6的某公司股票，其必要收益率为：

$$R = 5\% + 1.6 \times (10\% - 5\%) = 13\%$$

这就是说，该公司股票的期望收益率达到或超过13%时，才具有投资价值，投资者才可以进行投资；若期望收益率低于13%，则投资者不应该投资于该公司的股票。

本章小结

1. 资金时间价值是指资金经过一定时间的投资和再投资所增加的价值。通常情况下，资金的时间价值是在没有风险和通货膨胀条件下的社会平均资金利润率。

2. 终值，也称为本利和，是指现在一定量的资金在未来某一点上的价值，即若干期后包括本金和利息在内的未来价值。现值，也称为本金，是指未来某一时点上一定量的资金折合到现在的价值。根据终值求现值叫做贴现，贴现时所用的利率叫做贴现率。

3. 单利计息就是只对本金计算利息，以前计息期间产生的利息不作为计息基础。单利终值的计算公式为：$F = P \times (1 + i \times n)$。单利现值的计算公式为：$P = \frac{F}{1 + i \times n}$。

4. 复利计息是指不仅对本金计算利息，而且以前计息期间产生的利息也要作为以后期间的计息基础。复利终值的计算公式为：$F = P \times (1 + i)^n$。复利现值的计算公式为：$P = F \times (1 + i)^{-n}$。

5. 年金是指在一定时期内发生的间隔期相同、金额相等的系列收付款项。年金按照收付的方式和时间不同，可分为普通年金、先付年金、递延年金和永续年金。

6. 普通年金是指每期期末等额收付的系列款项。普通年金终值计算公式为：$F = A \times (F/A, i, n)$。普通年金现值计算公式为：$P = A \times (P/A, i, n)$。

7. 先付年金是指在每期期初等额收付的系列款项。先付年金终值计算公式为：$F = A \times (F/A, i, n) \times (1 + i) = A \times [(F/A, i, n + 1) - 1]$。现值计算公式为：$P = A \times (P/A, i, n) \times (1 + i) = A \times [(P/A, i, n - 1) + 1]$。

8. 递延年金是指第一次收付发生在第二期或第二期以后的年金。递延年金终值计算方法与普通年金终值计算方法相同。递延年金现值的计算有两种方法：两段贴现法下的现值计算公式为：$P = A \times (P/$

A，i，n）×（P/F，i，m），系数差法下的现值计算公式为：$P=A\times[(P/A,i,m+n)-(P/A,i,m)]$。

9. 永续年金是指无限期等额收付的年金。永续年金不存在终值，现值计算公式为：$P=\frac{A}{i}$。

10. 当利息在一年内复利几次时，给出的年利率叫做名义利率，每年只复利一次的利率才是实际利率。实际利率与名义利率之间的关系为：$i=\left(1+\frac{r}{m}\right)^{m}-1$。

11. 如果其他条件已知而求贴现率或计息期期数，一般使用插值法。

12. 风险是指在一定条件下和一定时期内可能发生的各种结果的不确定性。从财务管理角度看，风险是企业在各项财务活动过程中，由于各种难以预料或无法控制的因素作用，使企业的实际收益与预计收益发生背离，从而蒙受经济损失的可能性。

13. 从个别投资主体的角度看，风险可以分为企业特有风险和市场风险两类。

14. 收益，也称报酬，是指一项投资所获得的回报，可以用收益额（报酬额）或收益率（报酬率）来表示。

15. 单项资产的期望收益率是各种可能的收益率以各自概率为权数计算的加权平均值。

16. 单项资产的风险可用资产可能的收益率与期望收益率的离散程度来衡量，评价离散程度的指标主要有方差、标准差和标准离差率。离散程度越大，风险越大。如果多个项目的期望收益率相同，标准差（方差）和标准离差率都可以用来比较项目风险的大小，且评价结果相同；但如果多个项目的期望收益率不同，只能使用标准离差率来比较项目风险的大小。

17. 资产组合的期望收益率是组合中各项资产期望收益率的加权平均数，权数是资产组合中各项资产的投资额占资产组合全部投资额的比例。

18. 资产组合可以分散和化解部分风险（可分散风险），但不能完全消除风险，因为市场风险是不能消除的。

19. 贝塔系数是指个别资产的收益率同市场组合收益率之间的相关性，反映个别资产收益率的变化与市场上全部资产平均收益率变化的关联程度。资产组合贝塔系数是指个别资产贝塔系数的加权平均值。

20. 资本资产定价模型描述的是单项资产或资产组合的必要收益率与其系统风险之间的线性关系，是考虑风险因素后投资者所要求的最低收益率。一项特定资产或资产组合的必要收益率等于无风险收益率加上风险收益率，而其风险收益率的高低取决于该资产以贝塔系数表示的市场风险的大小以及市场组合的风险收益率。

本章练习题

一、单项选择题

1. 已知（F/A，10%，9）= 13.579，（F/A，10%，11）= 18.531。则 10 年、10% 的先付年金终值系数为（　　）。

A. 17.531　　B. 15.937　　C. 14.579　　D. 12.579

2. 第一次收付发生在第二期或第二期以后的年金称为（　　）。

A. 后付年金　　B. 先付年金　　C. 递延年金　　D. 永续年金

3. 企业从银行借入 1 000 万元，借款期限为 3 年，年利率为 5%，若每半年复利一次，则年实际利率会高出名义利率（　　）。

A. 0.16%　　B. 0.25%　　C. 0.06%　　D. 0.05%

4. 普通年金是指在一定时期内每期（　　）等额收付的系列款项。

A. 期初　　B. 期末　　C. 期中　　D. 期内

5. 普通年金终值系数的倒数称为（　　）。

A. 复利终值系数　　B. 偿债基金系数

C. 投资回收系数　　D. 普通年金现值系数

6. 先付年金现值系数与后付年金现值系数的区别在于（　　）。

A. 期数要加 1，系数要减 1　　B. 期数要减 1，系数要减 1

C. 期数要加 1，系数要加 1　　D. 期数要减 1，系数要加 1

7. 在下列年金中，只有现值没有终值的年金是（　　）。

A. 后付年金　　B. 先付年金　　C. 递延年金　　D. 永续年金

8. 在下列各项资金时间价值的系数中，与资本回收系数互为倒数关系的是（　　）。

A. （P/F，i，n）　　B. （P/A，i，n）

C. （F/P，i，n）　　D. （F/A，i，n）

9. 某公司新产品开发成功的概率为 90%，若成功可能获得的收益率为 40%；开发失败的概率为 10%，若失败可能获得的收益率为 -100%。则该产品开发方案的期望收益率为（　　）。

A. 18%　　B. 26%　　C. 28%　　D. 16%

10. 某公司股票的 β 系数为 1.5，无风险利率为 4%，市场组合收益率为8%，则该股票的风险收益率为（　　）。

A. 4%　　B. 6%　　C. 8%　　D. 10%

11. 如果某资产的系统风险大于市场组合的系统风险，则可以判断该资产的β系数（　　）。

A. 等于1　　B. 小于1　　C. 大于1　　D. 等于0

12. 通过资产组合可以分散掉的风险是（　　）。

A. 所有风险　　B. 系统性风险

C. 市场风险　　D. 非系统性风险

13. 甲、乙两项目的期望收益率分别为15%和23%，标准差分别为30%和33%，则（　　）。

A. 甲项目的风险程度大于乙项目的风险程度

B. 甲项目的风险程度等于乙项目的风险程度

C. 甲项目的风险程度小于乙项目的风险程度

D. 无法确定

14. 在资本资产定价模型 $R_i = R_F + (R_M - R_F)\beta_i$ 中，$(R_M - R_F)$ 表示（　　）。

A. 必要收益率　　B. 实际收益率

C. 期望收益率　　D. 市场组合的风险收益率

15. 资产组合的期望收益率是组合中各项资产期望收益率的（　　）。

A. 和　　B. 差

C. 乘积　　D. 加权平均数

二、多项选择题

1. 年金按照收付的方式和时间不同可分为（　　）。

A. 后付年金　　B. 先付年金　　C. 递延年金　　D. 永续年金

2. 实际工作中以年金形式出现的有（　　）。

A. 期交保险费　　B. 年终奖金

C. 等额分期付款　　D. 等额租金

3. 下列表述中正确的有（　　）。

A. 复利终值系数和复利现值系数互为倒数

B. 普通年金终值系数和普通年金现值系数互为倒数

C. 普通年金终值系数和偿债基金系数互为倒数

D. 普通年金现值系数和投资回收系数互为倒数

4. 下列有关递延年金的说法中正确的有（　　）。

A. 年金的第一次收付发生在若干期以后

B. 没有终值

C. 年金的现值与递延期无关

D. 年金的终值与递延期无关

5. 衡量资产风险的指标主要包括（　　）。

A. 方差　　B. 标准差　　C. 标准离差率　D. 概率

6. 下列属于系统风险影响因素的有（　　）。

A. 新产品开发失败　　B. 通货膨胀

C. 企业诉讼失败　　D. 经济衰退

7. 下列有关永续年金的说法中，正确的有（　　）。

A. 有终值　　B. 有现值　　C. 无终值　　D. 无现值

8. 下列有关证券投资风险的表述中，正确的有（　　）。

A. 证券投资组合的风险有企业特有风险和市场风险两种

B. 企业特有风险是不可分散风险

C. 股票的市场风险不能通过证券投资组合加以消除

D. 当投资组合中股票的种类特别多时，非系统性风险几乎可全部分散掉

9. 根据风险分散理论，以等量资金投资于 A、B 两项目（　　）。

A. 若 A、B 项目完全负相关，组合后的风险可能完全抵消

B. 若 A、B 项目完全负相关，组合风险不扩大也不减少

C. 若 A、B 项目完全正相关，组合后的风险完全抵消

D. 一般地，A、B 项目的投资组合可以降低风险，但难以完全消除风险

10. 资本资产定价模型表明，一项资产必要收益率的高低取决于（　　）。

A. 无风险收益率的大小

B. 市场风险的大小

C. 市场组合风险收益率的大小

D. 非系统风险的大小

三、判断题

1. 递延年金终值计算方法与普通年金终值计算方法相同。（　　）

2. 在利率和计息期相同的条件下，复利现值系数与复利终值系数互为倒数。（　　）

3. 当每年复利次数为一次时，给出的是实际利率；当每年复利次数超过一次时，给出的是名义利率。（　　）

4. 国库券是一种几乎没有风险的有价证券，其利率可以代表资

金时间价值。(　　)

5. 其他条件不变时，年度内复利次数越多，实际利率高于名义利率的差额越大。(　　)

6. 对于多项资产而言，无论期望收益率是否相同，标准差越大风险越大。(　　)

7. 两种完全正相关关系的股票所组成的证券组合不能分散任何风险。(　　)

8. 风险与收益是对等的，风险越大，资产的收益率一定越高。(　　)

9. 在终值一定的情况下，贴现率越小，计算期数越少，复利现值越大。(　　)

10. 资产组合的 β 系数是组合中各单项资产 β 系数的和。(　　)

四、计算题

习题一

［目的］练习资金时间价值的计算。

［资料］

1. 某人将 30 000 元存入银行，假设年利率为 10%。

2. 某人打算 3 年后从银行获得本利和 20 000 元钱，假设年利率为 6%。

3. 现有 50 000 元资金进行投资，假设期望收益率为 8%。

4. 一项 3 年期的借款，年利率为 6%，每季复利一次。

［要求］按复利计息的方式计算：

1. 根据资料 1，计算 5 年后的本利和；

2. 根据资料 2，计算现在应存入的金额；

3. 根据资料 3，计算欲使现有资金达到原来的 3 倍需几年的时间；

4. 根据资料 4，计算实际利率。

习题二

［目的］练习资金时间价值的计算。

［资料］

1. 某企业连续 5 年每年年末存入银行 30 万元，存款年利率为 3%。

2. 某企业连续 5 年每年年初存入银行 30 万元，存款年利率为 3%。

3. 某企业自第 3 年起，连续 5 年每年年末存入银行 30 万元，存款年利率为 3%。

4. 某企业计划每年年末从银行取款 30 万元用于颁发奖金，存款年利率为 3%。

［要求］

1. 根据资料 1，计算 5 年后的本息和并计算相当于现在一次性存入的金额；

2. 根据资料 2，计算 5 年后的本息和并计算相当于现在一次性存入的金额；

3. 根据资料 3，计算 5 年后的本息和并计算相当于现在一次性存入的金额；

4. 根据资料 4，计算现在应存入的金额。

习题三

［目的］练习单项资产风险与收益的计算。

［资料］某企业准备投资 A、B 两个项目，预测的未来可能的收益率及概率分布如下表所示：

投资项目未来可能的收益率及概率分布表

未来经济情况	概率	A 项目收益率（%）	B 项目收益率（%）
好	0.3	30	40
一般	0.5	15	15
差	0.2	-5	-15

［要求］

1. 分别计算 A、B 两个项目的期望收益率；

2. 分别计算 A、B 两个项目的标准差；

3. 分别计算 A、B 两个项目的标准离差率。

习题四

［目的］练习资本资产定价模型。

［资料］某公司资产组合中有 A、B、C、D、E 五种股票，所占的比例分别为 10%、20%、20%、30%、20%，β 系数分别为 0.8、1.0、1.4、1.5、1.7。假设市场组合必要收益率为 16%，无风险收益率为 10%。

［要求］

1. 计算五种股票各自的必要收益率；

2. 计算该资产组合的 β 系数；

3. 计算该资产组合的必要收益率。

第 3 章 投资管理

本章要点

- ✧ 投资概述
- ✧ 项目投资决策
- ✧ 证券投资决策

3.1 投资概述

3.1.1 投资的概念

投资是指将资金投放于一定对象，以期未来获取经济利益的行为。从创造价值的角度看，投资是财务管理中最重要的决策。在市场经济条件下，企业能否进行有效的投资，对企业的生存和发展有着极其重要的意义；而且，投资不仅对筹资活动提出了要求，投资成功与否也将影响企业资金的收益与分配。财务管理中的投资与会计中的投资含义不完全一致，会计上的投资仅指对外投资，而财务管理中的投资既包括对外投资，也包括对内投资。

3.1.2 投资的分类

为了加强投资管理，提高投资效益，必须对投资进行科学的分类，以分清投资的性质。投资按不同的标志可分类如下：

1. 按投资方式的不同，可分为直接投资和间接投资

直接投资是指把资金直接投放于生产经营性资产，以期获取经营利润的投资。直接投资可以直接形成生产经营能力，或为从事某种生产经营活动创造必要的条件，所以也称生产性投资或项目投资。直接投资决策需要事先拟定一个或几个备选方案，通过对这些方案的分析和评价，从中选择最优或可行的行动方案。

间接投资，又称证券投资，是指把资金投放于有价证券等金融性资产，以期获取股利或利息收入的投资。证券投资决策只能通过证券分析和评价，从证券市场中选择企业需要的股票和债券，并组成投资组合。作为行动方案的投资组合不是事先创造的，而是通过证券分析得出的。

2. 按投资期限的不同，可分为短期投资和长期投资

短期投资是指能够随时变现并且持有时间不准备超过一年的投资。短期投资具有时间短、变现能力强、流动性大等特点。

长期投资是指一年以上才能收回的投资，既包括对内长期资产的项目投资，也包括对外长期有价证券的投资。由于固定资产投资在长期投资中所占比重最大，因此，长期投资有时专指固定资产投资。长期投资对企业的长期发展和长期盈利能力起着非常重要的影响。这类投资耗资巨大、回收期长、风险较大，一旦投资决策失误，改变决策或消除不良决策所造成的后果的成本较高。

3. 按投资方向的不同，可分为对内投资和对外投资

对内投资是指把资金投放在企业内部，购置各种生产经营用资产的投资。

对外投资是指企业以购买股票、债券等有价证券或者以货币资金、实物资产、无形资产等向其他单位注入资金而发生的投资。

一般而言，对内投资都是直接投资形式，对外投资既有直接投资形式，也有间接投资形式。

4. 按投资项目间相关性的不同，可分为独立投资和互斥投资

独立投资是指在彼此相互独立的若干个投资项目间选择进行的投资。在这种情况下，项目间不能相互取代，某一项目的接受或放弃不影响其他项目的选择。对独立投资而言，若无资金总量的限制，只需评价其经济上是否可行，项目之间无须比较。

互斥投资是指各投资项目间有取必有舍，相互排斥，不能同时并存的投资。在这种情况下，某一项目一经接受，就排除了采纳另一项目或其他项目的可能性。这类投资决策必须先对所有投资项目进行可行性分析，然后再对可行的项目加以比较，选择出最优投资项目。

3.2 项目投资决策

3.2.1 项目投资决策的含义和步骤

1. 项目投资决策的含义

项目投资决策，也称资本预算决策，是指在市场调研的基础上，根据企业发展战略，提出投资项目的备选方案，用科学的方法对投资方案进行分析和评价，选择可行或最优投资方案的过程。

2. 项目投资决策的步骤

项目投资决策投资耗费的资金多，经历的时间长，承担的风险大，影响程度深。同时，投资形成的是企业生产经营的物质基础，其合理与否是至关重要的。因此，投资决策绝不能轻率做出，而必须按特定分析程序、运用科学的方法进行可行性分析，以保证决策的正确有效。从财务的角度看，项目投资决策程序一般包括以下几个步骤：

（1）明确投资目标。根据企业的长期发展规划和经营目标，明确投资目标，即明确投资决策要解决什么问题。

（2）制订不同的投资方案。根据投资目标，提出技术上先进、经济上合理的若干备选方案。

（3）收集相关信息。针对各备选方案，收集各种有关信息并加以归类整理，根据各种信息估计各方案的投资成本、预测各方案未来期间可能产生的现金流量及风险、在给定项目风险的情况下确定贴现率等。

（4）计算有关指标。根据各方案预期的现金流量等信息，分别计算有关评价指标的指标值，并进行比较分析。

（5）方案对比，选择最优或可行方案。

3.2.2 项目现金流量分析

1. 现金流量的概念

投资决策中的现金流量是指投资项目在其计算期内（即从项目

投资建设开始到最终清理结束整个过程的全部时间）引起的企业现金流入量和流出量的统称。现金流入量和流出量的差额称为现金净流量或净现金流量。

项目投资决策需要用特定的指标对投资的可行性进行分析，而这些指标的计算都是以投资项目的现金流量为基础的，因此，现金流量是评价投资项目是否可行时必须事先计算的基础性数据。这里的“现金”是指广义的现金，不仅包括各种货币资金，还包括投资项目需要投入的、企业拥有的非货币资产的变现价值。例如，一个项目需要使用原有的厂房、设备和材料等，则相关的现金流量是指它们的变现价值，而不是其账面成本。

2. 现金流量的构成

现金流量的构成

一个投资项目从投资建设开始到项目结束，一般需经历建设期、经营期及终结点（期）三个阶段。建设期是指从项目资金正式投入开始到项目建成投产为止所需要的时间；经营期是指从项目建成投产开始到最终报废为止的过程；终结点（期）是指项目最终报废清理所需要的时间，一般发生在项目计算期的最后一年年末。因此，按照投资项目经历的不同阶段，现金流量可划分为初始现金流量、营业现金净流量和终结现金流量三部分。

（1）初始现金流量。初始现金流量是指在项目投资建设期内发生的现金流入量和流出量。主要包括以下内容：

①固定资产的原始投资，是指项目投资时直接形成固定资产的建设投资，主要包括购置、建造和安装固定资产的支出，是项目建设期发生的主要现金流出量。

②垫支的流动资金，是指项目投资前投放于流动资产用于周转使用的资金，主要包括正常的原材料储备、应收账款的占用等。这部分追加的现金投入属于垫支的资金，一般在项目投入使用前发生，当项目报废时便可自动回收。

③其他费用，是指生产准备费、开办费、培训费等。

④原有固定资产的变价收入，是指固定资产更新改造时，出售原有固定资产所得的现金净流入量。

（2）营业现金净流量。营业现金净流量是指项目建成投产后，在其经营期内由于生产经营所带来的现金流入量和现金流出量的差额。营业现金净流量一般按年计算，主要包括以下内容：

①现金收入，是指项目投产后每年实现的现金流入量，通常假定等于每年的营业收入。

②付现成本，是指在经营期内为满足正常生产经营而动用现实货

币资金支付的成本费用，又称经营成本。

③所得税，是指项目投产后根据盈利状况向国家缴纳的所得税费用。

因此，营业现金净流量的计算公式为：

营业现金净流量 = 营业收入 − 付现成本 − 所得税
= 营业收入 −（总成本 − 折旧等非付现成本、费用）− 所得税
= 营业收入 − 总成本 − 所得税 + 折旧
= 净利润 + 折旧

非付现成本、费用是指企业为取得收入而付出的代价中不需要支付现金的部分，其典型代表是固定资产的折旧，所以，通常将非付现成本、费用用折旧来近似地替代。

（3）终结现金流量。终结现金流量是指在项目终结时所发生的现金流入量和流出量，主要包括以下内容：

①固定资产净残值，是指固定资产报废时残值变价收入扣除清理费用后的净收入。

②垫支流动资金的收回，是指项目投产前垫支的流动资金因不再需要而收回形成的流入量。

通过以上分析可知，现金流量的构成如图 3－1 所示。

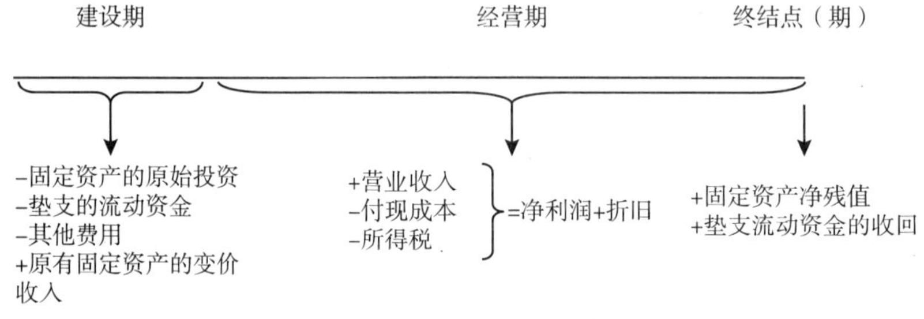

图 3－1　现金流量构成

现金流量分析举例

3. 现金流量分析举例

为了正确地评价投资项目的优劣，必须正确地计算现金流量。

【例 3－1】某公司准备购入一台不需要安装的设备以扩大生产规模，现有甲、乙两个方案可供选择。

甲方案需投资 150 000 元，使用期限为 5 年，采用直线法计提折旧，期满无残值，5 年中每年营业收入为 72 000 元，每年付现成本为 22 000 元。

乙方案需投资124 000元，使用期限为5年，采用直线法计提折旧，期满净残值为4 000元，5年中每年营业收入为76 000元，第一年的付现成本为32 000元，以后随着设备陈旧，修理费将逐年增加2 000元，另需在投产前垫支流动资金5 000元。

公司的所得税税率为25%。

要求：分别计算甲、乙两个方案每年的现金净流量。

（1）为计算现金流量，须先计算甲、乙两方案每年的折旧额：

$$甲方案年折旧额=\frac{150\ 000}{5}=30\ 000（元）$$

$$乙方案年折旧额=\frac{124\ 000-4\ 000}{5}=24\ 000（元）$$

（2）计算甲、乙两方案投产后每年的营业现金净流量如表3-1所示。

表3-1　　投资项目营业现金净流量计算表　　单位：元

项目＼时间	1	2	3	4	5
甲方案：					
营业收入①	72 000	72 000	72 000	72 000	72 000
付现成本②	22 000	22 000	22 000	22 000	22 000
折旧③	30 000	30 000	30 000	30 000	30 000
利润总额④=①-②-③	20 000	20 000	20 000	20 000	20 000
所得税⑤=④×25%	5 000	5 000	5 000	5 000	5 000
净利润⑥=④-⑤	15 000	15 000	15 000	15 000	15 000
营业现金净流量⑦=⑥+③	45 000	45 000	45 000	45 000	45 000
乙方案：					
营业收入①	76 000	76 000	76 000	76 000	76 000
付现成本②	32 000	34 000	36 000	38 000	40 000
折旧③	24 000	24 000	24 000	24 000	24 000
利润总额④=①-②-③	20 000	18 000	16 000	14 000	12 000
所得税⑤=④×25%	5 000	4 500	4 000	3 500	3 000
净利润⑥=④-⑤	15 000	13 500	12 000	10 500	9 000
营业现金净流量⑦=⑥+③	39 000	37 500	36 000	34 500	33 000

（3）计算甲、乙两方案每年的现金净流量如表3-2所示。

表 3-2　　投资项目现金净流量计算表　　单位：元

项目＼时间	0	1	2	3	4	5
甲方案：						
固定资产投资支出	-150 000					
营业现金净流量		45 000	45 000	45 000	45 000	45 000
现金净流量合计	-150 000	45 000	45 000	45 000	45 000	45 000
乙方案：						
固定资产投资支出	-124 000					
垫支流动资金	-5 000					
营业现金净流量		39 000	37 500	36 000	34 500	33 000
固定资产净残值						4 000
垫支流动资金收回						5 000
现金净流量合计	-129 000	39 000	37 500	36 000	34 500	42 000

在表 3-1 和表 3-2 中，时间 0 代表第一年年初，时间 1 代表第一年年末，时间 2 代表第二年年末……。所以，甲方案初始现金净流量为 -150 000 元，乙方案初始现金净流量为 -129 000 元；甲方案无终结现金流量，乙方案有终结现金流量 9 000 元（其中固定资产净残值 4 000 元，垫支流动资金收回 5 000 元），加上经营期最后一年的营业现金净流量 33 000 元，第 5 年的现金净流量为 42 000 元。

3.2.3　项目投资决策指标

项目投资决策指标是指从财务角度衡量和比较投资项目的可行性，据以进行投资决策的定量化标准和尺度。它由一系列综合反映投资效益、投入产出关系的量化指标构成。

项目投资决策指标按其是否考虑资金时间价值可分为两类：一类是非贴现指标，也称静态评价指标，即没有考虑资金时间价值因素的指标，主要包括投资回收期、会计收益率两项指标；另一类是贴现指标，也称动态评价指标，即考虑了资金时间价值因素的指标，主要包括净现值、现值指数、内含报酬率三项指标。

1. 非贴现项目投资决策指标

（1）投资回收期（PP）。投资回收期是指投资项目的营业现金净流量收回其原始投资额所需要的时间（年限），即营业现金净流量累计到与原始投资额相等时所需要的时间。投资回收期越短，说明投资回收越快，投资风险越小，资金利用效率越高。

投资回收期一般以年为单位，主要有以下两种计算方法：

一是公式计算法，适用于投产后每年现金净流量相等的情况，计算公式如下：

$$投资回收期 = \frac{原始投资额}{投产后每年相等的现金净流量}$$

二是累计测试法，适用于投产后每年现金净流量不相等的情况，计算公式如下：

$$投资回收期 = 收回投资前的年限 + \frac{年初未收回投资额}{当年的现金流量}$$

采用投资回收期这一指标进行项目评价时，应事先确定一个最长可接受的投资回收期，即预定投资回收期。如果项目是独立关系，只要项目的投资回收期低于或等于预定回收期就具有财务可行性，而如果项目是互斥关系，则应选择投资回收期最短的可行项目为最优项目。

【例 3－2】资料见【例 3－1】，计算甲、乙两方案的投资回收期。

甲方案：投产后每年现金净流量相等，则 $PP_{甲} = \frac{150\ 000}{45\ 000} = 3.33$（年）

乙方案：投产后每年现金净流量不等，应逐年累计测算投资回收期，如表 3－3 所示。

表 3－3　　**乙方案投资回收期计算表**　　单位：元

年度	年现金净流量	累计现金净流量
0	－129 000	－129 000
1	39 000	－90 000
2	37 500	－52 500
3	36 000	－16 500
4	34 500	18 000
5	42 000	60 000

$$PP_{乙} = 3 + \frac{16\ 500}{34\ 500} = 3.48（年）$$

假定企业的预定投资回收期为3.5年。如果甲和乙是独立关系，由于两个方案的投资回收期均小于预定回收期，两者均具有财务可行性，只要企业资金不受限，两个方案都可以选择。如果甲和乙是互斥关系，由于两个方案均可行，且甲的投资回收期小于乙的投资回收期，应选择甲方案。假定企业的预定投资回收期为3年，则不论两者是独立关系还是互斥关系，均不能选择。

投资回收期指标的优点是计算简便，容易理解，在一定程度上考虑了投资的风险状况。其缺点一是没有考虑资金的时间价值，二是没有考虑投资回收期以后发生的现金流量情况。比如，假定前例中乙方案第5年的现金流量不是42 000元，而是142 000元，甲和乙是互斥关系，企业的预定投资回收期为3.5年，尽管乙方案的现金流量总额高于甲方案，根据投资回收期仍应选择甲方案，因为乙方案第5年的现金流量发生在回收期以后，不会影响该投资决策。

（2）会计收益率（ARR）。会计收益率是指投资项目经营期内年均净利润与原始投资额的比率。会计收益率越高，表明每一单位投资额所提供的净利润越多，投资效果越好。

会计收益率的计算公式为：

$$会计收益率=\frac{年均净利润}{原始投资额}\times 100\%$$

采用会计收益率这一指标进行项目评价时，应事先确定一个最低可接受的会计收益率，即必要会计收益率。如果项目是独立关系，只要项目的会计收益率高于或等于必要会计收益率就具有财务可行性，而如果项目是互斥关系，则应选择会计收益率最高的可行项目为最优项目。

【例3－3】资料见【例3－1】，计算甲、乙方案的会计收益率。

$$ARR_{甲}=\frac{15\ 000}{150\ 000}\times 100\%=10\%$$

$$ARR_{乙}=\frac{(15\ 000+13\ 500+12\ 000+10\ 500+9\ 000)\div 5}{129\ 000}=9.3\%$$

假定企业事先确定的会计收益率为9%。如果甲和乙是独立关系，由于两个方案的会计收益率均高于9%，两者均具有财务可行性，只要企业资金不受限，两个方案都可以选择。如果甲和乙是互斥关系，由于两个方案均可行，且甲的会计收益率高于乙的会计收益率，应选择甲方案。

会计收益率的优点是计算简单，便于比较，容易理解。其缺点是没有考虑资金的时间价值，与现金流量相比利润容易受人为因素的影响。

2. 贴现项目投资决策指标

净现值

（1）净现值（NPV）。净现值是指投资项目投产后按一定的贴现率计算的各年现金流入量的现值与初始投资额现值之间的差额，或者说是投资项目在整个期间内所产生的各年现金流量的现值之和。净现值的计算需事先设定贴现率，贴现率的大小直接影响计算结果。在实务工作中，可用资本成本、投资者要求的最低收益率、行业平均资金利润率等作为贴现率。

净现值的计算公式如下：

$$净现值 = 现金流入量现值 - 初始投资额的现值$$

采用净现值这一指标进行项目评价时，如果项目是独立关系，只要项目的净现值大于或等于零就具有财务可行性，而如果项目是互斥关系，则应选择净现值最大的可行项目为最优项目。项目的净现值大于零，说明现金流入量的现值大于初始投资额的现值，项目的实际收益率大于设定的贴现率；若现金流入量的现值小于初始投资额的现值，净现值为负数，说明项目的实际收益率小于设定的贴现率。

【例3－4】资料见【例3－1】，假设贴现率为10%，计算甲、乙方案的净现值。

由于投产后甲方案每年现金净流量相等，可视为普通年金形式；乙方案每年现金净流量不等，需按复利进行贴现计算。

$$
\begin{aligned}
NPV_{甲} &= 45\,000 \times (P/A, 10\%, 5) - 150\,000 \\
&= 45\,000 \times 3.7908 - 150\,000 = 20\,586 \text{（元）}
\end{aligned}
$$

$$
\begin{aligned}
NPV_{乙} &= 39\,000 \times (P/F, 10\%, 1) + 37\,500 \times (P/F, 10\%, 2) \\
&\quad + 36\,000 \times (P/F, 10\%, 3) + 34\,500 \times (P/F, 10\%, 4) \\
&\quad + 42\,000 \times (P/F, 10\%, 5) - 129\,000 \\
&= 39\,000 \times 0.9091 + 37\,500 \times 0.8264 + 36\,000 \times 0.7513 \\
&\quad + 34\,500 \times 0.6830 + 42\,000 \times 0.6209 - 129\,000 = 14\,133 \text{（元）}
\end{aligned}
$$

以上计算也可通过列表法进行，如表3－4所示。

表3－4　　甲、乙方案净现值计算表　　单位：元

年度	年现金净流量		10%的复利现值系数	现值	
	甲方案	乙方案		甲方案	乙方案
0	－150 000	－129 000	1	－150 000.0	－129 000.0
1	45 000	39 000	0.9091	40 909.5	35 454.9
2	45 000	37 500	0.8264	37 188.0	30 990.0

续表

年度	年现金净流量		10%的复利现值系数	现值	
	甲方案	乙方案		甲方案	乙方案
3	45 000	36 000	0.7513	33 808.5	27 046.8
4	45 000	34 500	0.6830	30 735.0	23 563.5
5	45 000	42 000	0.6209	27 940.5	26 077.8
净现值	—	—	—	20 581.5	14 133.0

注：甲方案计算结果的误差是由于年金现值系数与复利现值系数之间的差造成的。

如果甲和乙是独立关系，由于两个方案的净现值均大于零，说明其收益率均大于10%，两者均具有财务可行性，只要企业资金不受限，两个方案都可以选择。如果甲和乙是互斥关系，由于两个方案均可行，且甲的净现值高于乙的净现值，应选择甲方案。

净现值法具有广泛的适用性，在理论上也比其他方法更完善。其优点有三：一是考虑了资金的时间价值，增强了投资经济性的评价；二是考虑了投资的风险性，因为贴现率的大小与风险大小有关，风险越大，贴现率就越高；三是与财务管理目标紧密联结，因为投资项目净现值代表的是项目被接受后股东财富和企业价值的变化。

其缺点也是明显的：一是贴现率的确定比较困难，而其准确性对计算净现值有着重要影响；二是不能揭示各个投资项目本身可能达到的实际收益率是多少。

（2）现值指数（PI）。现值指数，也称获利指数，是指投资项目投产后按一定的贴现率计算的各年现金流入量的现值与初始投资额现值之间的比值。

现值指数的计算公式如下：

现值指数 = 现金流入量现值 ÷ 初始投资额的现值

采用现值指数这一指标进行项目评价时，如果项目是独立关系，只要项目的现值指数大于或等于1就具有财务可行性，而如果项目是互斥关系，则应选择现值指数最大的可行项目为最优项目。项目的现值指数大于1，说明现金流入量的现值大于初始投资额的现值，项目的实际收益率大于设定的贴现率；若现金流入量的现值小于初始投资额的现值，现值指数小于1，说明项目的实际收益率小于设定的贴现率。

【例3－5】资料见【例3－1】，计算甲、乙方案的现值指数。

$$PI_{甲} = \frac{170\ 586}{150\ 000} = 1.14$$

$$PI_{乙}=\frac{143\ 133}{129\ 000}=1.11$$

如果甲和乙是独立关系，由于两个方案的现值指数均大于1，两者均具有财务可行性，只要企业资金不受限，两个方案都可以选择。如果甲和乙是互斥关系，由于两个方案均可行，且甲的现值指数高于乙的现值指数，应选择甲方案。

现值指数指标的优点是考虑了资金的时间价值，能够真实地反映投资的获利能力；由于现值指数是相对数，便于在原始投资额不同的投资方案之间进行优劣比较。缺点是不能反映投资项目本身的实际收益率水平。

内含报酬率

（3）内含报酬率（IRR）。内含报酬率，又称内部收益率，是指能够使未来现金流入量的现值与初始投资额现值相等的贴现率，即使投资项目净现值等于零时的贴现率。

根据投资项目的净现值和现值指数虽然能够判断项目的实际收益率是高于还是低于设定的贴现率，但并没有揭示项目本身所能达到的实际收益率是多少。而内含报酬率法则反映了投资项目本身的收益率。

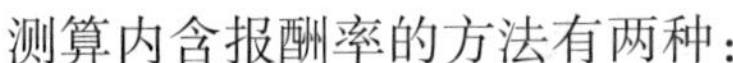

测算内含报酬率的方法有两种：

一是公式法。如果投产后每年现金净流量相等，则内含报酬率的计算转换为年金现值系数的计算，即有：

$$投产后每年相等的现金净流量\times 年金现值系数=初始投资额的现值$$

$$年金现值系数=\frac{初始投资额的现值}{投产后每年相等的现金净流量}$$

查“年金现值系数表”的n期这一行，如果恰好能找到与年金现值系数相等的系数，其对应的贴现率就是项目的内含报酬率；如果不能找到恰好相等的系数，则需要运用插值法计算。

二是逐次测试法，或称试误法。如果投产后每年的现金净流量不相等，应采用逐次测试法，逐次估计贴现率进行测试。其具体做法是：根据已知的相关资料，先估计一个贴现率，如果该贴现率下净现值为正数，说明项目本身的收益率高于估计的贴现率，应提高贴现率后进一步测试；如果净现值为负数，说明项目本身的收益率低于估计的贴现率，应降低贴现率后进一步测试。经过多次测试，寻找出使净现值为零的贴现率，即为项目本身的内含报酬率。若测试时没有恰好使净现值为零的贴现率，可找出最接近零的一正一负的两个净现值及对应的贴现率，再运用插值法计算其内含报酬率。

采用内含报酬率这一指标进行项目评价时，如果项目是独立关系，只要项目的内含报酬率大于或等于资本成本或投资者要求的最低收益率就具有财务可行性，而如果项目是互斥关系，则应选择内含报酬率最大的可行项目为最优项目。

【例3－6】资料见【例3－1】，计算甲方案的内含报酬率。

$$45\ 000 \times (P/A, IRR, 5) = 150\ 000$$

$$(P/A, IRR, 5) = \frac{150\ 000}{45\ 000} = 3.3333$$

查“年金现值系数”表的5年这一行，没有找到恰好等于3.3333的系数，因此寻找与3.3333相邻的两个系数，查得贴现率15%的年金现值系数为3.3522，贴现率16%的年金现值系数为3.2743，则有：

$$\left.\begin{array}{l}\left.\begin{array}{l}15\% \\ IRR_{甲}\end{array}\right\} x \\ 16\%\end{array}\right\} 1\% \qquad \left.\begin{array}{l}\left.\begin{array}{l}3.3522 \\ 3.3333\end{array}\right\} 0.0189 \\ 3.2743\end{array}\right\} 0.0779$$

$$\frac{x}{1\%} = \frac{0.0189}{0.0779}$$

$$IRR_{甲} = 15\% + \frac{0.0189}{0.0779} \times 1\% = 15.24\%$$

【例3－7】资料见【例3－1】，计算乙方案的内含报酬率。

乙方案内含报酬率的测试如表3－5所示。

表3－5　乙方案的内含报酬率测试表　　单位：元

年度	年现金	测试14%		测试15%	
	净流量	复利现值系数	现值	复利现值系数	现值
0	－129 000	1	－129 000.00	1	－129 000.00
1	39 000	0.8772	34 210.80	0.8696	33 914.40
2	37 500	0.7695	28 856.25	0.7561	28 353.75
3	36 000	0.6750	24 300.00	0.6575	23 670.00
4	34 500	0.5921	20 427.45	0.5718	19 727.10
5	42 000	0.5194	21 814.80	0.4972	20 882.40
净现值	—	—	609.30	—	－2 452.35

$$\left.\begin{array}{l}\left.\begin{array}{l}14\% \\ IRR_{乙}\end{array}\right\} x \\ 15\%\end{array}\right\} 1\% \qquad \left.\begin{array}{r}\left.\begin{array}{r}609.3 \\ 0\end{array}\right\} 609.3 \\ -2\ 452.35\end{array}\right\} 3\ 061.65$$

$$\frac{x}{1\%} = \frac{609.3}{3\ 061.65}$$

$$IRR_{乙} = 14\% + \frac{609.3}{3\ 061.65} \times 1\% = 14.20\%$$

假定企业的资本成本为10%。如果甲和乙是独立关系，由于两个方案的内含报酬率均高于10%，两者均具有财务可行性，只要企业资金不受限，两个方案都可以选择。如果甲和乙是互斥关系，由于两个方案均可行，且甲的内含报酬率高于乙的内含报酬率，应选择甲方案。

内含报酬率指标的优点是考虑了资金的时间价值，能直接反映投资项目的实际收益率水平。缺点是计算过程比较复杂，特别是投产后每年现金净流量不相等的投资项目，一般要经过多次测算才能求得。

3.3 证券投资决策

3.3.1 证券投资的概念

有价证券，通常简称为证券，是一种具有一定票面金额，证明持券人有权按期取得一定收入，并可自由转让和买卖的所有权或债权证书，主要形式有股票和债券两大类。证券投资是指企业通过购买有价证券获取投资收益的一种投资行为。从性质上看，证券投资属于间接投资范畴。

3.3.2 证券投资的目的

1. 获取利润

获取利润，而且要尽可能地使证券投资的利润最大化，是证券投资者普遍的基本目的。

2. 获取控制权

企业为扩大自己的经营范围、市场份额或影响力，需要控制某些特定的其他企业。通过股权类证券投资获得证券发行公司经营管理的控制权，是部分法人投资者从事股权投资的主要目的。

3. 分散风险

企业可以通过投资于多种证券实现资产多元化，以规避投资风险或将投资风险控制在一定限度内。

4. 保持资产的流动性

企业在生产经营过程中应该拥有一定数量的现金，以满足日常经营的需要，但是现金余额过多是一种浪费。因此，企业可以利用闲置的现金进行证券投资，以获取一定的收益。这样，证券投资实际上就成为现金的替代品，它既能保持较强的流动性，满足企业对现金的需要，又能在一定程度上增加企业的收益。

5. 满足企业未来的财务需求

企业有时为了将来进行长期投资，或者为了将来偿还债务，或者因为季节性经营等原因，会将目前闲置不用的现金用于购买有价证券，待将来需要现金时，再将有价证券出售。这种证券投资实际上是为了满足企业未来对现金需求的目的。

3.3.3 证券投资的风险与收益

证券投资的风险与收益的关系是证券投资决策中首要的影响因素。

1. 证券投资的风险

（1）系统风险。系统风险是与市场的整体运行相关联的，通常表现为某个领域、某个金融市场或某个行业部门的整体变化。这类风险因其来源于宏观因素变化对市场整体的影响，因而也称之为“宏观风险”，主要包括：

①政策风险。各国的金融市场与其国家的政治局面、经济运行、财政状况、外贸交往、投资气候等息息相关，国家的任一政策的出台，都可能造成证券市场上证券价格的波动，这无疑会给投资者带来风险。

②市场风险。市场风险是金融投资中最普遍、最常见的风险，无论投资于股票和债券等有价证券，还是投资于房地产和贵金属等有形资产，几乎所有投资者都必须承受这种风险。这种风险源自于市场买卖双方的供求不平衡。

③购买力风险。购买力风险也就是通货膨胀风险，是指由于通货膨胀而使证券投资收益的实际价值即购买力下降的风险。收益率固定的有价证券受购买力风险的影响更为明显。

④利率风险。利率风险是指由于货币市场利率的变动引起证券市场价格的升降，从而影响证券收益率的变动而带来的风险。一般地，

利率与证券价格呈反方向变动，利率提高，证券价格将下跌。

（2）非系统风险。非系统风险基本上只同某个具体的股票、债券相关联，而与其他有价证券无关。这种风险来自于企业内部的微观因素，因而也称之为“微观风险”。

①信用风险。信用风险，也称违约风险，是指由于证券发行人到期不能还本付息而使投资者遭受损失的可能性。证券信用风险的大小视证券的不同种类而定。国库券的信用风险可以看作是零。信用风险实际上揭示了发行者在财务状况不佳时出现违约和破产的可能，它主要受证券发行者的经营能力、盈利水平、事业稳定程度及规模大小等因素的影响，一般取决于其信用评级。从安全性角度考虑，信用等级越高越可靠，但这往往会与投资的收益性发生矛盾。

②变现力风险。变现力风险是指在短时间内按合理价格出售转让有价证券的难易程度，包括出售转让有价证券所需时间的长短和有价证券交易价格与市场价格的接近程度等。如果证券能够在短时间内以接近市场价格的价格出售转让，则这种证券就具有高度的流动性，变现力风险就很小。

③经营风险。经营风险是指企业因经营上的原因使投资者遭受损失的可能性。经营风险来自内部因素和外部因素两个方面。内部因素包括项目投资决策失误、技术更新慢等原因，外部因素有产品关联企业不景气、竞争对手变化快等原因。

④财务风险。财务风险是指企业资本结构不合理所形成的风险。形成财务风险的因素主要包括资产负债比例、资产与负债的期限、债务结构等。

2. 证券投资收益

证券投资收益包括两部分：股利或利息以及资本利得。

（1）股利或利息。股利是股票投资者参与被投资公司利润分配而取得的收益。普通股股利的高低取决于被投资公司的盈利水平以及其股利政策，一般是不固定的。利息是债券持有人从债券发行人那里领取的定期收入。利息的多少取决于债券的面值和票面利率，一般是固定不变的。

（2）资本利得。资本利得是指有价证券买入价格与卖出价格或到期偿还额之间的差额。当有价证券的买入价格大于卖出价格时，为资本利得收益，反之则为资本利得损失。

3.3.4 债券投资

1. 债券投资的含义和特点

债券投资是通过购买各种债券进行的投资。债券是指依照法定程序发行的、约定在一定期限内还本付息的有价证券。债券票面一般需记载面值、票面利率、期限、付息日等内容，主要包括国库券、公司债券、金融债券等。

债券投资按时间可分为短期债券投资和长期债券投资。短期债券投资的目的主要是合理利用暂时闲置资金，调节现金余额，获得收益。当企业现金余额过高时，可以投资于债券，使现金余额降低；反之，当现金余额过低时，则出售原来投资的债券，收回现金，使现金余额提高。长期债券投资的目的主要是获得稳定的收益。

债券投资具有以下特点：

（1）本金安全性高。与股票投资相比，债券投资风险比较小。政府债券有国家财力作后盾，其本金的安全性非常高，通常视为无风险证券。公司债券的持有者拥有优先求偿权，即当被投资企业破产时，优先于股东分得公司资产，因此，其本金损失的可能性小。

（2）收入稳定性强。债券票面一般都标有固定利率，债券发行人有按约定偿付利息的法定义务。因此，在正常情况下，投资于债券都能获得比较稳定的收入。

（3）市场流动性好。大部分债券都具有较好的流动性。政府及大企业发行的债券一般都可在金融市场上迅速出售，流动性很好。

（4）购买力风险大。债券的面值和利率在发行时就已确定，如果投资期间的通货膨胀率比较高，则收回的本息购买力将会不同程度地受到侵蚀，投资者虽然名义上有收益，但实际上可能是损失。

（5）无经营管理权。债券投资属于债权性投资，投资目的在于获取收益，无权对债券发行单位施以影响和控制。

2. 债券投资的估价

债券投资估价是指对所投资的债券在某一时点价值量的估算。企业进行债券投资首先应确定债券本身所具有的价值，即债券的内在价值，然后与当前债券的市场价格进行比较，以决定是否购买。只有当债券的价值高于或等于市场价格时，才值得购买；反之，债券不具有投资价值。

债券的价值是指来自于债券的预期未来现金流入量以市场利率或债券投资者要求的收益率为贴现率计算的现值之和，预期未来现金流入量包括利息收入和到期归还的本金。由于不同类型债券的付息和计息方式不同，其估价模型有所不同。

（1）分期付息、到期还本债券的估价。我国企业发行的债券一般为固定利率、按年计算并支付利息、到期归还本金。其估价模型为：

$$
\begin{aligned}
V &= I\times(P/A,\ k,\ n)+M\times(P/F,\ k,\ n)\\
&= M\times i\times(P/A,\ k,\ n)+M\times(P/F,\ k,\ n)
\end{aligned}
$$

分期付息、到期还本债券的估价

式中：V 表示债券价值；

I 表示债券年利息；

M 表示债券面值；

i 表示债券票面年利率；

k 表示市场利率或债券投资者要求的收益率；

n 表示债券期限。

【例 3-8】 某公司拟于 2015 年 1 月 1 日发行 5 年期债券，债券每张面值为 100 元，票面固定年利率为 8%，每年 1 月 1 日计算并支付一次利息。如果发行时的市场利率分别为①6%、②8%、③10%，则债券的价值分别为多少？

①当市场利率为 6% 时，

$$
\begin{aligned}
V &= 100\times 8\%\times(P/A,\ 6\%,\ 5)+100\times(P/F,\ 6\%,\ 5)\\
&= 8\times 4.2124+100\times 0.7473=108.43\ (\text{元})
\end{aligned}
$$

如果该债券的发行价格低于或等于 108.43 元，则债券具有投资价值。

②当市场利率为 8% 时，

$$
\begin{aligned}
V &= 100\times 8\%\times(P/A,\ 8\%,\ 5)+100\times(P/F,\ 8\%,\ 5)\\
&= 8\times 3.9927+100\times 0.6806=100\ (\text{元})
\end{aligned}
$$

③当市场利率为 10% 时，

$$
\begin{aligned}
V &= 100\times 8\%\times(P/A,\ 10\%,\ 5)+100\times(P/F,\ 10\%,\ 5)\\
&= 8\times 3.7908+100\times 0.6209=92.42\ (\text{元})
\end{aligned}
$$

由此可知，对于分期付息、到期还本的债券，如果市场利率或债券投资者要求的收益率和债券票面利率相同，债券价值等于其面值；如果市场利率或债券投资者要求的收益率小于债券票面利率，债券价值高于其面值，债券以溢价发行；如果市场利率或债券投资者要求的收益率大于债券票面利率，债券价值小于其面值，债券以折价发行。

如果债券所规定的付息期短于一年（如半年付息），在这种情况下需要对债券估价模型进行调整，其计算公式如下：

$$V = M \times \frac{i}{Q} \times \left(P/A, \frac{k}{Q}, nQ\right) + M \times \left(P/F, \frac{k}{Q}, nQ\right)$$

式中，Q 表示一年内付息的次数。

【例 3－9】 如果【例 3－8】中的债券每半年支付一次利息（其他条件不变），发行时的市场利率为 6%，则债券的价值计算如下：

$$\begin{aligned} V &= 100 \times \frac{8\%}{2} \times \left(P/A, \frac{6\%}{2}, 5 \times 2\right) + 100 \times \left(P/F, \frac{6\%}{2}, 5 \times 2\right) \\ &= 4 \times 8.5302 + 100 \times 0.7441 = 108.53 \text{（元）} \end{aligned}$$

（2）到期一次还本付息债券的估价。到期一次还本付息债券的所有现金流入量，包括利息和本金，均发生在债券到期日。由于到期一次还本付息债券一般采用单利计息，其估价模型为：

$$V = (M + M \times i \times n) \times (P/F, k, n)$$

【例 3－10】 如果【例 3－8】中的债券为到期一次还本付息债券且采用单利计息（其他条件不变），发行时的市场利率为 6%，则债券的价值计算如下：

$$\begin{aligned} V &= (100 + 100 \times 8\% \times 5) \times (P/F, 6\%, 5) \\ &= 140 \times 0.7473 = 104.62 \text{（元）} \end{aligned}$$

（3）零息债券的估价。零息债券是指不向持有人支付利息，而是以低于面值的价格向购买者出售，到期按面值还本的债券。投资者购买此类债券虽没有利息收入，但可以获得资本利得收益。零息债券的估价模型为：

$$V = M \times (P/F, k, n)$$

【例 3－11】 有一 5 年期零息债券，面值为 100 元，假定市场利率为 10%，其价值为：

$$\begin{aligned} V &= 100 \times (P/F, 10\%, 5) \\ &= 100 \times 0.6209 = 62.09 \text{（元）} \end{aligned}$$

3. 债券收益率的计算

债券到期收益率

（1）债券到期收益率。债券到期收益率，又称为债券内含报酬率，是指以市场价格购买债券并持有至到期日所产生的预期年收益率。它是使债券未来现金流入量现值等于债券购买价格时的贴现率。如果已知债券目前的市价、面值、票面利率及期限，可以运用债券估价模型计算债券的到期收益率。计算时一般需要使用逐次测试法。

【例 3－12】 某公司以每张 100 元的价格购买一 5 年期债券，债券面值 100 元，票面利率 8%，每年付息一次，到期归还本金。如果公司将持有该债券至到期日，其到期收益率是多少？如果其他条件不变，债券的买价为 105 元时其到期收益率是多少？

如果债券买价为100元，依题意，得：

$100 = 100 \times 8\% \times (P/A, k, 5) + 100 \times (P/F, k, 5)$

假设贴现率为8%，则：

$$\begin{aligned}\text{等式右边} &= 100 \times 8\% \times (P/A, 8\%, 5) + 100 \times (P/F, 8\%, 5) \\ &= 8 \times 3.9927 + 100 \times 0.6806 = 100 \text{（元）}\end{aligned}$$

可见，以面值购入每年付息一次的债券，其到期收益率等于票面利率。

如果债券买价为105元，其他条件均不变，则：

$105 = 100 \times 8\% \times (P/A, k, 5) + 100 \times (P/F, k, 5)$

假定贴现率为6%：

$$\begin{aligned}\text{等式右边} &= 100 \times 8\% \times (P/A, 6\%, 5) + 100 \times (P/F, 6\%, 5) \\ &= 8 \times 4.2124 + 100 \times 0.7473 = 108.43 \text{（元）}\end{aligned}$$

108.43元大于105元，说明假定的贴现率6%偏低，应提高贴现率。

再假定贴现率为7%：

$$\begin{aligned}\text{等式右边} &= 100 \times 8\% \times (P/A, 7\%, 5) + 100 \times (P/F, 7\%, 5) \\ &= 8 \times 4.1002 + 100 \times 0.7130 = 104.10 \text{（元）}\end{aligned}$$

104.10元小于105元，说明假定的贴现率7%偏高，应降低贴现率。

可见，债券的到期收益率应在6%和7%之间。现采用插值法计算债券到期率如下：

$$\left.\begin{array}{l}\left.\begin{array}{l}6\% \\ k\end{array}\right\} x \\ 7\%\end{array}\right\} 1\% \qquad \left.\begin{array}{l}\left.\begin{array}{l}108.43 \\ 105\end{array}\right\} 3.43 \\ 104.10\end{array}\right\} 4.33$$

$$\frac{x}{1\%} = \frac{3.43}{4.33}$$

$x = 0.79\%$

所以，债券到期收益率 $= 6\% + 0.79\% = 6.79\%$

由计算可知，溢价购买的每年付息一次债券的到期收益率小于其票面利率。反之，折价购买的每年付息一次债券的到期收益率大于其票面利率。

上述插值法计算比较复杂，为简化计算也可按下式求得近似结果：

$$k = \frac{I + \frac{M - P}{n}}{\frac{M + P}{2}}$$

式中，P 表示债券买价。

若将【例 3-12】有关数据（假定买价为 105 元）代入上式，可得：

$$k=\frac{100\times8\%+\frac{100-105}{5}}{\frac{100+105}{2}}=6.83\%$$

（2）债券赎回收益率。如果债券发行契约中规定有赎回条款，且债券发行企业在债券到期前行使赎回权，债券将不会存续至到期日。此时，债券投资者更关心的是债券的赎回收益率而非到期收益率。赎回收益率是指以市场价格购买债券并持有至债券被赎回所产生的预期年收益率。可以根据下式解出 k 即为债券赎回收益率：

$$债券买价=M\times i\times(P/A,\ k,\ m)+债券赎回价格\times(P/F,\ k,\ m)$$

式中，m 表示债券存续期。

赎回收益率的计算方法和到期收益率的计算方法相同。

【例 3-13】某公司按面值买入一 5 年期债券，债券面值 100 元，票面年利率 8%，每年付息一次，预计 3 年后债券会以 106 元的价格被赎回。计算债券的赎回收益率是多少？

依题意得：

$$100=100\times8\%\times(P/A,\ k,\ 3)+106\times(P/F,\ k,\ 3)$$

假定贴现率为 9%：

$$等式右边=100\times8\%\times(P/A,\ 9\%,\ 3)+106\times(P/F,\ 9\%,\ 3)$$
$$=8\times2.5313+106\times0.7722=102.10\ (元)$$

102.10 元大于 100 元，说明假定的贴现率 9% 偏低，应提高贴现率。

假定贴现率为 10%：

$$等式右边=100\times8\%\times(P/A,\ 10\%,\ 3)+106\times(P/F,\ 10\%,\ 3)$$
$$=8\times2.4869+106\times0.7513=99.53\ (元)$$

99.53 元小于 100 元，说明假定的贴现率 10% 偏高，应降低贴现率。

采用插值法确定债券赎回收益率如下：

$$\left.\begin{matrix}\left.\begin{matrix}9\%\\k\end{matrix}\right\}x\\10\%\end{matrix}\right\}1\%\qquad\left.\begin{matrix}\left.\begin{matrix}102.10\\100\end{matrix}\right\}2.10\\99.53\end{matrix}\right\}2.57$$

$$\frac{x}{1\%}=\frac{2.10}{2.57}$$

$$x=0.82\%$$

所以，债券赎回收益率 =9% +0.82% =9.82%

3.3.5　股票投资

1. 股票投资的含义和特点

股票投资是通过购买各种股票进行的投资。股票是指股份公司依照法定程序发行的、证明持股人拥有公司股份的有价证券，包括优先股股票、普通股股票等。

股票投资具有以下特点：

（1）投资风险大。投资者购买股票后，无权要求发行公司偿还本金，只能在证券市场上转让。因此，股票投资者至少面临两方面的风险：一是股票发行公司经营不善所形成的风险；二是股票市场价格变动所形成的价差损失风险。

（2）收益不稳定。由于股票投资风险较大，收益水平一般高于债券。但受市场因素及企业股利分配政策等因素的影响，导致其收益不固定。

（3）拥有经营权。股票投资属于股权性质的投资，投资者有权参与企业的经营管理，经营权的大小取决于所持有股份的多少。

（4）购买力风险低。在通货膨胀率比较高时，由于物价普遍上涨，股份公司盈利增加，股利的支付也随之增加。因此，与固定收益证券相比，股票投资能有效地降低购买力风险。

（5）价格波动大。股票价格既受发行公司经营状况的影响，又受股市投机等因素的影响，波动性极大。

2. 股票投资的估价

股票投资估价是对所投资的股票在某一时点价值量的估算。企业进行股票投资，首先应确定股票本身所具有的价值，即股票的内在价值，然后与当前股票的市场价格比较，以决定是否购买。只有当股票的价值高于或等于市场价格时，才值得购买；反之，股票没有投资价值。

股票价值是股票预期未来现金流量的贴现值。投资于股票的未来现金流入量包括股利收入和出售时的售价，但股票的价值仅取决于未来的股利收入。股票估价的一般模型（股利贴现模型）为：

$$V=\frac{D_1}{(1+k)^1}+\frac{D_2}{(1+k)^2}+\cdots+\frac{D_n}{(1+k)^n}+\cdots=\sum_{t=1}^{\infty}\frac{D_t}{(1+k)^t}$$

式中：V 表示股票的价值；

D_t 表示第 t 期的现金股利，t 为现金股利发生的期限；

k 表示股东要求的收益率。

之所以在对股票估价时不考虑未来出售时的售价，可以分两种情况解释：一是投资者买入股票后打算无限期持有，显然这种情况下无须考虑未来出售的问题；二是投资者买入股票准备持有一段时间后卖出，比如持有一年，这时股票的价值应该是第一年的股利和第一年末股票售价的贴现值，但一年后股票的售价取决于什么呢？答案是第二年的股利和第二年末股票售价的现值，而第二年末股票的售价又是由一系列未来股利和更为遥远的股票售价的现值所决定。所以，最终结果是股票的价值仅是未来股利收益的贴现值。

（1）优先股股票估价。优先股股票是一种永续性证券，一般没有到期日。优先股股东一般不参与公司的经营管理，但可以在确定的时间领取固定金额的股息，所以，优先股的股利可以看作是永续年金。

根据优先股的特征以及股票估价的一般模型，优先股股票的价值为：

$$V = \frac{D}{k}$$

式中：D 表示优先股股票每期相等的股利；

k 表示优先股股东要求的收益率。

【例 3－14】 某公司优先股股票约定年股利为 8 元/股，优先股股东要求的收益率为 10%，则该公司优先股股票的价值为：

$$V = \frac{8}{10\%} = 80 \text{（元）}$$

投资者可以将优先股股票的价值和其市价进行比较，据以作出投资决策。如果优先股股票的价值小于其市价，说明股票的价格被高估，按照市价买入该股票不能满足股东的收益率要求，所以没有投资价值。

普通股股票估价

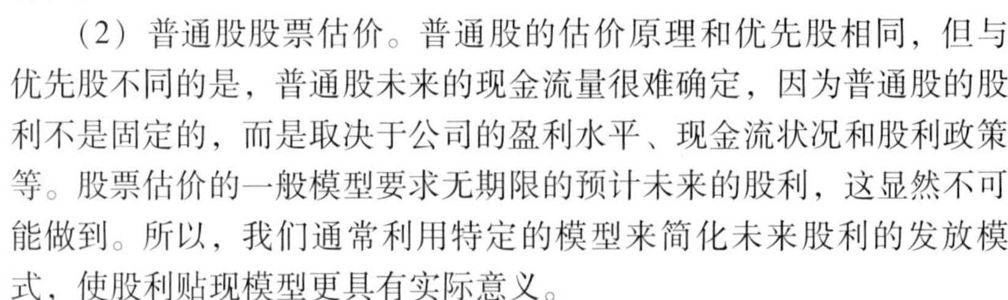
（2）普通股股票估价。普通股的估价原理和优先股相同，但与优先股不同的是，普通股未来的现金流量很难确定，因为普通股的股利不是固定的，而是取决于公司的盈利水平、现金流状况和股利政策等。股票估价的一般模型要求无期限的预计未来的股利，这显然不可能做到。所以，我们通常利用特定的模型来简化未来股利的发放模式，使股利贴现模型更具有实际意义。

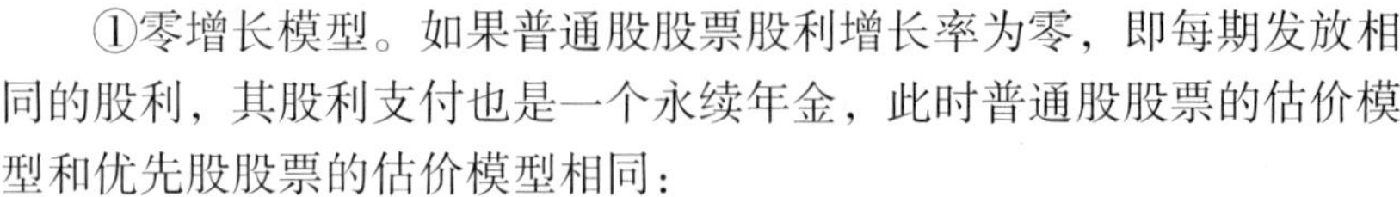
①零增长模型。如果普通股股票股利增长率为零，即每期发放相同的股利，其股利支付也是一个永续年金，此时普通股股票的估价模型和优先股股票的估价模型相同：

$$V = \frac{D}{k}$$

式中，k 表示普通股股东要求的收益率。

【例 3－15】 某上市公司采用固定股利政策，每年发放的普通股股票股利为每股 0.8 元，投资者要求的收益率为 20%，则股票的价值为：

$$V=\frac{0.8}{20\%}=4\text{（元）}$$

②固定增长模型（戈登模型）。一般情况下，普通股股票的股利不可能是固定不变的，而是在不断增长变化的。假定每期发放的股利都保持一个固定不变的增长率，由股票估价的一般模型可以得出股利固定增长率条件下普通股股票的价值计算公式为：

$$V=\frac{D_0\times(1+g)}{k-g}=\frac{D_1}{k-g}\quad(k>g)$$

式中：D_0、D_1 分别表示普通股股票上一期和本期的股利；

g 表示股利年增长率。

【例 3－16】 某上市公司刚刚支付的上年股利为 2 元/股，投资者要求的收益率为 20%，公司股利年增长率为 5%，则该公司股票的价值为：

$$V=\frac{2\times(1+5\%)}{20\%-5\%}=14\text{（元）}$$

③多阶段增长模型。多阶段增长模型假定普通股的股利不是按照一个固定不变的增长率持续增长，而是按股利增长的几个阶段，在每个阶段内分别按照不同的增长率增长。

多阶段增长模型的建立是基于这样的假定：企业所处的生命周期阶段不同，其经营业绩增长不同，因而股利增长率不同。

常见的多阶段增长模型一般是两阶段模型，即假定在第一个阶段（非固定增长阶段）公司股利每年保持一个超常的增长率，进入第二个阶段（固定增长阶段）后，股利始终保持一个降低了的固定增长率。运用两阶段模型进行普通股估价的程序如下：

第一步，将股利分成两部分：非固定增长阶段的股利和固定增长阶段的股利；

第二步，计算非固定增长阶段期望股利的现值；

第三步，使用固定增长模型计算将固定增长阶段的股利贴现到非固定增长期末的价值，然后对这一价值再进行贴现；

第四步，将这两部分现值相加就可得到股票的内在价值。

根据前述的估价程序，两阶段估价模型为：

$$V=\sum_{t=1}^{n}\frac{D_t}{(1+k)^t}+\frac{D_{n+1}}{(k-g)(1+k)^n}$$

式中，n 表示非固定增长期限。

【例 3－17】 某企业预计今后三年为高速增长期，股利年增长率为 30%，从第四年开始，进入稳定增长期，股利年增长率为 10%。企业上年的股利为每股 1.82 元，投资者要求的收益率为 16%。目前普通股股票的价值是多少？

（1）计算非固定增长期的股利现值：

第一年的股利 $=1.82\times(1+30\%)=2.37$（元）

第二年的股利 $=2.37\times(1+30\%)=3.08$（元）

第三年的股利 $=3.08\times(1+30\%)=4.00$（元）

前三年股利的贴现值 $=\frac{2.37}{(1+16\%)^1}+\frac{3.08}{(1+16\%)^2}+\frac{4.00}{(1+16\%)^3}=$ 6.89（元）

（2）计算固定增长期股利的现值：

第四年的股利 $=4.00\times(1+10\%)=4.40$（元）

固定增长期股利在第三年末的价值 $=\frac{4.40}{16\%-10\%}=73.33$（元）

将第三年末股票的价值折成现值 $=\frac{73.33}{(1+16\%)^3}=46.98$（元）

（3）计算普通股股票的价值：

普通股股票的价值 $=6.89+46.98=53.87$（元）

3. 股票收益率的计算

股票收益率是市场对股票投资所要求的收益率，是投资者按当前市价买入股票后预期能够获得的收益率。用股票当前市价替代股票估价模型中股票的价值，求解贴现率即为股票的预期收益率。

（1）优先股股票收益率。根据优先股股票的估价模型，将股票价值替换为股票市价，可以得出优先股股票的期望收益率：

$$k=\frac{D}{P}$$

式中，P 表示优先股市价。

【例 3－18】 某公司优先股股票面值 100 元，约定年股利为 8 元/股，目前市价为 80 元，则该优先股股票的期望收益率为：

$$k=\frac{8}{80}=10\%$$

（2）普通股股票收益率。假定普通股的股利是固定增长的，根据普通股的固定增长模型，将股票价值替换为股票市价，可以得出普通股股票的期望收益率为：

$$k = \frac{D_1}{P} + g$$

由此可知，普通股股票的收益率包括两部分：第一部分是股利收益率，第二部分是股利增长率。由于估价模型隐含的假设是股利的增长速度和股价的增长速度相同，所以，第二部分收益就是资本利得收益率。

【例3-19】 某上市公司刚刚支付的上年股利为2元/股，公司股利年增长率为5%，股票市价为14元。则该普通股股票的期望收益率为：

$$k = \frac{2 \times (1 + 5\%)}{14} + 5\% = 15\% + 5\% = 20\%$$

本章小结

1. 投资是指将资金投放于一定对象，以期未来获取经济利益的行为。按投资方式的不同，可分为直接投资和间接投资。

2. 项目投资决策中的现金流量是指投资项目在其计算期内（即从项目投资建设开始到最终清理结束整个过程的全部时间）引起的企业现金流入量和流出量的统称。现金流入量和流出量的差额称为现金净流量或净现金流量。

3. 初始现金流量是指在项目投资建设期内发生的现金流入量和流出量。主要包括固定资产的原始投资、垫支的流动资金、其他费用和原有固定资产的变价收入。

4. 营业现金净流量是指项目建成投产后，在其经营期内由于生产经营所带来的现金流入量和现金流出量的差额。营业现金净流量的计算公式为：营业现金净流量=营业收入-付现成本-所得税=净利润+折旧。

5. 终结现金流量是指在项目终结时所发生的现金流入量和流出量，主要包括固定资产净残值和垫支流动资金的收回。

6. 项目投资决策指标按其是否考虑资金时间价值可分为两类：一类是没有考虑资金时间价值因素的非贴现指标，主要包括投资回收期、会计收益率；另一类是考虑了资金时间价值因素的贴现指标，主要包括净现值、现值指数、内含报酬率。

7. 投资回收期是指投资项目的经营现金净流量收回其原始投资额，即经营现金净流量累计到与原始投资额相等时所需要的时间。

8. 会计收益率是指投资项目经营期内年均净利润与原始投资额的比率。

9. 净现值是指投资项目投产后按一定的贴现率计算的各年现金流入量的现值与初始投资额现值之间的差额，或者说是投资项目在整个期间内所产生的各年现金流量的现值之和。

10. 现值指数是指投资项目投产后按一定的贴现率计算的各年现金流入量的现值与初始投资额现值之间的比值。

11. 内含报酬率是指能够使未来现金流入量的现值与初始投资额现值相等的贴现率，即使投资项目净现值等于零时的贴现率。

12. 证券投资是指企业通过购买有价证券获取投资收益的一种投资行为。从性质上看，证券投资属于间接投资范畴。证券投资的目的包括获取利润、获取控制权、分散风险、保持资产的流动性和满足企业未来的财务需求。

13. 证券投资的风险有系统风险和非系统风险。系统风险主要包括政策风险、市场风险、购买力风险和利率风险。非系统风险主要包括信用风险、变现力风险、经营风险和财务风险。证券投资收益包括股利或利息收益以及资本利得收益。

14. 债券投资是通过购买各种债券进行的投资，具有本金安全性高、收入稳定性强、市场流动性好、购买力风险大和无经营管理权等特点。

15. 债券的价值是指来自于债券的预期未来现金流入量以市场利率或债券投资者要求的收益率为贴现率计算的现值之和，预期未来现金流入量包括利息收入和到期归还的本金。由于不同类型债券的付息和计息方式不同，其估价模型有所不同。

16. 债券到期收益率是指以市场价格购买债券并持有至到期日所产生的预期年收益率。它是使债券未来现金流入量现值等于债券购买价格时的贴现率。计算时需要使用逐次测试法。

17. 股票投资是通过购买各种股票进行的投资，具有投资风险大、收益不稳定、拥有经营权、购买力风险低、价格波动大等特点。

18. 股票价值是股票预期未来现金流量的贴现值，其预期未来现金流量仅考虑未来的股利收入。普通股股票估价模型包括零增长模型、固定增长模型和多阶段增长模型。

19. 股票收益率是市场对股票投资所要求的收益率，也是投资者按当前市价买入股票后预期能够获得的收益率。用股票当前市价替代股票估价模型中股票的价值，求解贴现率即为股票的预期收益率。

本章练习题

一、单项选择题

1. 下列投资决策指标中，使用净利润计算的是（　　）。

A. 会计收益率　　B. 现值指数

C. 净现值　　D. 内含报酬率

2. 某项目原始投资额为100万元，使用寿命10年，已知该项目第10年的营业现金净流量为25万元，期满处置固定资产残值收入及收回流动资金共8万元，则该投资项目第10年的现金净流量为（　　）万元。

A. 8　　B. 25　　C. 33　　D. 43

3. 下列各项中，不会对投资方案内含报酬率指标产生影响的因素是（　　）。

A. 原始投资额　　B. 营业现金净流量

C. 项目计算期　　D. 设定的贴现率

4. 某企业投资方案的年营业收入为180万元，成本总额为120万元，其中折旧费用为20万元，适用的所得税税率为25%，则该投资方案年营业现金净流量为（　　）万元。

A. 60　　B. 45　　C. 65　　D. 40

5. 如果某投资方案的净现值等于零，则其现值指数（　　）。

A. 等于0　　B. 等于1

C. 大于1　　D. 小于1

6. 已知某投资项目按14%的贴现率计算的净现值大于零，按16%的贴现率计算的净现值小于零，则该项目的内含报酬率为（　　）。

A. 大于16%　　B. 小于14%

C. 大于14%，小于16%　　D. 等于15%

7. 下列各项中，不属于投资项目现金流出量的是（　　）。

A. 固定资产投资　　B. 折旧费用

C. 无形资产投资　　D. 付现成本

8. 下列各项投资决策指标中，属于非贴现指标的是（　　）。

A. 净现值　　B. 会计收益率

C. 内含报酬率　　D. 现值指数

9. 下列因素中不会影响债券价值的是（　　）。

A. 债券面值　　B. 债券票面利率

C. 市场利率　　D. 债券购买价格

10. 以下属于初始现金流量的是（　　）。

A. 垫支的流动资金　　B. 垫支流动资金的收回

C. 固定资产残值　　D. 所得税

11. 某投资方案贴现率为15%时，净现值为430万元，贴现率为17%时，净现值为－790万元，则该方案的内含报酬率为（　　）。

A. 15.7%　　B. 15.22%　　C. 16.34%　　D. 16.56%

12. 当投资方案的净现值大于零时，其内含报酬率（　　）。

A. 可能小于零　　B. 一定小于零

C. 一定大于设定的贴现率　　D. 可能等于设定的贴现率

13. 某公司发行的股票，投资人要求的收益率为20%，上年的现金股利为2元/股，预计股利年增长率为10%，则该股票的价值为（　　）元。

A. 20　　B. 24　　C. 22　　D. 18

14. 内含报酬率是指能够使项目的（　　）为零的贴现率。

A. 净现值　　B. 现金净流量

C. 收益率　　D. 净利润

15. 与债券投资相比，股票投资的（　　）。

A. 风险高　　B. 收益低

C. 价格波动小　　D. 变现能力差

二、多项选择题

1. 下列投资决策指标中，考虑了资金时间价值的指标有（　　）。

A. 投资回收期　　B. 现值指数

C. 净现值　　D. 会计收益率

2. 采用净现值法评价投资项目可行性时，所采用的贴现率通常有（　　）。

A. 投资项目的资本成本　　B. 行业平均资金利润率

C. 投资者要求的最低收益率　　D. 投资项目的内含报酬率

3. 下列项目投资决策评价指标中，其数值越大越好的指标有（　　）。

A. 净现值　　B. 投资回收期

C. 内含报酬率　　D. 会计收益率

4. 下列属于净现值指标缺点的有（　　）。

A. 不能揭示投资项目本身可能达到的实际收益率

B. 计算比较复杂

C. 贴现率的确定比较困难

D. 没有考虑投资的风险性

5. 内含报酬率是指（　　）。

A. 投资收益与总投资额的比率

B. 项目投资可望达到的实际收益率

C. 投资收益现值与总投资额现值的比率

D. 使投资方案净现值为零的贴现率

6. 若净现值为负数，表明该投资项目（　　）。

A. 为亏损项目，不可行

B. 收益率小于0，不可行

C. 收益率没有达到预定的贴现率，不可行

D. 内含报酬率不一定小于0

7. 与股票投资相比，债券投资的优点有（　　）。

A. 本金安全性好　　B. 收益率高

C. 购买力风险低　　D. 收入稳定性强

8. 证券投资的收益包括（　　）。

A. 资本利得　B. 股利　C. 卖出价格　D. 债券利息

9. 影响债券价值的因素主要有（　　）。

A. 债券票面利率　　B. 债券面值

C. 市场利率　　D. 债券期限

10. 计算下列项目的投资决策评价指标时，需要使用贴现率的有（　　）。

A. 净现值　　B. 现值指数

C. 内含报酬率　　D. 会计收益率

11. 下列项目中，属于终结现金流量的有（　　）。

A. 固定资产净残值　　B. 垫支流动资金的收回

C. 利息收入　　D. 固定资产投资

12. 以下属于证券投资非系统风险的有（　　）。

A. 信用风险　　B. 政策风险

C. 变现力风险　　D. 经营风险

13. 按投资项目间相关性的不同，投资可分为（　　）。

A. 独立投资　B. 互斥投资　C. 直接投资　D. 间接投资

14. 企业进行证券投资的目的有（　　）。

A. 获取控制权　　B. 分散风险

C. 保持资产的流动性　　D. 满足企业未来的财务需求

15. 股票投资的优点有（　　）。

A. 投资风险大　　B. 收益不稳定

C. 拥有经营权　　　　　　　　D. 购买力风险低

三、判断题

1. 项目投资仅包括投放在固定资产上的资金。(　　)

2. 垫支流动资金收回属于终结现金流入量。(　　)

3. 直接投资是指把资金直接投放于生产经营环节，而间接投资主要是指证券投资。(　　)

4. 一般情况下，使某投资方案净现值小于零的贴现率，一定高于该投资方案的内含报酬率。(　　)

5. 项目现金流量是指投资项目在其计算期内引起的企业现金流入量和流出量的统称。(　　)

6. 折旧属于非付现成本，不会影响企业的现金流量。(　　)

7. 在项目投资决策中，只要项目的内含报酬率大于零就可行。(　　)

8. 投资项目现金流量中的“现金”是指货币资金。(　　)

9. 股票的价值就是股票的市场价格。(　　)

10. 股票投资属于股权性质的投资，投资者有权参与企业的经营管理。(　　)

11. 当债券的票面利率大于市场利率时，债券的价值低于其面值。(　　)

12. 利用内含报酬率评价投资项目时，计算出的内含报酬率是方案本身的实际收益率，因此，不再需要估计投资项目的资本成本。(　　)

13. 投资回收期虽然没有考虑资金的时间价值，但是它考虑了投资回收期以后的现金流量状况。(　　)

14. 普通股股票的收益率由股利收益率和资本利得收益率两部分组成。(　　)

15. 债券到期收益率就是债券的内含报酬率。(　　)

四、计算题

习题一

［目的］练习现金流量的计算。

［资料］某企业准备购入一台设备以扩充生产能力，现有甲、乙两个方案可供选择，该企业所得税税率为25%。

甲方案需投资20 000元，使用期为5年，采用直线法计提折旧，期满无残值，5年中每年营业收入为15 000元，每年付现成本为5 000元。

乙方案需投资30 000元，使用期为5年，采用直线法计提折旧，期满净残值4 000元，5年中每年营业收入为17 000元，第一年的付现成本为5 000元，以后随着设备陈旧，逐年将增加修理费200元，另需垫支流动资金3 000元。

［要求］分别计算甲、乙两个方案每年的现金净流量。

习题二

［目的］练习投资决策指标的计算。

［资料］见习题一，假设贴现率为10%。

［要求］

1. 分别计算甲、乙两个方案的投资回收期（PP）；
2. 分别计算甲、乙两个方案的会计收益率（ARR）；
3. 分别计算甲、乙两个方案的净现值（NPV）；
4. 分别计算甲、乙两个方案的现值指数（PI）；
5. 分别计算甲、乙两个方案的内含报酬率（IRR）。

习题三

［目的］练习债券投资的估价和收益率的计算。

［资料］A公司拟购买债券进行长期投资（打算持有至到期），要求的收益率为6%。现有三家公司同时发行5年期，面值均为1 000元的债券。其中：

甲公司的债券票面利率为8%，每年末付息一次，到期还本，债券发行价格为1 041元。

乙公司的债券票面利率为8%，单利计息，到期一次还本付息，债券发行价格为1 050元。

丙公司的债券为零息债券，债券发行价格为750元，到期按面值还本。

［要求］

1. 计算甲公司债券的价值和到期收益率；
2. 计算乙公司债券的价值和到期收益率；
3. 计算丙公司债券的价值；
4. 根据上述计算结果，评价甲、乙、丙三种公司的债券是否具有投资价值，并为A公司做出购买决策。

习题四

［目的］练习股票投资的估价。

［资料］甲企业计划利用一笔长期资金投资购买股票。现有M公司股票和N公司股票可供选择。已知M公司股票现行市价为9元/股，上年现金股利为0.15元/股，预计以后每年以6%的增长率增长。N公司股票现行市价为7元/股，上年现金股利为0.60

元/股，股利分配将一贯坚持固定股利政策。甲企业要求的收益率为8%。

［要求］

1. 利用股票估价模型，分别计算M公司、N公司的股票价值；

2. 为甲公司做出股票投资决策。

第 4 章

筹 资 管 理

本章要点

- ✧ 筹资管理概述
- ✧ 权益资本
- ✧ 长期负债资本
- ✧ 资本成本
- ✧ 杠杆原理
- ✧ 资本结构

4.1 筹资管理概述

筹资是企业根据其生产经营、对外投资以及调整资本结构等需要，通过一定的渠道，采取适当的方式，获取所需资金的一种行为。筹资是企业资金运动的起点，是企业生存与发展的基础，没有适当的资金供应，任何经营活动都无法开展。

4.1.1 筹资动机

资金既是企业生产经营活动的前提，又是企业再生产顺利进行的保证，因此企业需要筹集资金。筹资动机主要有以下几种：

1. 设立性筹资动机

设立性筹资动机是企业设立时为取得资本金而产生的筹资动机。

按照我国相关法律规定，企业设立时必须拥有法定资本金，且不得低于国家规定的最低限额。因此，设立企业，必须首先筹集足够的资本金。

2. 扩张性筹资动机

扩张性筹资动机是企业为扩大生产经营规模或增加对外投资而产生的筹资动机。企业为了提高市场竞争力，需不断开发新产品、引进新设备、改进生产技术、开拓经营领域等，这均需要大量的资金作为保证。

3. 调整性筹资动机

调整性筹资动机是企业因调整现有资本结构的需要而产生的筹资动机。资本结构是由企业采用的筹资方式决定的，具有相对稳定性，但随着经济状况、企业经营条件等的变化，资本结构也应作相应的调整。

4.1.2 筹资渠道与方式

1. 筹资渠道

筹资渠道是指筹措资金来源的方向与通道，体现资金的来源与流量。认识和了解各筹资渠道及其特点，有助于企业充分拓宽和正确利用筹资渠道。

我国企业的筹资渠道主要有：

（1）国家财政。为了控制和掌握关系国家安全和国民经济命脉的重要行业及关键领域，支持和引导非国有经济发展等需要，国家财政需要以直接投资、投资补助等形式向企业投入资金。它是我国国有企业，特别是国有独资企业的主要资金来源。

（2）银行。银行信贷资金是我国各类企业重要的资金来源。我国银行分为商业银行和政策性银行两种。商业银行是以盈利为目的、从事信贷资金投放的金融机构，主要为企业提供各种商业贷款；政策性银行主要是为特定企业提供政策性贷款。

（3）非银行金融机构。非银行金融机构主要有信托投资公司、租赁公司、保险公司、证券公司、企业集团财务公司等。它们可以为企业提供多种金融服务，包括信贷资金投放、物资融通以及为企业承销证券等。非银行金融机构的资金供应灵活，且可提供多种特定服务，具有广阔的发展前景。

（4）其他企业。企业在生产经营过程中，往往形成部分暂时闲置的资金，这部分资金可在企业之间通过相互投资进行融通。企业间的购销业务可以通过商业信用方式来完成，形成短期资金占用。企业间的相互投资和商业信用的存在，使其他企业资金也成为企业资金的重要来源。

（5）居民个人。居民个人可以利用闲置资金向企业投资，成为企业资金的一种来源。随着我国经济的发展，人们投资意识的增强，这部分资金的利用空间会越来越大。

（6）企业自身积累。企业自身积累是指企业内部形成的资金，主要包括提取的公积金和未分配利润等。这些资金的重要特征之一是它们无须通过一定的方式去筹集，而直接由企业内部自动生成或转移。

2. 筹资方式

筹资方式是指企业筹集资金所采用的具体形式。目前，我国企业的筹资方式主要有以下几种：

（1）吸收直接投资。吸收直接投资是指企业以投资合同、协议等形式定向地吸收国家、法人、自然人等投资主体投入资金的一种筹资方式，主要适用于非股份制企业筹集权益资本。

（2）发行股票。股票是指股份公司为筹措资本而发行的权益性有价证券，发行股票是指企业以发行股票的方式取得资金的筹资方式，是股份有限公司筹集权益资本的主要方式。

（3）利用留存收益。留存收益是指企业从净利润中提取的盈余公积金以及从企业可供分配利润中留存的未分配利润。

（4）向金融机构借款。金融机构借款是指根据借款合同从银行等金融机构借入的需要按约定还本付息的款项。这类筹资方式广泛适用于各类企业，既可以筹集长期资金，也可以进行短期资金融通，具有方便、灵活的特点。

（5）发行公司债券。公司债券是指公司为筹集债务资本而发行的，约定在一定期限内向债权人还本付息的有价证券。

（6）融资租赁。融资租赁是指出租人按承租人的要求筹资购买资产，在契约或合同规定的较长期限内提供给承租人使用的一种筹措资金的方式。融资租赁方式不直接取得货币性资金，而是通过租赁信用关系，直接取得实物资产，快速形成生产经营能力，然后通过向出租人分期支付租金方式偿还资产的价款。

（7）利用商业信用。商业信用是指在商品交易中因延期付款或提前收款形成的借贷信用关系，是企业筹集短期资金的重要方式。

3. 筹资渠道与筹资方式的配合

筹资渠道解决的是资金来源问题，筹资方式则解决通过何种方式取得资金的问题，它们之间存在一定的对应关系。同一筹资方式可能适用不同的筹资渠道，同一渠道的资金也可采用不同的方式取得。因此，企业筹资时应实现两者的合理配合。

4.1.3 筹资的分类

1. 按照资金的来源渠道不同，可分为权益筹资和负债筹资

权益筹资是指企业通过吸收直接投资、发行股票、内部积累等方式筹集资金的活动。权益筹资方式吸收的自有资金，一般不用还本，财务风险小，但付出的资本成本相对较高。

负债筹资是指企业通过向银行借款、发行债券、融资租赁、商业信用等方式筹集资金的活动。负债筹资方式借入的资金，要按约定还本付息，财务风险大，但付出的资本成本相对较低。

2. 按照是否借助于金融机构为媒介，可分为直接筹资与间接筹资

直接筹资是指企业不借助银行等金融机构，直接面向资金供应者融通资金的筹资活动，一般是通过吸收直接投资、发行股票、发行债券等方式取得资金。直接筹资领域广阔，能够直接利用社会资金，并使资金供求双方联系更加紧密，有利于资金的快速合理配置和提高使用效益，但直接筹资的筹资手续比较复杂，筹资费用较高。

间接筹资是指企业借助于银行和非银行金融机构融通资金的筹资活动，主要有银行借款、融资租赁等。间接筹资具有筹资手续简便、效率高、费用低等优点，但筹资范围相对较窄、筹资渠道与方式相对单一。

3. 按照所筹资金使用期限的长短，可分为短期筹资与长期筹资

短期筹资是指筹集短期资金的活动。短期资金是指使用期限在一年以内的资金，主要投资于现金、应收账款、存货等，一般在短期内可以收回。短期资金通常采用短期借款、商业信用等方式取得，具有期限短、资本成本相对较低的特点。

长期筹资是指筹集长期资金的活动。长期资金是指使用期限在一年以上的资金，主要投资于新产品的开发和推广、生产规模的扩大、厂房和设备的更新等，一般需要多年才能收回。长期资金通常采用吸收直接投资、发行股票、发行债券、长期借款、融资租赁、利用留存收益等方式筹集，具有期限长、资本成本相对较高的特点。

4.2 权益资本

权益资本，又称为自有资本，是指投资者投入企业的资本金及经营中形成的积累性资金。权益资本是企业的所有者权益，可以为企业长期占有和支配，是企业一项最基本的资本来源。权益资本筹集方式具体分为吸收直接投资、发行股票和利用留存收益等。

4.2.1 吸收直接投资

1. 吸收直接投资的种类

（1）吸收国家投资。国家投资是指有权代表国家投资的政府部门或者机构以国有资产投入到企业的资金，由此形成的资本金叫国有资本金。吸收国家投资是国有企业筹集权益资金的主要方式之一。

（2）吸收法人投资。法人投资是指法人单位以其依法可以支配的资产投入到企业的资金，由此形成的资本金叫法人资本金。随着我国企业间横向经济联合的广泛开展，吸收法人投资在企业筹资中的地位将越来越重要。

（3）吸收个人投资。个人投资是指社会个人或企业职工以个人合法财产投入到企业的资金，由此形成的资本金叫个人资本金。随着个人收入的不断增长，个人投资将会逐步成为企业筹集资金的重要来源。

2. 吸收直接投资中的出资方式

（1）现金出资。现金出资是指投资者以现金所进行的投资。企业有了现金，便可以获取其他物质资源。因此，企业应尽量动员投资者采用现金方式出资。

（2）实物出资。实物出资是指投资者以厂房、建筑物、机器设备等固定资产或者材料物资、商品等流动资产所进行的投资。一般来说，企业吸收的实物应符合下述条件：确为企业研发、生产、经营所需；技术性能较好；作价公允合理。实物出资所涉及的实物作价应按国家有关规定执行。

（3）工业产权出资。工业产权出资是指投资者以专有技术、商标权、专利权等无形资产所进行的投资。一般来说，企业吸收的工业产权应符合以下条件：能帮助研究与开发新的高科技产品；能帮助生产出适销对路的高科技产品；能帮助改进产品质量，提高生产效率；能帮助大幅度降低各种消耗；作价比较合理。工业产权属于无形资产，具有时效性，风险较大。因此，企业在吸收工业产权出资时应特别谨慎，并进行认真的可行性研究。

（4）土地使用权出资。土地使用权是指按有关法规和合同的规定使用土地的权利。我国土地归国家所有，但企业和单位可以依法有偿取得土地使用权，也可以用土地使用权进行投资。企业吸收的土地使用权应符合以下条件：是企业研发、生产、销售活动所需要的；交通、地理条件比较适宜；作价公平合理。

3. 吸收直接投资的优缺点

（1）吸收直接投资的优点。吸收直接投资的优点主要有：

①有利于增强企业信誉。吸收直接投资所筹集的资金属于自有资金，能增强企业的信誉和借款能力，对扩大企业经营规模、壮大企业实力具有重要作用。

②有利于尽快形成生产能力。吸收直接投资可以直接获取投资者的先进设备和先进技术，有利于尽快形成生产能力，尽快开拓市场。

③有利于降低财务风险。吸收直接投资筹集到的资金没有到期日，企业可以长期使用，另外，企业会根据其经营状况向投资者分配利润，企业经营状况好，可向投资者多分配一些利润，企业经营状况不好，可不分或少分报酬，利润分配比较灵活，财务风险较小。

（2）吸收直接投资的缺点。吸收直接投资的缺点主要有：

①资本成本较高。一般而言，采用吸收直接投资方式筹集资金所需负担的资本成本较高，特别是企业经营状况越好、盈利越多时，向投资者分配的利润就越高。

②容易分散企业控制权。投资者一般都要求获得与投资数额相适应的经营管理权，如果外部投资者的投资数额达到一定程度，就可能会对企业实行控制。

4.2.2 发行股票

发行股票是股份公司筹集权益资金最常用的方式。股票是股份有限公司为筹集权益资金而发行的证明股东权利义务的有价证券，代表股东在公司中拥有的所有权。

1. 股票的分类

（1）按股东权利和义务的不同，可分为普通股和优先股。

普通股是股份公司依法发行的具有平等权利和义务、股利不固定的股票。普通股具备股票的最一般特征，是股份公司权益资本的最基本部分。根据我国《公司法》规定，普通股股东主要享有经营管理权、利润分配权、优先认股权、剩余财产分配权等权利。

优先股是股份公司发行的具有一定优先权的股票。优先权主要体现在两方面：一是股利优先分配权。优先股股利一般是固定的，并且在发放普通股股利前支付。二是剩余财产优先分配权。在公司破产清算时，优先股股东对公司剩余财产的分配权在普通股股东之前。

（2）按票面是否记名，可分为记名股票和无记名股票。

记名股票是指股票票面上记载股东姓名或名称的股票。记名股票权利行使人为记名人，股票转让有严格的法律程序，需要办理过户手续。

无记名股票是指股票票面上不记载股东姓名或名称的股票。无记名股票的持有人即为股票的所有者，股票转让和继承自由、方便，无须办理过户手续。

我国《公司法》规定：股份公司向发起人、国家授权投资的机构、法人发行的股票，应为记名股票；向社会公众发行的股票，可以为记名股票，也可以为无记名股票。

（3）按是否标明票面金额，可分为有面值股票和无面值股票。

有面值股票是指票面上标有一定金额的股票。持有这种股票的股东，对公司享有的权利和承担的义务大小，以其所持有的股票票面金额占公司发行在外股票总面值的比例而定。

无面值股票是指票面上不标出金额，只载明所占公司股本总额比例或股份数的股票。无面值股票的价值随公司财产增减而变动，而股东对公司享有的权利和承担的义务大小，直接依股票标明的比例而定。

我国《公司法》规定：股票应标明票面金额，且其发行价格不得低于票面金额。

2. 股票的发行

股票的发行必须符合《证券法》和《上市公司证券发行管理办法》等规定的发行条件，实行公平、公正的原则，必须同股同权、同股同利。

股票发行价格可以等于票面金额，也可以超过票面金额，但不得低于票面金额。

股份公司公开向社会发行股票，有自销和承销两种推销方式，但根据我国现行证券法的规定，发行人公开发行股票只能采取承销方式。承销是指发行公司将股票销售业务委托给证券承销机构代理，具体又有代销和包销两种方式。代销是指承销商代发行人发售证券，在承销期结束时，将未售出的证券全部退还给发行人的承销方式。在这种承销方式下，发行风险由发行公司自己承担。包销又分为全额包销和余额包销。发行人选择包销方式，可以及时筹足资本，免于承担发行风险，不利之处是发行成本较高。

3. 股票的上市

股票上市是指股份有限公司公开发行的股票经批准在证券交易所进行挂牌交易。经批准在交易所上市交易的股票称为上市股票，股票获准上市交易的股份公司称为上市公司。股份公司申请股票上市，能够起到资本大众化、易于筹措新资金、提高公司知名度、便于确定公司价值等作用；但也会造成公司失去隐私权、分散控制权、负担较高的信息披露成本等。当上市公司出现经营情况恶化、存在重大违法违规行为或其他原因导致不符合上市条件时，可能会被暂停或终止上市。

4. 股票筹资的优缺点

我国股份有限公司目前发行的股票主要为普通股，所以下面介绍的是普通股筹资的优缺点。

（1）股票筹资的优点。股票筹资的优点主要有：

①没有固定股利负担。普通股股利支付与否和支付多少，主要取决于公司的盈利情况和股利政策，一般原则是“多盈多分，少盈少分，不盈不分”。

②没有固定到期日，不用偿还。发行股票筹集的是永久性的资金，除公司清算外无须偿还，这对保证企业最低的资金需求和长期稳定经营有重要意义。

③筹资风险小。由于股票没有固定到期日，不用支付固定的股利，因此筹资风险小。

④增强公司的信誉。发行股票筹集的权益资金可以为偿还企业债务提供基本保障，从而提高公司信誉和再筹资能力。

（2）股票筹资的缺点。股票筹资的缺点主要有：

①资本成本较高。一般来说，股票的成本要高于债务资本，这是因为股东比债权人承担了更大的风险，按照风险与收益相对称的原则，股东要求的收益率要高于债权人；债务资本的利息可在税前扣除，可获得抵减所得税的好处，而普通股的股利是从净利润中支付的，不能抵减所得税；另外，股票的发行费用也比较高。

②容易分散控制权。企业筹资发行新股后，引进了新的股东，容易导致公司控制权的分散。

4.2.3　利用留存收益

留存收益是净利润经分配后留存于企业的部分。这部分留存资金归属投资人所有，是权益资金的内部来源，可供企业生产经营长期使用。

1. 留存收益筹资的途径

留存收益主要来源于净利润中提取的盈余公积和未分配利润。

（1）盈余公积。盈余公积是指从净利润中提取的具有特定用途的资金，包括提取的法定盈余公积金和任意盈余公积金。盈余公积主要用于企业未来的发展，经批准后也可以用于转增股本和弥补以前年度经营亏损。

（2）未分配利润。未分配利润是指净利润中留存的未指明用途的资金。

2. 留存收益筹资的优缺点

（1）留存收益筹资的优点。留存收益筹资的优点主要有：

①资本成本较低。与发行股票相比，利用留存收益无须考虑筹资费用，因此资本成本较低。

②保持控制权。利用留存收益不用对外发行新股，不会改变企业的股权结构，也不会造成原有股东控制权的分散。

③提高偿债能力。留存收益能够使企业保持较大的可支配现金流，既可解决企业经营发展的资金需求，又可提高企业的偿债能力。

（2）留存收益筹资的缺点。留存收益筹资的缺点主要有：

①筹资数额有限。留存收益的最大筹资数为企业历年净利润的积累额，如果企业经营亏损，这一资金来源将会受到限制。另外，留存收益过多，股利支付过少，可能影响企业今后的外部筹资。

②资金使用受限。留存收益中某些项目的使用，要受国家有关规定的制约。如法定盈余公积金主要用于弥补亏损、转增资本等，而不能用于其他方面。

4.3　长期负债资本

长期负债资本是指企业依法筹借使用，并按期还本付息的长期债务资本。长期负债资本主要包括长期借款、公司债券、融资租赁等。

4.3.1 长期借款

长期借款是指企业向银行和非银行金融机构借入的期限在一年以上的各种借款，主要用于公司购建固定资产和满足流动资金长期占用的需要。

1. 长期借款的分类

（1）按用途不同，可分为固定资产投资借款、更新改造借款、科技开发和新产品试制借款。

固定资产投资借款主要用于固定资产的新建、改建、扩建等基本建设项目，包括进行基本建设工程、购建固定资产和为以后若干年度基建工程储备材料和设备。

更新改造借款主要用于企业对原有设备进行更新或技术改造。

科技开发和新产品试制借款主要用于公司根据国家规定的任务采用新技术，研究、开发新产品，通常由国家有关部门归口下达贷款指标。

（2）按借款机构，可分为政策性银行借款、商业银行借款和其他金融机构借款。

政策性银行借款一般指执行国家政策性贷款业务的银行向企业发放的贷款。例如，国家开发银行主要为满足企业承建国家重点建设项目的资金需要提供贷款；进出口信贷银行则为大型设备的进出口提供买方或卖方信贷。

商业银行借款指由各商业银行向企业提供的贷款，主要为满足企业建设竞争性项目的资金需要，企业对贷款自主决策、自担风险、自负盈亏。

其他金融机构借款是由非银行金融机构向企业提供的贷款，其期限一般较商业银行借款的期限要长，要求的利率较高，对贷款对象的选择也较严格。

（3）按有无担保，可分为信用借款和担保借款。

信用借款指不需要公司提供任何形式的担保，仅凭其信用而发放的贷款。

担保借款是指需要由借款人或第三方依法提供担保才能发放的借款，包括保证借款、抵押借款和质押借款等。保证借款是指按照规定的保证方式，以第三方作为保证人承诺在借款人不能偿还借款时，按约定承担保证责任或连带责任而取得的借款；抵押借款是指按照规定的抵押方式，以借款人或第三方的财产作为抵押物而取得的借款；质押借款是指按照规定的质押方式，以借款人或第三方的动产或财产权利作为质押物而取得的借款。

2. 长期借款的程序

企业取得长期借款一般要按照规定的程序办理必要的手续。一般程序如下：

（1）企业提出申请。企业向银行递交借款申请，说明借款的原因、金额、期限、偿还方式等。

（2）金融机构进行审批。银行按照有关政策和贷款条件，审查企业的财务状况、资信情况、盈利能力、发展前景以及借款投资项目的可行性等。

（3）签订借款合同。审查批准后，银行与借款企业签订正式的借款合同。合同是规定借贷各方权利和义务的契约，其内容包括基本条款和限制条款。

（4）企业取得借款。借款合同生效后，企业可按合同规定的期限、利率和数额取得资金。

（5）企业偿还借款。企业应按借款合同的规定按时足额归还借款本息，还款主要有到期一次还本付息和分期分批偿还等方式。

3. 长期借款筹资的优缺点

（1）长期借款筹资的优点。长期借款筹资的优点主要有：

①筹资速度快。借入长期借款的手续比发行股票、债券简单，所花时间较短，可以迅速获得所需资金。

②资本成本低。长期借款的利息可以计入财务费用，而不像股利那样从税后净利中支付，因此，借款利息可起到抵减所得税的作用。此外，长期借款利率一般低于债券利率，且借款筹资费用也较少。

③借款弹性好。借款时企业与银行直接接触，商谈确定借款的时间、数量和利息等。在借款期间，如果企业情况发生了变化，也可与银行进行协商，修改借款的数量和条件。因此，借款具有较大的灵活性。

④具有财务杠杆作用。企业利用长期借款筹资，会提高负债资金的比例，改变原有的资本结构。在企业的资产收益率大于借款利率时，能使其获取超过借款利息的差额利润，提高企业的每股收益。

（2）长期借款筹资的缺点。长期借款筹资的缺点主要有：

①财务风险较大。由于借款必须按期还本付息，在经营不利的情况下，可能会产生不能偿付的风险，甚至会导致企业破产。

②限制条款较多。企业与银行签订的长期借款合同中，一般都有一些限制条款，如限制资本支出规模、限制现金股利发放规模等，这

些条款可能会限制企业的经营活动。

③筹资数额有限。出于风险考虑，银行一般不愿向同一借款企业借出巨额款项，因此，利用长期借款筹资都有一定的金额上限。

4.3.2 公司债券

公司债券是指公司依照法定程序发行的、约定在一定期限还本付息的有价证券。发行公司债券是公司筹集负债资金的重要方式之一。债券票面一般需记载债券面值、票面利率、债券期限、还本付息方式等内容。

1. 债券的种类

（1）按是否记名，可分为记名债券和无记名债券。

记名债券是指在债券票面上注明债权人姓名或名称，同时在发行公司的债权人名册上进行登记的债券。记名债券转让时，需背书并更换债权人姓名或名称。这种债券比较安全，但转让时手续复杂。

无记名债券是指债券票面未注明债权人姓名或名称，也不用在债权人名册上登记债权人姓名或名称的债券。无记名债券在转让的同时随即生效，无须背书，因而比较方便。

（2）按有无担保，可分为信用债券和担保债券。

信用债券，又称无担保债券，是仅凭债券发行者的信用发行的、没有抵押品作担保的债券。通常只有信誉良好、实力较强的公司才能发行这种债券。

担保债券是指以指定财产担保发行人按期还本付息而发行的债券，主要是指抵押债券。抵押债券按抵押物品的不同，又可分为不动产抵押债券、设备抵押债券和信托抵押债券。

（3）按能否转换成公司普通股，可分为可转换债券和不可转换债券。

可转换债券是指在一定时期内，可以按规定的价格或一定比例，由持有人自由地选择转换为发债公司普通股票的债券。

不可转换债券是指不可以转换为发债公司普通股票的债券。

（4）按利率不同，可分为固定利率债券和浮动利率债券。

固定利率债券是指利率在债券发行时即已确定并记载于票面上的债券。在债券存续期内，债券的票面利率不随市场利率的变化而变化。

浮动利率债券是指利率随基本利率（一般是国库券利率或银行同业拆借利率）变动而变动的债券。发行浮动利率债券的主要目的是为降低债权人因通货膨胀而带来的债权价值下降的风险。

2. 债券的发行

公司债券的发行，必须符合《证券法》和《上市公司证券发行管理办法》规定的有关条件。

公司债券通常按债券的面值出售，称为平价或面值发行，但是在实践中也可能会按低于或高于债券面值的价格出售，即折价发行或溢价发行。这是因为债券利率是参照市场利率制定的，市场利率经常变动，而债券利率一经确定就不能变更。在从决定发行债券，到债券开印，直到债券发售的一段时间里，如果市场利率发生变化，就要依靠调整发行价格（折价或溢价）来调节债券购销双方的利益。当票面利率高于市场利率时，溢价发行；当票面利率低于市场利率时，折价发行。

债券发行价格可以表示为未来现金流入量按市场利率贴现的总现值。具体计算方法见第3章的债券估价。

3. 债券信用评级

债券的信用等级反映了债券发行人偿债能力的高低和违约风险的大小，对于发行债券的企业和投资者都有重要影响。对投资者而言，债券评级有助于投资者充分认识拟投资债券的违约风险，从而保障其权益。对债券发行公司而言，债券等级的评定对债券的利率和企业的债务资本的成本有着直接的影响，对公司以后的债券筹资也会产生一定的影响。

表4－1中为两个著名评级机构穆迪投资者服务公司和标准普尔公司的信用评级指标。

表4－1　　　　穆迪公司和标准普尔公司债券评级

穆迪公司	标准普尔公司	说明
Aaa	AAA	具备极强的偿债能力
Aa	AA	具备较强的偿债能力
A	A	偿债能力强
Baa	BBB	具有足够的偿债能力
Ba	BB	投机性债券
B	B	
Caa	CCC	
Ca	CC	
C	C	从未支付利息
	D	无力偿债

中国人民银行于2006年3月29日发布了《中国人民银行信用评级管理指导意见》，明确规定信用评级机构要依据国家有关法律、行政法规、政策，按照中国人民银行对信用评级要素、标识及含义的要求，在对债务人主体的财务状况、风险管理、经营能力、盈利能力等整体信用状况进行分析的基础上，对债务的违约可能性及清偿程度进行综合判断，并以简单、直观的符号表示信用等级。其中明确了信用评级机构对企业进行信用评级应主要考察以下方面内容：

（1）企业素质。包括法人代表素质、员工素质、管理素质、发展潜力等；

（2）经营能力。包括营业收入增长率、流动资产周转次数、应收账款周转率、存货周转率等；

（3）获利能力。包括资本金利润率、成本费用利润率、营业利润率、总资产利润率等；

（4）偿债能力。包括资产负债率、流动比率、速动比率、现金流等；

（5）履约情况。包括贷款到期偿还率、贷款利息偿还率等；

（6）发展前景。包括宏观经济形势、行业产业政策对企业的影响；行业特征、市场需求对企业的影响；企业成长性和抗风险能力等。

4. 债券筹资的优缺点

（1）债券筹资的优点。债券筹资的优点主要有：

①资本成本低。与股票筹资方式相比，债券筹资的成本较低，原因在于债券的利息具有抵税作用，而且发行费用较低。

②不分散股东的控制权。债券持有人无权参与企业的经营管理，因而不会分散股东的控制权。

③获取财务杠杆利益。由于债券筹资只支付固定的利息费用，在经营状况较好时，能够为企业带来财务杠杆利益，提高自有资金收益水平。

（2）债券筹资的缺点。债券筹资的缺点主要有：

①财务风险大。债券需到期还本，并支付固定的利息费用，在企业经营不景气时，会加重财务负担，增大财务风险，使未来筹资更加困难。

②限制条件多。对债券的发行，国家有严格的规定，限制了企业对债券筹资方式的使用，甚至会影响未来的筹资能力。

③筹资额有限。我国公司法规定，公司发行的流通在外的债券累计总额不得超过公司净资产的40%。

4.4 资本成本

4.4.1 资本成本的概念

1. 资本成本的含义

世界上没有免费的午餐，无论是个人还是组织，只要使用资金就必然要付出一定的代价。企业为筹集和使用资本而付出的代价即为其资本成本。对投资者而言，企业的资本成本是其所要求的最低收益率。广义的资本成本指筹集和使用任何资本的成本，而狭义的资本成本是筹集和使用长期资本的成本。由于资本成本主要用于企业的长期投资决策和长期筹资决策，所以，本书采用的是狭义资本成本的概念。

资本成本的概念广泛运用于企业财务管理的方方面面。对于企业筹资来讲，资本成本是选择资金来源、确定筹资方案、衡量资本结构是否合理的重要依据；对于企业投资来讲，资本成本是评价投资项目、决定项目取舍的重要标准；资本成本还可作为衡量企业经营成果的尺度，即经营利润率应高于资本成本，否则表明业绩欠佳。

2. 资本成本的构成

资本成本按其成本发生的阶段，分为资本筹集费和资本占用费。

资本筹集费是指企业在筹措资本过程中发生的各种费用，如向银行支付的借款手续费，发行股票、债券所支付的发行费等。以上市公司为例，发行股票的资本筹集费又称为发行费用，主要包括保荐及承销费、审计和验资费用、律师费用、证券登记及上市初始登记费、印花税、信息披露费、路演推介费等。资本筹集费与筹资额、筹资期限无直接关系，仅在资本筹集过程中一次性发生，在计算资本成本时一般作为筹资额的一项扣除。

资本占用费是指企业在资本使用过程中所支付的费用，如向银行等债权人支付的利息，向股东发放的股利等。资本占用费与筹资额、筹资期限有直接关系，在使用过程中连续发生，是资本成本的主要内容。

3. 资本成本的计量方法和计算模式

（1）资本成本的计量方法。资本成本的计量有两种方法：一是用绝对数计量，即用取得和使用资本所发生的费用计量资本成本；二是用相对数计量，即用年资本占用费占实际所筹资本额的比率计量资本成本，严格意义上应称为资本成本率，通常按年计算。实践中一般采用第二种计量方法，也是本书采用的观点。

（2）资本成本的计算模式。根据是否考虑资金的时间价值，个别资本成本的计算有两种基本模式，即一般模式和贴现模式。

①一般模式。一般模式不考虑资金的时间价值。一般模式的计算公式为：

$$资本成本=\frac{年资本占用费}{筹资净额}=\frac{年资本占用费}{筹资总额-资本筹集费}$$

$$=\frac{年资本占用费}{筹资总额\times(1-筹资费用率)}$$

②贴现模式。贴现模式考虑了资金的时间价值。资本成本为使负债的未来还本付息支出或股权的未来股利支出的现值与目前筹资净额相等的贴现率。即：

由：未来还本付息额或股利的现值 = 筹资净额

得：资本成本 = 贴现率

4.4.2 资本成本的计算

1. 个别资本成本的计算

市场经济条件下，由于企业筹资渠道广泛，各种筹资渠道所发生的资本成本也有所不同。因此，我们首先了解个别资本成本的计算方法。

个别资本成本是指各种长期资金的成本，包括长期借款资本成本、公司债券资本成本、优先股资本成本、普通股资本成本和留存收益资本成本等。

长期借款
资本成本

（1）长期借款资本成本。长期借款资本成本包括借款的手续费和借款利息。由于利息支出在税前支付，具有抵减所得税的作用，长期借款的成本必须是其税后成本。

不考虑时间价值的长期借款资本成本的计算公式如下：

$$K_L=\frac{I\times(1-T)}{L\times(1-F)}=\frac{i\times(1-T)}{1-F}$$

式中：K_L 表示长期借款资本成本；

I 表示长期借款年利息；

i 表示长期借款年利率；

T 表示所得税税率；

L 表示长期借款额；

F 表示筹资费用率。

如果长期借款的筹资费用比较低，可以忽略不计，公式可以简化为：

$$K_L = i \times (1 - T)$$

即长期借款资本成本为税后借款利率。

【例4-1】 海通公司向银行借入10年期长期借款2 000万元，年利率为8%，每年付息一次，到期一次还本，筹资费用率为0.5%，公司所得税税率为25%。

根据一般模式，如果不考虑资金时间价值，长期借款的资本成本为：

$$K_L = \frac{2\,000 \times 8\% \times (1 - 25\%)}{2\,000 \times (1 - 0.5\%)} = \frac{8 \times (1 - 25\%)}{1 - 0.5\%} = 6.03\%$$

如果不考虑筹资费用，长期借款的资本成本为：

$K_L = 8 \times (1 - 25\%) = 6\%$

根据贴现模式，如果考虑资金时间价值，长期借款的资本成本计算如下：

①计算税前资本成本。假定税前资本成本为 K_L，则有：

$2\,000 \times (1 - 0.5\%) = 2\,000 \times 8\% \times (P/A, K_L, 10) + 2\,000 \times (P/F, K_L, 10)$

假定 $K_L = 8\%$，等式左边 = 1 990，右边 = 2 000.016，说明8%偏小。

假定 $K_L = 9\%$，等式左边 = 1 990，右边 = 1 871.632，说明9%偏大。

运用插值法计算出 $K_L = 8.08\%$。

②计算税后资本成本。税后资本成本 $= 8.08\% \times (1 - 25\%) = 6.06\%$

（2）公司债券资本成本。公司债券资本成本包括债券的发行费用和债券利息。公司债券资本成本的计算方法与长期借款资本成本的计算方法相同，区别在于公司债券的发行方式存在溢价、平价、折价三种，计算时应该按照实际发行价格确定筹资额。

不考虑资金时间价值的公司债券资本成本的计算公式如下：

$$K_B = \frac{I \times (1 - T)}{B \times (1 - F)}$$

式中：K_B 表示公司债券资本成本；

B 表示公司债券筹资总额，根据发行价格确定。

在实际工作中，由于债券的票面利率通常高于长期借款的利率，同时债券的发行费用也较高。因此，债券资本成本一般高于长期借款资本成本。

【例 4 -2】 海达公司向社会公开发行面值为 100 元、票面年利率 10%、期限 5 年的公司债券 500 000 张。债券发行费用率为 2%，公司所得税税率为 25%。

如果债券发行价格为 95 元，海达公司债券资本成本为：

$$K_B = \frac{100 \times 10\% \times (1 - 25\%)}{95 \times (1 - 2\%)} = 8.06\%$$

如果债券发行价格为 100 元，海达公司债券资本成本为：

$$K_B = \frac{100 \times 10\% \times (1 - 25\%)}{100 \times (1 - 2\%)} = 7.65\%$$

如果债券发行价格为 106 元，海达公司债券资本成本为：

$$K_B = \frac{100 \times 10\% \times (1 - 25\%)}{106 \times (1 - 2\%)} = 7.22\%$$

（3）优先股资本成本。优先股资本成本包括股票的发行费用和公司向股东定期支付的固定股利。由于股利是在税后支付，所以不存在抵减所得税的效应。结合优先股的估价模型并考虑筹资费用，优先股资本成本的计算公式如下：

$$K_P = \frac{D_P}{P_0 \times (1 - F)}$$

式中：K_P 表示优先股资本成本；

D_P 表示优先股年股利；

P_0 表示优先股发行价格。

由于优先股无固定到期日，并且在企业破产清算时，优先股股东的求偿权位于债权人之后，因此其承担的风险较大，要求的股利率较高，且股利为税后支付，所以，优先股资本成本通常高于负债资本成本。

【例 4 -3】 海天公司拟发行面值为 100 元、年股利率为 9% 的优先股 500 万股，发行费用率 3%。假定每股发行价格为 103 元。

海天公司优先股资本成本为：

$$K_P = \frac{100 \times 9\%}{103 \times (1 - 3\%)} = 9.01\%$$

(4) 普通权益资本成本。普通权益资本成本包括新发行普通股资本成本和留存收益资本成本。

普通权益资本成本

①新发行普通股资本成本。和优先股资本成本相同，新发行普通股资本成本也是包括股票的发行费用和公司向股东发放的股利，且股利在税后支付，不能抵减所得税。不同的是普通股股利不固定，而是随着公司的经营业绩以及股利政策而变化，所以，新发行普通股资本成本的计算比较复杂。假定公司的股利以固定的年增长率递增，结合普通股估价的固定增长模型并考虑筹资费用，新发行普通股资本成本的计算公式如下：

$$K_s = \frac{D_1}{P_0 \times (1 - F)} + g$$

式中：K_s 表示普通股资本成本；

D_1 表示第一年预期股利；

P_0 表示普通股发行价格；

g 表示股利年增长率。

假定公司的股利每年相同，结合普通股估价的零增长模型并考虑筹资费用，新发行普通股资本成本的计算公式如下：

$$K_s = \frac{D}{P_0 \times (1 - F)}$$

式中，D 表示每年相等的普通股股利。

无论是在股利分配，还是在剩余财产的求偿权上，普通股均位于优先股之后，而且股利支付不固定，承担的风险较大，所以普通股的资本成本一般较优先股高。

【例4-4】海思公司普通股现行市价为56元，去年的股利为每股2元。公司现拟以市价增发普通股股票，发行费率为5%。

如果公司采用的是固定股利政策，即每年股利相同，海思公司普通股的资本成本为：

$$K_s = \frac{2}{56 \times (1 - 5\%)} = 3.76\%$$

如果公司采用的是固定增长的股利政策，预计股利年增长率为12%，海思公司普通股资本成本为：

$$K_s = \frac{2 \times (1 + 12\%)}{56 \times (1 - 5\%)} + 12\% = 16.21\%$$

②留存收益资本成本。留存收益是公司净利润分配后的剩余所得。由于留存收益的增加并没有直接的成本发生，众多公司管理层可能会错误地认为留存收益是免费的。留存收益筹资确实不存在资本筹

集费，但是，留存收益的使用确实是有代价的。从投资者角度看，留存收益的成本可以看成是股东可接受的预期最低收益率。留存收益代表着所有者对公司相应资本的要求权，是所有者对公司的再投资。所以，留存收益的成本就是股东再投资的机会成本。

留存收益成本的计算方法有三种：

一是贴现现金流量法。留存收益资本成本的计算与新发行普通股类似，只是不考虑发行费用。假定公司发放的股利以固定的年增长率递增，留存收益资本成本的计算公式如下：

$$K_e = \frac{D_1}{P_0} + g$$

式中，K_e 表示留存收益资本成本。

二是资本资产定价模型法。我们可以利用第 2 章中的资本资产定价模型公式计算留存收益资本成本，计算公式如下：

$$K_e = R_F + \beta \times (R_M - R_F)$$

式中：R_F 表示无风险收益率；

β 表示反映公司系统风险水平的系数；

R_M 表示市场组合必要收益率。

【例 4-5】天利股份公司股票的 β 为 1.25，市场同期一年期国库券利率为 4.5%，股票市场平均收益率为 14%。

天利公司留存收益资本成本为：

$K_e = 4.5\% + 1.25 \times (14\% - 4.5\%) = 16.38\%$

需要注意的是，运用资本资产定价模型计算留存收益资本成本看似精确，但实际上还存在一些问题。例如，如果一个公司的股东投资分散化程度不够，那么可能会面临公司特有风险，而不仅仅是市场风险；再如，确定无风险收益率时，是依据政府短期债券收益率还是长期债券收益率，等等。

三是债券收益率加风险溢价法。由于普通股股东比债券持有人的风险更大，根据风险收益对等原则，普通股股东要求的最低收益率应该是在债券收益率（税后债务资本成本）的基础上再要求一定的风险溢价。所以，留存收益资本成本可以计算如下：

$$K_e = \text{税后债务资本成本} + \text{风险溢价}$$

公式中的风险溢价一般根据市场风险程度主观确定（3%～5%）。该种方法虽然不十分准确，但在一定条件下仍然可以运用。

在企业全部资金中，普通股以及留存收益的风险最大，要求的收益率相应最高，因此其资本成本也最高。但由于留存收益无筹资费用，所以留存收益资本成本略低于普通股资本成本。

2. 加权平均资本成本的计算

企业从不同来源和渠道取得的资金，其资本成本高低不一。由于各种条件的限制和影响，企业不可能只从某种资本成本较低的来源中筹集资金。相反地，从多种来源取得资金以形成各种筹资方式的组合可能更为有利。这样，企业为了进行筹资决策和投资决策，需要计算全部资金来源的综合资本成本，即加权平均资本成本。企业加权平均资本成本的计算公式如下：

$$K_w = \sum_{i=1}^{n} W_i \times K_i$$

式中：K_w 表示加权平均资本成本或综合资本成本；

W_i 表示第 i 种资本来源占全部资本的比重；

K_i 表示第 i 种资本的个别资本成本；

n 表示筹资来源方式的种类。

【例 4－6】 某公司现有长期资金 300 万元，其中：长期借款 90 万元、公司债券 30 万元、普通股 120 万元、留存收益 60 万元，各种资金的成本分别为 6%、12%、15.5% 和 15%。试计算该公司的加权平均资本成本。

（1）计算各种资本所占的比重：

长期借款占资本总额的比重 $= \frac{90}{300} \times 100\% = 30\%$

公司债券占资本总额的比重 $= \frac{30}{300} \times 100\% = 10\%$

普通股占资本总额的比重 $= \frac{120}{300} \times 100\% = 40\%$

留存收益占资本总额的比重 $= \frac{60}{300} \times 100\% = 20\%$

（2）计算加权平均资本成本：

加权平均资本成本 $= 30\% \times 6\% + 10\% \times 12\% + 40\% \times 15.5\% + 20\% \times 15\% = 12.2\%$

在上述加权平均资本成本的计算中，各种资本占总资本的比重是按资金的账面价值确定的。但当资本的账面价值与市场价值差别较大时，资本比重可按市场价值或目标价值确定。

账面价值权重是指个别资本占全部资本的比重按账面价值确定。这种方法下的资料容易取得，而且计算结果比较稳定，但当股票和债券资本的账面价值与市场价值差别较大时，计算结果会与实际有较大差距，从而贻误筹资决策。

市场价值权重是指债券和股票以现行市价为基础确定其权重。这样计算的加权平均资本成本能反映企业目前的资本成本水平，但现行市价处于不断变化之中，不容易取得。

目标价值权重是指以债券和股票未来预计的目标市场价值为基础确定其权重。这种权重能体现期望的资本结构，而不是像账面价值权重和市场价值权重那样只反映过去和现在的资本结构，所以按目标价值权重计算的加权平均资本成本更适用于企业筹措新资金。

3. 边际资本成本的计算

边际资本成本的计算

企业不可能以一定的资本成本筹集到无限数量的资金。当企业以某种筹资方式筹集的资本超过一定限度时，其资本成本必然会提高，这种随筹资额增加而提高的资本成本称为边际资本成本。

边际资本成本是指资金每增加一个单位而增加的成本，是追加筹资时所使用的加权平均资本成本。企业追加筹资时，有时可能只采取某一种筹资方式。但在筹资数额较大，或在目标资本结构既定的情况下，往往需要通过多种筹资方式的组合才能实现。这时，边际资本成本应该按加权平均法来计算，而且其权数必须以目标价值确定。

边际资本成本的计算可按以下步骤进行：

（1）确定目标资本结构。

（2）确定各种筹资方式的资本成本。

（3）计算筹资总额分界点。筹资总额分界点，又称为筹资突破点，是指在保持某一资本成本不变的条件下的最大筹资额。在筹资总额分界点以内筹资，原有的资本成本不会发生变化；一旦超过筹资总额分界点，即使维持现有的资本结构，其加权平均资本成本也会增加。筹资总额分界点的计算公式为：

$$\text{筹资总额分界点}=\frac{\text{某种筹资方式的成本分界点}}{\text{目标资本结构中该种筹资方式所占比重}}$$

（4）计算边际资本成本。根据计算出的筹资总额分界点，可得出若干组的筹资范围，对各筹资范围分别计算加权平均资本成本，即可得到各种筹资范围的边际资本成本。

【例 4 – 7】甲企业拥有资金 500 万元，其中：银行借款 200 万元，普通股 300 万元。该企业计划筹集新的资金，并维持目前的资本结构不变，试计算追加筹资的边际资本成本。

计算过程如下：

（1）确定目标资本结构。目标资本结构即目前的资本结构，银行借款占 40%，普通股占 60%。

（2）确定各种筹资方式的资本成本。随着筹资额的增加，各筹资方式的资本成本变化如表4－2所示。

表4－2　　甲企业筹资资料

筹资方式	资本结构	新筹资额	资本成本（%）
银行借款	40%	30万元以内	8
		30万～80万元	9
		80万元以上	10
普通股	60%	60万元以内	14
		60万元以上	16

（3）计算筹资总额分界点。计算过程及结果如表4－3所示。

表4－3　　甲企业筹资总额分界点计算表

筹资方式	个别资本成本（%）	各种筹资方式的筹资范围	筹资总额分界点
银行借款	8	30万元以内	75万元
	9	30万～80万元	200万元
	10	80万元以上	
普通股	14	60万元以内	100万元
	16	60万元以上	

根据表4－3，银行借款在30万元以内时，其个别资本成本为8%，当借款超过30万元而小于80万元时，个别资本成本会提高到9%。由于银行借款在目标资本结构中的比重为40%，这表明在银行借款的成本由8%上升到9%之前，企业可最多筹集75万元（30÷40%）资金。75万元就是第一个筹资总额分界点。后面的两个筹资总额分界点计算类似。

（4）计算边际资本成本。根据计算出的三个筹资总额分界点，可确定四组筹资范围：①75万元以内；②75万～100万元；③100万～200万元；④200万元以上。分别计算这四个筹资范围内的加权平均资本成本，即可得到各筹资范围的边际资本成本。计算过程及结果如表4－4所示。

表 4-4　　边际资本成本计算表

序号	筹资范围	筹资方式	目标资本结构（%）	个别资本成本（%）	边际资本成本（%）
1	0~75 万元	银行借款	40	8	3.2
		普通股	60	14	8.4
		第一个筹资范围的边际资本成本 = 11.6%			
2	75 万~100 万元	银行借款	40	9	3.6
		普通股	60	14	8.4
		第二个筹资范围的边际资本成本 = 12%			
3	100 万~200 万元	银行借款	40	9	3.6
		普通股	60	16	9.6
		第三个筹资范围的边际资本成本 = 13.2%			
4	200 万元以上	银行借款	40	10	4.0
		普通股	60	16	9.6
		第四个筹资范围的边际资本成本 = 13.6%			

4.5 杠杆原理

4.5.1 基本概念

1. 成本性态

成本性态是指成本总额与业务总量之间的依存关系。按成本性态可把成本划分为固定成本、变动成本和混合成本三类。

（1）固定成本。其总额在一定时期和一定业务量范围内不受业务量增减变动影响而固定不变的成本叫固定成本。例如，折旧费、保险费、管理人员工资、办公费等。由于这些费用总额固定不变，随着产量的增加，它将分配给更多数量的产品，所以，单位固定成本将随产量的增加而逐渐减小。

（2）变动成本。其总额在一定时期和一定业务量范围内随着业务量的变化而成同比例增减变动的成本叫变动成本。例如，直接材料费、直接人工费等。单位变动成本是固定不变的。

（3）混合成本。有些成本虽然也随业务量的变动而变动，但不成正比例变动，不能简单地归入变动成本或固定成本，这类成本称为混合成本。

混合成本可以按一定方法分解为变动成本和固定成本，这样，总成本性态模型公式如下：

$$Y = a + bx$$

式中：Y 表示总成本；

a 表示固定成本；

b 表示单位变动成本；

x 表示业务量。

2. 边际贡献

边际贡献是指销售收入减去变动成本后的差额，其计算公式如下：

$$M = S - V = (p - b)Q = mQ$$

式中：M 表示边际贡献总额；

S 表示销售收入总额；

V 表示变动成本总额；

p 表示销售单价；

Q 表示销量；

m 表示单位边际贡献。

3. 息税前利润

息税前利润是指支付利息和缴纳所得税之前的利润，其计算公式如下：

$$EBIT = S - V - a = (p - b)Q - a = mQ - a$$

式中，EBIT 表示息税前利润。

4.5.2 杠杆和风险

杠杆是一种物理现象，是指在固定支点的作用下，在其一端施加一个较小力量，另一端会产生一个较大的作用力。财务管理中也存在类似的杠杆效应，表现为：由于特定费用（如固定成本或固定财务费用）的存在而导致的，当某一财务变量以较小幅度变动时，另一相关财务变量会以较大幅度变动。合理运用杠杆原理，有助于企业有效规避风险，提高资金营运效率。

财务管理中的杠杆效应共有三种形式：经营杠杆、财务杠杆和复合杠杆。

1. 经营杠杆

经营杠杆

（1）经营杠杆的概念。由固定成本和变动成本的习性可知，在其他条件既定的情况下，产销量的增加虽然不会改变固定成本总额，但会降低单位固定成本，从而提高单位利润，使企业息税前利润的增长率大于产销量的增长率。反之，产销量的减少会提高单位固定成本，降低单位利润，从而使息税前利润的降低率也大于产销量的降低率。如果不存在固定成本，总成本随产销量变动而成正比例地变化，那么企业息税前利润的变动率就会同产销量的变动率完全一致。这种由于固定成本的存在而导致的息税前利润变动率大于产销量变动率的现象，称为经营杠杆或营业杠杆。

【例4－8】某企业生产A产品，目前销量为2 000件，单价为5万元，单位变动成本为3万元，固定成本总额为2 000万元。假定销量增加20%，单价和成本保持不变，经营杠杆的影响如表4－5所示。

表4－5　　经营杠杆的影响　　金额单位：万元

	变动前	变动后	变动额	变动率
销售收入	10 000	12 000	2 000	20%
减：变动成本	6 000	7 200	1 200	20%
边际贡献	4 000	4 800	800	20%
减：固定成本	2 000	2 000	0	0
息税前利润	2 000	2 800	800	40%

从表4－5可以看到，销售收入增加了20%，而息税前利润的增长率达到了40%，这种现象就是经营杠杆效应，其原因是存在固定成本。如果固定成本为零，则息税前利润等于边际贡献，其增长率也为20%，没有杠杆效应存在。

（2）经营杠杆系数的计算。只要企业存在固定成本，就存在经营杠杆效应的作用，但不同企业或同一企业不同产销量基础上的经营杠杆效应的大小不完全一致。因此，为了反映经营杠杆的作用程度，需要对经营杠杆进行计量，测算经营杠杆系数。

经营杠杆系数是指息税前利润变动率相当于产销量变动率的倍数。其计算公式为：

$$经营杠杆系数=\frac{息税前利润变动率}{产销量变动率}$$

$$\mathrm{DOL}=\frac{\Delta \mathrm{EBIT}/\mathrm{EBIT}}{\Delta Q/Q}$$

为方便计算，通常将上述公式简化如下：

$$经营杠杆系数=\frac{基期边际贡献}{基期边际贡献-固定成本}=\frac{基期边际贡献}{基期息税前利润}$$

$$\mathrm{DOL}=\frac{M}{M-a}=\frac{M}{\mathrm{EBIT}}$$

【例4-9】 承【例4-8】，销量为2 000件时经营杠杆系数计算如下：

$\mathrm{DOL}=\frac{40\%}{20\%}=2$（倍）

或 $=\frac{4\ 000}{4\ 000-2\ 000}=\frac{4\ 000}{2\ 000}=2$（倍）

假定销量为3 000件，其他条件不变，经营杠杆系数计算如下：

$\mathrm{DOL}=\frac{3\ 000\times(5-3)}{3\ 000\times(5-3)-2\ 000}=1.5$（倍）

假定销量仍为2 000件，但固定成本为3 000万元，其他条件不变，经营杠杆系数计算如下：

$\mathrm{DOL}=\frac{2\ 000\times(5-3)}{2\ 000\times(5-3)-3\ 000}=4$（倍）

通过以上计算结果的比较，可以看出：

①在固定成本不变的情况下，经营杠杆系数说明了销售变动所引起的息税前利润变动的幅度。例如，销量为2 000件，固定成本为2 000万元时，销量增加（减少）1倍会引起息税前利润2倍的增加（减少）。

②在固定成本不变的情况下，销售规模越大，经营杠杆系数越小。

③在其他条件不变的情况下，固定成本规模越大，经营杠杆系数越大。

（3）经营杠杆与经营风险的关系。经营风险是指由于经营上的原因导致息税前利润变动的风险。市场需求、销售价格、成本水平、对价格的调整能力、固定成本的比重等均会产生企业的经营风险。不同行业、同一行业中的不同企业、同一企业的不同时期，其经营风险均可能不同。

经营杠杆的存在扩大了市场和生产等不确定性因素对利润变动的影响。经营杠杆系数越大，销售变动对利润的影响就越大，企业的经营风险也越大。

控制经营风险的方法有增加销售额、降低产品单位变动成本、降低固定成本等。

财务杠杆

2. 财务杠杆

（1）财务杠杆的概念。财务杠杆效应是由负债筹资所产生的。负债筹资产生债务利息，息税前利润扣除利息、所得税后的净利润分摊到每股普通股上，称之为每股收益。其计算公式如下：

$$EPS = \frac{(EBIT - I) \times (1 - T)}{n}$$

公式中：EPS 表示每股收益；

n 表示普通股股份数。

在资本总额及其结构既定的情况下，企业需要从息税前利润中支付的债务利息通常都是固定的。当息税前利润增加时，每一元利润所负担的利息就会相对减少，从而给普通股股东带来更多的盈利；反之，每一元利润所负担的固定财务费用会相对增加，就会减少普通股的盈利。这种由于固定利息费用的存在而导致的普通股每股收益变动率大于息税前利润变动率的现象称为财务杠杆。

【例 4－10】某企业的资本结构为：债券 10 000 万元（年利率为 12%），普通股 1 000 万股。该企业目前的息税前利润为 2 000 万元，所得税税率为 25%。假定息税前利润增加 20%，资本来源及其构成和企业所得税税率保持不变，财务杠杆的影响如表 4－6 所示。

表 4－6　　财务杠杆的影响　　金额单位：万元

	变动前	变动后	变动额	变动率（%）
息税前利润	2 000	2 400	400	20
减：利息	1 200	1 200	0	0
税前利润	800	1 200	400	50
减：所得税	200	300	100	50
净利润	600	900	300	50
每股收益（元）	0.6	0.9	0.3	50

从表 4－6 可以看到，息税前利润增加了 20%，而每股收益的增长率为 50%，这种现象就是财务杠杆效应，其原因是存在固定利息费用。如果利息费用为零，则每股收益的增长率也为 20%，没有杠杆效应存在。

（2）财务杠杆系数的计算。只要企业的筹资方式中包含有固定利息费用支出的负债，就会存在财务杠杆效应，但不同企业财务杠杆效应的大小不完全一致。因此，为了反映财务杠杆的作用程度，需要对财务杠杆进行计量，测算财务杠杆系数。

财务杠杆系数是指普通股每股收益变动率相当于息税前利润变动率的倍数。其计算公式为：

$$财务杠杆系数=\frac{普通股每股收益变动率}{息税前利润变动率}$$

$$DFL=\frac{\Delta EPS/EPS}{\Delta EBIT/EBIT}$$

为方便计算，通常将上述公式简化如下：

$$财务杠杆系数=\frac{基期息税前利润}{基期息税前利润-基期利息}$$

$$DFL=\frac{EBIT}{EBIT-I}$$

【例4－11】承【例4－10】。财务杠杆系数计算如下：

$$DFL=\frac{50\%}{20\%}=2.5（倍）$$

$$或\quad =\frac{2\ 000}{800}=2.5（倍）$$

如果息税前利润为3 000万元，其他条件不变，财务杠杆系数计算如下：

$$DFL=\frac{3\ 000}{3\ 000-1\ 200}=1.67（倍）$$

如果息税前利润仍为2 000万元，但债券金额为12 000万元，其他条件不变，财务杠杆系数计算如下：

$$DFL=\frac{2\ 000}{2\ 000-12\ 000\times 12\%}=3.57（倍）$$

通过以上计算结果的比较，可以看出：

①在利息费用不变的情况下，财务杠杆系数说明了息税前利润变动所引起的普通股每股收益变动的幅度。例如，当息税前利润为2 000万元，债券金额为10 000万元时，息税前利润增加（减少）1倍，普通股每股收益将增加（减少）2.5倍。

②在其他条件不变的情况下，息税前利润越大，财务杠杆系数越小。

③在其他条件不变的情况下，利息费用越大，财务杠杆系数越大。

（3）财务杠杆与财务风险的关系。财务风险，也称负债筹资风险，是指企业因使用负债筹资而导致的可能丧失偿债能力的风险。资金供求、资本结构、利率水平、获利能力等多个因素都会影响企业财务风险。

财务杠杆的存在扩大了经营和筹资等不确定性因素对每股收益变动的影响。财务杠杆系数越大，息税前利润变动对每股收益的影响就越大，企业的财务风险也越大。

控制财务风险的方法有调整资本结构、降低负债比率等。

3. 复合杠杆

（1）复合杠杆的概念。从前述经营杠杆、财务杠杆的分析可知：由于存在固定成本，会产生经营杠杆效应，使得产销量变动对息税前利润的影响被扩大；同样，由于存在固定利息费用，会产生财务杠杆效应，使得息税前利润变动对普通股每股收益的影响被扩大。如果两种杠杆共同作用，那么产销量稍有变动，就会使每股收益产生更大的变动，同时总的风险也会更高。这种由于固定成本和固定利息费用的共同存在而导致的普通股每股收益变动率大于产销量变动率的杠杆效应，称为复合杠杆或联合杠杆或总杠杆。

（2）复合杠杆系数的计算。只要企业同时存在固定成本和固定利息费用等支出，就会存在复合杠杆的作用，但不同企业复合杠杆作用的程度不完全一致。为了反映经营杠杆和财务杠杆的综合作用程度，需要测算复合杠杆系数。

复合杠杆系数是指普通股每股收益变动率相当于产销量变动率的倍数。其计算公式为：

$$复合杠杆系数 = \frac{普通股每股收益变动率}{产销量变动率}$$

$$DCL = \frac{\Delta EPS/EPS}{\Delta Q/Q}$$

为方便计算，通常将上述公式简化如下：

$$复合杠杆系数 = \frac{基期边际贡献}{基期边际贡献 - 固定成本 - 基期利息}$$

$$DCL = \frac{M}{M - a - I}$$

复合杠杆系数反映了经营杠杆与财务杠杆之间的关系，三者之间的关系可用公式表示如下：

复合杠杆系数（DCL）= 经营杠杆系数（DOL）× 财务杠杆系数（DFL）

【例 4 - 12】 某企业的经营杠杆系数为 1.5，财务杠杆系数为 2，则复合杠杆系数为：

DCL = 1.5 × 2 = 3（倍）

通过以上计算可知，复合杠杆系数的意义在于：产销量每增加（减少）1倍时，就造成每股收益增加（减少）3倍。

（3）复合杠杆与企业风险的关系。由于复合杠杆作用使普通股每股收益大幅度波动而造成的风险，称为复合风险。复合风险直接反映企业的整体风险，在其他因素不变的情况下，复合杠杆系数越大，每股收益的波动幅度就越大，从而复合风险越大；复合杠杆系数越小，复合风险也就越小。

由于复合杠杆是经营杠杆和财务杠杆两者共同作用的结果，因此这两种杠杆的不同组合，给企业带来的风险也就不同，企业应根据自身的情况，尽量找到两者的最佳组合。

4.6 资本结构

4.6.1 资本结构概述

1. 资本结构的含义

资金结构是指企业各种资金的构成及其比例关系。在企业筹资管理活动中，资金结构有广义和狭义之分。广义的资金结构是指企业全部资金的构成及其比例关系，不仅包括长期资金，还包括短期资金；狭义的资金结构，也称为资本结构，是指企业长期资金的构成及其比例关系。在狭义资金结构下，短期债务资金作为营运资金管理。本书所讲的资金结构是指狭义的资金结构，即资本结构。

企业的资本结构是由企业采用的各种筹资方式筹资而形成的，各种筹资方式的不同组合类型决定着企业的资本结构及其变化。企业的筹资方式虽然很多，但总的来看可分为权益筹资和负债筹资两类。因此，资本结构问题总的来说是负债资本的比例问题，即负债资本在企业全部资本中所占的比例。

资本结构是企业筹资决策的核心问题。企业应综合考虑有关影响因素，运用适当的方法确定最佳资本结构，并在以后追加筹资中继续保持。企业现有资本结构不合理的，应通过筹资活动进行调整，使其趋于合理化。

2. 资本结构中债务资本的作用

在企业资本结构中，合理地利用负债筹资，科学的安排债务资本的比例，对企业有重要影响。

（1）债务资本可以降低企业加权平均资本成本。一般情况下，负债的利息具有抵税作用，因而其资本成本较权益资本的成本低。企业在一定限度内合理提高债务资本的比例，可以降低企业的加权平均资本成本；反之，若降低债务资本的比例，加权平均资本成本就会上升。

（2）使用债务资本可以获取财务杠杆利益。通过对财务杠杆的分析可知，在资本结构不变从而利息费用固定不变的情况下，当企业息税前利润增加时，每一元收益所负担的固定利息费用就会相对减少，这样就能给普通股股东带来更多的收益。因此，当企业息税前利润较多时，可适当地利用债务资本，发挥财务杠杆的作用，增加普通股每股收益。但财务杠杆的存在会同时加大企业的财务风险，因此，企业应合理安排债务资本的比例，在财务杠杆利益与财务风险之间进行合理权衡。

3. 影响资本结构的因素

（1）产品销售的稳定性。如果企业产品销售比较稳定，其获利能力也相对稳定，则企业负担固定利息费用的能力相对较强；如果销售具有较强的周期性，则企业将面临较大的财务风险。

（2）所有者对控制权的考虑。如果企业的所有者不愿使企业的控制权旁落，则可能尽量采用债务筹资的方式筹集资金，而不发行新股增资。

（3）管理人员的态度。如果企业管理层比较谨慎，可能较少利用财务杠杆，尽量降低债务资本的比例，而激进的管理层则会使用更多的债务，以便为股东创造更多的利润。

（4）贷款人和信用评级机构的影响。一般而言，大部分贷款人都不希望企业的负债比例过高。同样，如果企业债务过多，信用评级机构可能会降低企业的信用等级，这样会影响企业的筹资能力。

（5）行业因素。不同行业的资本结构有很大差别。财务经理必须考虑本企业所处的行业，以便确定最佳的资本结构。

（6）资产结构。资产结构会以多种方式影响企业的资本结构：拥有大量固定资产的企业主要通过长期负债和发行股票筹集资金；拥有较多流动资产的企业，更多依赖流动负债来筹集资金；资产适合用于抵押的公司举债额较多；以技术研究开发为主的公司负债较少。

（7）所得税税率的高低。企业利用负债可以获得减税利益，因此，所得税税率越高，负债的好处就越大。

（8）利率水平的变动趋势。利率水平的变动趋势也会影响到企业的资本结构。如果财务管理人员认为目前的利率处于较低水平，预计未来可能会上升，企业应大量使用长期债务，从而在把利率固定在较低水平上。

以上因素都可能会影响到企业的资本结构，财务管理人员应在认真分析上述因素的基础上，根据经验来确定企业的资本结构。

4.6.2 最佳资本结构决策

1. 最佳资本结构的含义

企业利用负债资金具有双重作用。适当利用负债，可以降低企业资本成本，但当企业负债比例过高时，就会带来较大的财务风险。为此，企业必须权衡财务风险和资本成本的关系，确定最佳资本结构。

最佳资本结构是指在一定条件下使企业加权平均资本成本最低、企业价值最大的资本结构。

2. 最佳资本结构决策方法

(1) 每股收益无差别点分析法。财务管理的目标是实现企业价值最大化，企业价值的高低可通过每股收益指标衡量。因此，资本结构的合理性可以通过每股收益的变化进行分析。一般来说，能够提高每股收益的资本结构是合理的，反之就是不合理的。

每股收益无差别点分析法

每股收益的大小不仅受资本结构的影响，而且还受企业盈利能力的影响。企业的盈利能力通常用息税前利润来表示。在息税前利润一定的情况下，企业采用不同的筹资方式对每股收益的影响不同，因此，可以通过计算不同筹资方式下的每股收益无差别点，进而确定不同息税前利润水平下应采用的筹资方式。每股收益无差别点是指使两种筹资方式的每股收益相等，即每股收益不受筹资方式影响的息税前利润。

每股收益无差别点的息税前利润计算公式为：

$$\frac{(\overline{EBIT}-I_1)\times(1-T)}{n_1}=\frac{(\overline{EBIT}-I_2)\times(1-T)}{n_2}$$

式中：$\overline{EBIT}$表示每股收益无差别点的息税前利润；

I_1、I_2 表示两种筹资方式下的年利息；

n_1、n_2 表示两种筹资方式下流通在外的普通股股份数。

【例 4-13】 某企业目前发行在外普通股 60 万股（每股面值 1 元），年利率 6% 的公司债券 500 万元。该企业为扩大生产规模计划筹资 400 万元，现有两个方案可供选择：

方案一：全部发行公司债券，年利率为 5%，平价发行；

方案二：全部发行普通股，发行价格为每股 10 元。

筹资后预计可实现息税前利润 130 万元，企业适用的所得税税率为 25%。

要求：①计算两个方案的每股收益并进行筹资决策；

②确定两个方案的每股收益无差别点以及每股收益无差别点的每股收益；

③根据每股收益无差别点进行筹资决策。

解答过程如下：

①两个方案的每股收益计算结果如表 4－7 所示。

表 4－7　　　　每股收益计算表

项目	方案一	方案二
息税前利润（万元）	130	130
目前利息（万元）	500×6%＝30	500×6%＝30
新增利息（万元）	400×5%＝20	0
税前利润（万元）	130－30－20＝80	130－30＝100
净利润（万元）	80×（1－25%）＝60	100×（1－25%）＝75
普通股股份数（万股）	60	60＋400/10＝100
每股收益（元）	1	0.75

当企业息税前利润为 130 万元时，方案一的每股收益（1 元）大于方案二的每股收益（0.75 元），因此应选择方案一，即公司债券筹资方式。

②两个方案的每股收益无差别点计算如下：

$$\frac{(\overline{EBIT}-30-20)\times(1-25\%)}{60}=\frac{(\overline{EBIT}-30)\times(1-25\%)}{100}$$

$\overline{EBIT}=80$（万元）

每股收益无差别点的每股收益计算如下：

$$EPS=\frac{(80-30-20)\times(1-25\%)}{60}\text{或}=\frac{(80-30)\times(1-25\%)}{100}=$$

0.38（元）

③由于预计的息税前利润（130 万元）大于每股收益无差别点的息税前利润（80 万元），所以应选择公司债券筹资方式，即选择方案一。

上述计算结果可通过图 4－1 直观描述。

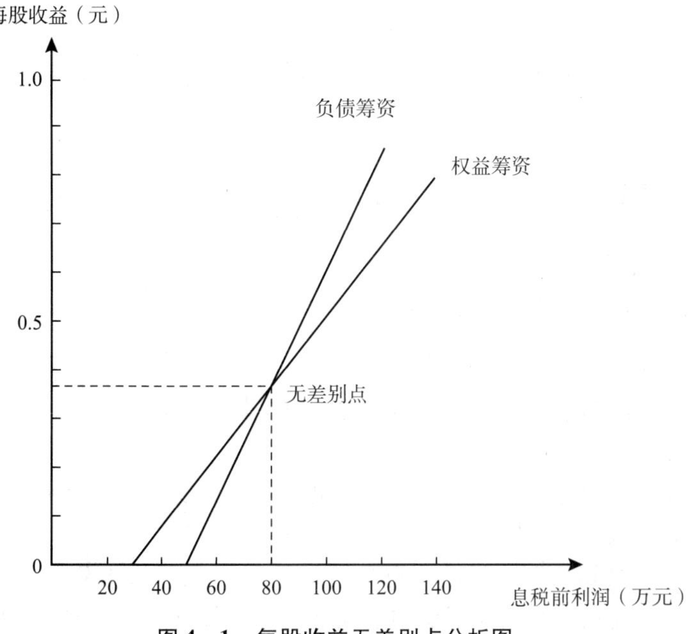

图 4－1　每股收益无差别点分析图

从图 4－1 中可以看出，当企业预计息税前利润等于每股收益无差别点的息税前利润时，负债筹资方式和权益筹资方式所形成的每股收益相同；当预计息税前利润高于每股收益无差别点的息税前利润时，应采用负债筹资方式；当预计息税前利润低于每股收益无差别点的息税前利润时，应采用权益筹资方式。

（2）比较资本成本法。比较资本成本法是通过计算不同资本结构的加权平均资本成本，并以此为标准，选择加权平均资本成本最低的资本结构作为最佳资本结构。

【例 4－14】 某企业计划筹资 1 000 万元，有三个方案可供选择，试确定最佳资本结构。其资本结构和个别资本成本如表 4－8 所示。

表 4－8　　资本结构和个别资本成本表　　单位：万元

筹资方式	方案Ⅰ		方案Ⅱ		方案Ⅲ	
	筹资额	资本成本（%）	筹资额	资本成本（%）	筹资额	资本成本（%）
长期借款	200	5	300	5	150	4
公司债券	300	8	450	9	250	7
普通股	500	14	250	11	600	15
合计	1 000	—	1 000	—	1 000	—

根据上述资料，各方案加权平均资本成本计算如下：

方案Ⅰ：加权平均资本成本 $= \frac{200}{1\ 000} \times 5\% + \frac{300}{1\ 000} \times 8\% + \frac{500}{1\ 000} \times 14\% = 10.4\%$

方案Ⅱ：加权平均资本成本 $= \frac{300}{1\ 000} \times 5\% + \frac{450}{1\ 000} \times 9\% + \frac{250}{1\ 000} \times 11\% = 8.3\%$

方案Ⅲ：加权平均资本成本 $= \frac{150}{1\ 000} \times 4\% + \frac{250}{1\ 000} \times 7\% + \frac{600}{1\ 000} \times 15\% = 11.35\%$

以上计算结果表明，方案Ⅱ的加权平均资本成本最低，因此，方案Ⅱ的资本结构最佳。

这种方法通俗易懂，计算过程也不是十分复杂，但因所拟定的方案数量有限，故有把最优方案漏掉的可能。

（3）公司价值分析法。财务管理的目标在于追求公司价值的最大化，然而只有在风险不变的情况下，每股收益的增长才会直接导致公司价值的上升；实际上经常是随着每股收益的增长风险也在加大。如果每股收益的增长不足以补偿风险增加所需的收益，尽管每股收益在增加，企业价值（股价）仍然会下降。所以，说到底公司的最佳资本结构应当是可使公司的总价值最高，而不一定是每股收益最大的资本结构。同时，在这样的资本结构下公司的加权平均资本成本也是最低的。

企业的市场总价值应当是其股票和长期负债的市场价值之和，即：

$$V = B + S$$

式中：V 表示公司总价值；

B 表示长期债务的市场价值；

S 表示公司股票的市场价值。

为简化测算起见，假定设长期债务的市场价值等于其面值（或本金）；股票的市场价值计算如下：

$$S = \frac{(EBIT - I)(1 - T)}{K_S}$$

式中：EBIT 表示息税前利润；

I 表示年利息；

T 表示所得税税率；

K_S 表示权益资本成本。

考虑到公司筹资风险的影响，普通股资本成本运用资本资产定价模型来测算，即：

$$K_S = R_F + \beta(R_M - R_F)$$

企业的资本成本则采用加权平均法计算，其计算公式如下：

$$K_W = K_B\left(\frac{B}{V}\right)(1 - T) + K_S\left(\frac{S}{V}\right)$$

式中：K_W 表示公司加权平均资本成本；

K_B 表示长期债务税前资本成本。

【例 4－15】东方公司 2014 年息税前利润为 400 万元，资本全部由普通股资本组成，股票账面价值 2 000 万元，所得税税率 25%。该公司认为目前的资本结构不够合理，准备采用发行债券购回部分股票的方法予以调整。经分析调查得出相关资料，如表 4－9 所示。

表 4－9　　不同债务水平对公司债务资本成本和权益资本成本的影响

债券市场价值（万元）	税前债务资本成本 K_B（%）	股票风险程度（β）	无风险收益率 R_F（%）	平均风险股票必要收益率 R_M（%）	权益资本成本 K_S（%）
0	—	1. 20	6	10	10. 80
200	6	1. 25	6	10	11. 00
400	6	1. 30	6	10	11. 20
600	8	1. 40	6	10	11. 60
800	10	1. 55	6	10	12. 20

根据表 4－9 的有关资料，可以计算出该公司筹措不同金额的债务时公司的价值和资本成本，如表 4－10 所示。

表 4－10　　公司市场价值和资本成本　　金额单位：万元

债券市场价值 B	股票市场价值 S	公司总价值 V	税前债务资本成本 K_B（%）	权益资本成本 K_S（%）	加权平均资本成本 K_W（%）
0	2 778	2 778	—	10. 80	10. 80
200	2 645	2 845	6	11. 00	10. 54
400	2 518	2 918	6	11. 20	10. 28
600	2 276	2 876	8	11. 60	10. 43
800	1 967	2 767	10	12. 20	10. 84

从表 4－10 中可以看出，在没有长期债务资本的情况下，该公司

的价值就是其原有普通股资本的价值。当该公司开始利用长期债务资本时，公司的价值开始上升，同时公司的加权平均资本成本开始下降；直到长期债务资本达到400万元，公司价值最大，资本成本最低；而当公司的长期债务资本超过400万元后，公司的价值又开始下降，公司的资本成本开始上升。因此，可以确定该公司的长期债务资本为400万元时的资本结构为最佳资本结构。

公司价值分析法是在充分反映财务风险的前提下，以公司价值的大小为标准，经过测算确定公司最佳资本结构的方法。与前两种方法相比，公司价值分析法充分考虑了公司的财务风险和资本成本等因素，进行资本结构的决策以企业价值最大化为目标，更符合企业价值最大化的财务目标。但其测算原理及测算过程较为复杂，比较适用于资本规模较大的上市公司。

本章小结

1. 筹资是企业资金运动的起点，筹资动机主要有设立性筹资动机、扩张性筹资动机和调整性筹资动机。

2. 筹资渠道是指筹措资金来源的方向与通道。我国企业筹资渠道主要有国家财政、银行、非银行金融机构、其他企业、居民个人和企业自身积累。

3. 筹资方式是指企业筹集资金所采用的具体形式。我国企业筹资方式主要有吸收直接投资、发行股票、利用留存收益、向金融机构借款、发行公司债券、融资租赁、利用商业信用。

4. 吸收直接投资中的出资方式主要有现金出资、实物出资、工业产权出资和土地使用权出资。其优点主要有：有利于增强企业信誉、有利于尽快形成生产能力、有利于降低财务风险。缺点主要有：资本成本较高和容易分散企业控制权。

5. 股票是股份公司为筹集权益资金而发行的有价证券。按股东权利和义务的不同，股票可分为普通股票和优先股票；按票面是否记名，股票可分为记名股票和无记名股票；按是否标明票面金额，股票可分为面值股票和无面值股票。

6. 股票的发行必须符合《证券法》和《上市公司证券发行管理办法》等规定的发行条件。股票发行价格可以等于票面金额，也可以超过票面金额，但不得低于票面金额。股票的发行方式有公开发行和非公开发行，公开发行有自销方式和承销方式。

7. 股票上市是指股份有限公司公开发行的股票经批准在证券交易所进行挂牌交易。股份公司申请股票上市，能够起到资本大众化、易于筹措新资金、提高公司知名度、便于确定公司价值等作用；但也会造成公司失去隐私权、分散控制权、负担较高的信息披露成本等。

8. 股票筹资的优点主要有：没有固定股利负担、没有固定到期日，不用偿还、筹资风险小和增强公司的信誉。缺点主要有：资本成本较高和容易分散控制权。

9. 留存收益筹资的优点主要有：资本成本较低、保持控制权和提高偿债能力。缺点主要有：筹资数额有限和资金使用受限。

10. 长期借款是指企业向银行和非银行金融机构借入的期限在一年以上的各种借款。长期借款筹资的优点主要有：筹资速度快、资本成本低、借款弹性好和具有财务杠杆作用。缺点主要有：财务风险较大、限制条款较多和筹资数额有限。

11. 公司债券是指公司依照法定程序发行的、约定在一定期限还本付息的有价证券。公司债券可以按面值发行，也可以折价发行或溢价发行。债券筹资的优点主要有：资本成本低、不分散股东的控制权和获取财务杠杆利益。缺点主要有：财务风险大、限制条件多和筹资额有限。

12. 资本成本是筹集和使用长期资本的成本，分为资本筹集费和资本占用费。

13. 个别资本成本是指各种长期资金的成本，包括长期借款资本成本、公司债券资本成本、优先股资本成本、普通股资本成本和留存收益资本成本等。

14. 加权平均资本成本是以各种资金占全部资金的比重为权数，对个别资本成本进行加权平均确定的。

15. 边际资本成本是指资金每增加一个单位而增加的成本，是追加筹资时所使用的加权平均成本。边际资本成本应该按加权平均法来计算，而且其权数必须以目标价值确定。

16. 由于固定成本的存在而导致的息税前利润变动率大于产销量变动率的现象，称为经营杠杆或营业杠杆。经营杠杆系数是指息税前利润变动率相当于产销量变动率的倍数。固定成本规模越大，经营杠杆系数越大，企业的经营风险就越大。

17. 由于固定利息费用的存在而导致的普通股每股收益变动率大于息税前利润变动率的现象称为财务杠杆。财务杠杆系数是指普通股每股收益变动率相当于息税前利润变动率的倍数。利息费用越大，财务杠杆系数越大，企业的财务风险也越大。

18. 由于固定生产经营成本和固定利息费用的共同存在而导致的普通股每股收益变动率大于产销量变动率的杠杆效应，称为复合杠杆或联合杠杆或总杠杆。复合杠杆系数是指普通股每股收益变动率相当于产销量变动率的倍数等于经营杠杆系数乘以财务杠杆系数。

19. 资本结构是指企业长期资金的构成及其比例关系。最佳资本结构是指在一定条件下使企业加权平均资本成本最低、企业价值最大的资本结构。确定最佳资本结构常用的方法有每股收益无差别点分析法、比较资本成本法和公司价值分析法。

本章练习题

一、单项选择题

1. 下列属于权益筹资方式的是（　　）。

A. 商业信用　B. 发行债券　C. 发行股票　D. 银行借款

2. 下列权利中，不属于普通股股东权利的是（　　）。

A. 经营管理权　B. 分享盈余权

C. 优先认股权　D. 股利分配优先权

3. 股票上市是指股份有限公司公开发行的股票经批准在（　　）进行挂牌交易。

A. 银行　B. 证券公司

C. 证监会　D. 证券交易所

4. 与股票筹资相比，债券筹资的特点是（　　）。

A. 筹资风险大　B. 资本成本高

C. 限制条件少　D. 分散控制权

5. 其他条件一定的情况下，当票面利率（　　）市场利率时，债券折价发行。

A. 大于　B. 小于　C. 等于　D. 不确定

6. 我国公司法不允许发行（　　）。

A. 记名股票　B. 无记名股票

C. 有面值股票　D. 无面值股票

7. 一般而言，企业资本成本最高的筹资方式是（　　）。

A. 公司债券　B. 银行借款　C. 普通股　D. 优先股

8. 计算优先股资本成本时，不需要考虑的因素是（　　）。

A. 优先股发行总额　B. 优先股筹资费用率

C. 所得税税率　D. 优先股每年的股利

9. 公司增发的普通股市价为 15 元/股，筹资费用率为市价的 20%，第一年的股利为 1.5 元/股。已知该股票的资本成本为 17.5%，则该股票的股利年增长率为（　　）。

A. 5%　B. 5.39%　C. 5.68%　D. 10.34%

10. 在息税前利润大于0的情况下，只要企业存在固定成本，那么经营杠杆系数必（　　）。

A. 大于1　　B. 等于1　　C. 小于1　　D. 等于0

11. 如果企业的资金来源全部为自有资金，且没有优先股存在，则企业财务杠杆系数（　　）。

A. 等于0　　B. 等于1　　C. 大于1　　D. 小于1

12. 如果企业一定期间内的固定成本和固定财务费用均不为零，则由上述因素共同作用而导致的杠杆效应属于（　　）。

A. 经营杠杆效应　　B. 财务杠杆效应

C. 复合杠杆效应　　D. 风险杠杆效应

13. 经营杠杆系数（DOL）、财务杠杆系数（DFL）和复合杠杆系数（DCL）之间的关系是（　　）。

A. DCL = DOL + DFL　　B. DCL = DOL − DFL

C. DCL = DOL × DFL　　D. DCL = DOL/DFL

14. 某公司的经营杠杆系数为2，预计息税前利润将增长10%，在其他条件不变的情况下，销量的增长率为（　　）。

A. 5%　　B. 10%　　C. 15%　　D. 20%

15. 下列各项中，不影响经营杠杆系数的是（　　）。

A. 产品销售数量　　B. 固定成本

C. 单位变动成本　　D. 利息费用

二、多项选择题

1. 企业筹资的动机主要有（　　）。

A. 设立企业　　B. 扩张规模

C. 调整资本结构　　D. 收缩经营

2. 下列属于企业筹资方式的有（　　）。

A. 发行股票　　B. 发行债券

C. 银行借款　　D. 利用商业信用

3. 企业筹集的资金，按照资金的来源渠道可分为（　　）。

A. 短期资金　　B. 长期资金　　C. 权益资金　　D. 负债资金

4. 相对于普通股股东而言，优先股股东的优先权主要表现为（　　）。

A. 优先认股权　　B. 优先表决权

C. 优先分配股利权　　D. 优先分配剩余财产权

5. 债券按有无担保可分为（　　）。

A. 可转换债券　　B. 信用债券

C. 担保债券　　D. 不可转换债券

6. 计算个别资本成本时，需要考虑所得税抵减作用的筹资方式有（　　）。

A. 银行借款　B. 公司债券　C. 普通股　D. 留存收益

7. 下列成本费用中属于资本成本中资本占用费的有（　　）。

A. 借款手续费　B. 股票发行费　C. 利息　D. 股利

8. 下列筹资活动会加大财务杠杆作用的有（　　）。

A. 增发普通股　B. 利用留存收益

C. 发行债券　D. 银行借款

9. 利用每股收益无差别点进行企业资本结构分析时（　　）。

A. 当预计息税前利润高于每股收益无差别点的息税前利润时，应采用权益方式筹资

B. 当预计息税前利润高于每股收益无差别点的息税前利润时，应采用负债方式筹资

C. 当预计息税前利润低于每股收益无差别点的息税前利润时，应采用权益方式筹资

D. 当预计息税前利润低于每股收益无差别点的息税前利润时，应采用负债方式筹资

10. 企业的杠杆效应包括（　　）效应。

A. 经营杠杆　B. 财务杠杆　C. 复合杠杆　D. 租赁杠杆

11. 下列说法中正确的有（　　）。

A. 杠杆系数越大，风险越大　B. 杠杆系数越大，风险越小

C. 杠杆系数越小，风险越大　D. 杠杆系数越小，风险越小

12. 影响企业边际贡献大小的因素有（　　）。

A. 固定成本　B. 销售单价

C. 单位变动成本　D. 销售量

13. 下列各项中，影响财务杠杆系数的因素有（　　）。

A. 销售收入　B. 变动成本　C. 固定成本　D. 财务费用

14. 企业全部资金中，权益资金与债务资金各占50%，下列表述不正确的有（　　）。

A. 企业只存在经营风险

B. 企业只存在财务风险

C. 企业同时存在经营风险和财务风险

D. 企业无风险

15. 在事先确定企业资本规模的前提下，吸收一定比例的负债资金，可能产生的结果有（　　）。

A. 降低企业加权平均资本成本

B. 降低企业财务风险

C. 增加企业财务风险

D. 提高企业经营能力

三、判断题

1. 政府债券一般均属于信用债券。(　　)

2. 我国法律不允许股票折价发行。(　　)

3. 资本成本是指资金使用者向资金所有者支付的费用。(　　)

4. 企业发行浮动利率债券的主要目的是为了应对通货膨胀。(　　)

5. 股票的发行只能采用公开发行的方式。(　　)

6. 一般地，与负债资本相比，权益资本的资本成本较高。(　　)

7. 留存收益是企业利润所形成的，所以留存收益没有资本成本。(　　)

8. 资本成本计算的正确与否，是影响筹资决策的主要因素，但不影响投资决策。(　　)

9. 由于经营杠杆的作用，当息税前利润下降时，普通股每股收益会下降得更快。(　　)

10. 发行股票筹资，既能为企业带来杠杆利益，又具有抵税作用，所以企业在筹资时应优先考虑发行股票。(　　)

11. 最佳资本结构是使企业筹资能力最强、财务风险最小的资本结构。(　　)

12. 财务杠杆一方面给企业带来杠杆利益，另一方面给企业带来财务风险。(　　)

13. 在其他因素不变的情况下，固定成本越小，经营杠杆系数也越小，则经营风险越低。(　　)

14. 超过筹资总额分界点筹集资金，只要维持现有的资本结构，其资本成本就不会增加。(　　)

15. 在个别资本成本一定的情况下，加权平均资本成本的高低取决于资本总额的大小。(　　)

四、计算题

习题一

［目的］练习个别资本成本和加权平均资本成本的计算。

［资料］某企业计划筹集资金100万元，所得税税率为25%。有关资料如下：

1. 向银行借款10万元，期限3年，借款年利率为7%，手续费为 1%；

2. 按溢价发行债券，债券面值 14 万元，发行价格为 15 万元，票面利率为 9%，期限为 5 年，每年付息一次，筹资费用率为 3%；

3. 发行普通股 4 万股，每股 10 元，第一期每股股利为 1.2 元，预计股利增长率为 8%，筹资费用率为 6%；

4. 其余所需资金通过留存收益取得。

［要求］

1. 计算个别资本成本；

2. 计算加权平均资本成本。

习题二

［目的］练习杠杆原理。

［资料］某公司生产一种产品，售价为每台 250 元，变动成本率为 40%，销量为 1 万台，固定成本为 50 万元。负债总额为 500 万元，年利率为 10%。

［要求］

1. 计算该公司的经营杠杆系数；

2. 计算该公司的财务杠杆系数；

3. 计算该公司的复合杠杆系数。

习题三

［目的］练习最佳资本结构的确定。

［资料］已知某公司目前的资本结构如下：长期债券 1 000 万元，年利率为 8%；普通股 4 500 万股，每股 1 元；留存收益 2 000 万元。该公司计划新增筹资 2 500 万元，所得税税率为 25%，有甲、乙两种筹资方案（假设筹资费用忽略不计）：

甲方案：发行普通股 1 000 万股，发行价为每股 2.5 元；

乙方案：按面值发行债券 2 500 万元，票面利率为 10%，每年年末付息，到期还本。

［要求］

1. 计算两种筹资方案每股收益无差别点的息税前利润；

2. 计算每股收益无差别点甲、乙方案的财务杠杆系数；

3. 如果公司预计息税前利润为 1 200 万元，判断公司应采用的筹资方案；

4. 如果公司预计息税前利润为 1 600 万元，判断公司应采用的筹资方案；

5. 如果公司预计息税前利润在每股收益无差别点的基础上增长 10%，计算分别采用甲、乙方案时该公司每股收益的增长幅度。

第 5 章
收 益 分 配

本章要点

- ✧ 收益分配概述
- ✧ 股利政策
- ✧ 股利股利、股票分割和股票回购

5.1 收益分配概述

5.1.1 收益分配的含义

收益分配有广义和狭义之分。广义的收益分配是指对企业的收入和收益总额进行分配的过程；狭义的收益分配则指对企业净收益的分配。本章主要讨论股份有限公司净收益的分配，也称股利分配。

收益分配是一项十分重要的工作，它不仅影响企业的筹资和投资决策，而且涉及国家、企业、投资者、职工等多方面的利益，涉及企业长远利益与近期利益、整体利益与局部利益等关系的处理与协调，必须慎重对待。

5.1.2 股利分配的原则

股利分配作为一项重要的财务活动，应当遵循以下原则：

1. 依法分配原则

为了规范公司的股利分配行为，维护各利益相关者的合法权益，国家颁布了相关法律法规。这些法律法规规定了公司股利分配的基本要求、一般程序和重要比例，公司应当认真执行，不得违反。

2. 分配与积累并重原则

公司通过经营活动赚取收益，既要保证公司简单再生产的持续进行，又要不断积累公司扩大再生产的财力基础。恰当处理分配与积累之间的关系，留存一部分净利润以供未来发展和分配之需，能够增强公司抵抗风险的能力，也可以提高公司经营的稳定性与安全性。

3. 兼顾各方利益原则

公司的股利分配涉及国家、公司股东、债权人、职工等多方面的利益，正确处理它们之间的关系，协调其矛盾，对公司的生存、发展是至关重要的。公司在进行股利分配时，应当统筹兼顾，维护各利益相关者的合法权益。

4. 投资与收益对等原则

公司进行股利分配应当体现“谁投资谁受益”、收益大小与投资比例相对等的原则，这是正确处理投资者利益关系的关键。公司在向投资者分配收益时，应本着平等一致的原则，按照投资者投资额的比例进行分配，不允许任何一方随意多分多占，以从根本上实现股利分配中的公开、公平和公正，保护投资者的利益。

5.1.3 股利分配的程序

公司向股东分派股利应该按一定的顺序进行。根据我国《公司法》的规定，公司的股利分配应按下列顺序进行：

1. 计算可供分配的利润

将本年利润或亏损与年初未分配利润或亏损相加，计算出可供分配利润。

2. 计提法定盈余公积金

公司分配当年税后利润时，应当提取利润的10%列入公司法定盈余公积金。公司法定盈余公积金累计额为公司注册资本的50%以上的，可以不再提取。

3. 提取任意盈余公积金

公司从税后利润中提取法定盈余公积金后，经股东大会决议，还可以从税后利润中提取任意盈余公积金。

4. 向股东分配利润

公司弥补亏损和提取盈余公积金后所余税后利润，按照股东持有的股份比例分配。

公司持有的本公司股份不得分配利润。

5.1.4 股利支付形式

股利支付形式有多种，常见的有以下四种：

1. 现金股利

现金股利，也称派现，是指公司以现金形式支付的股利，是股利支付的最常见方式。公司选择发放现金股利除了要有足够的未分配利润外，还要有足够的现金，而现金充足与否往往会成为公司发放现金股利的主要制约因素。

2. 股票股利

股票股利是指公司以增发股票的方式支付的股利。对公司来说，发放股票股利并没有现金流出公司，也不会导致公司的财产减少，而只是将公司的未分配利润转化为股本。

3. 财产股利

财产股利是指以现金以外的其他资产支付的股利。主要是以公司所拥有的其他公司的有价证券，如债券、股票等，作为股利支付给股东。

4. 负债股利

负债股利是指以负债方式支付的股利。通常是公司签发票据支付给股东，有时也以发行公司债券的方式支付股利。

财产股利和负债股利实际上是现金股利的替代，虽然法律上并没有禁止，但这两种股利支付形式在我国公司实务中很少使用。

5.1.5 股利支付程序

股份公司分配股利必须遵循法定的程序，先由董事会提出分配预案，然后提交股东大会进行表决，股东大会表决通过分配预案之后，向股东宣布发放股利的方案，并确定股权登记日、除权（息）日和股利发放日等。

1. 股利宣告日

股利宣告日是公司宣布分派股利的当天。股利分配方案经股东大会表决通过后，要在指定媒体上予以公告，公告中将宣布每股发放的股利、股权登记日、除权（息）日和股利发放日等。

2. 股权登记日

股权登记日是指有权领取当期股利的股东资格的登记截止日期。只有在股权登记日前在公司股东名册上登记在册的股东，才有权分享当期股利。

3. 除权（息）日

除权（息）日是指领取股利的权利与股票相互分离的日期。在除权（息）日前，股利权从属于股票，持有股票者即享有领取当期股利的权利；除权（息）日始，股利权与股票相分离，新购入股票的股东不能分享当期股利。

4. 股利发放日

股利发放日是指将股利正式支付给股东的日期。在这一天，公司应按公布的股利分配方案将股利支付给股权登记日在册的股东。

【例 5－1】某上市公司于 2019 年 5 月 20 日公布 2018 年度的股利分配方案，其发布的公告如下：“2019 年 5 月 19 日举行股东大会，审议通过了 2019 年 4 月 12 日董事会关于每股分派 0.5 元的 2018 年股利分配方案。本公司将于 2019 年 6 月 25 日将上述股利支付给已在 2019 年 6 月 15 日登记为本公司股东的人士。特此公告。”

该公司的股利支付顺序如图 5－1 所示。

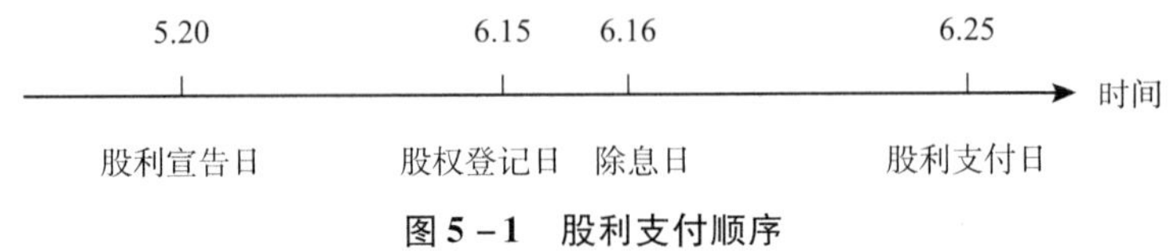

图 5－1　股利支付顺序

5.2 股利政策

股利政策有狭义和广义之分。广义的股利政策包括股利宣布日的确定、股利支付比例的确定、股利发放时的资金筹集等问题，而狭义的股利政策主要是确定股利的支付比率。本书采用的观点是狭义的股利政策观点。

5.2.1 股利政策的基本类型

1. 剩余股利政策

剩余股利政策是指公司的净利润应首先满足公司盈利性投资项目对权益资本的需要，如果还有剩余，再用于发放股利。

采用剩余股利政策时，公司应遵循以下四个步骤确定股利分配额：

（1）设定目标资本结构，在此资本结构下，加权平均资本成本将达到最低水平。

（2）确定目标资本结构下投资所需的权益资本数额。

（3）最大限度地使用净利润来满足投资所需的权益资本数额。

（4）投资所需权益资本已经满足后若有剩余净利润，再将其作为股利发放给股东。

【例5-2】海天公司2014年实现的净利润为800万元，均可以用来发放股利。预计下一年度投资所需资金为1 000万元，公司的目标资本结构为权益资本占60%，债务资本占40%。如果海天公司采用剩余股利政策，则2014年的股利发放额确定如下：

按照目标资本结构的要求，公司投资所需的权益资本数额为：

1 000×60% =600（万元）

当年可发放的股利最高额为：

800-600=200（万元）

奉行剩余股利政策的优点是可以保持理想的资本结构，使公司的加权平均资本成本最低，企业价值最大。但它是一种消极的、被动的股利政策，会使公司每期发放的股利具有很大的随意性及不确定性，不利于公司树立良好的形象。

2. 固定股利政策或稳定增长股利政策

固定股利政策是指公司将每年发放的股利固定在某一水平上并在较长时期内保持不变，只有当公司认为未来利润将会显著地、不可逆转地增长时，才提高股利发放额。不过，在存在通货膨胀时，大多数公司的利润会随之提高，且大多数投资者也希望公司能提供足以抵消通货膨胀不利影响的股利。因此，为了吸引投资者，很多奉行固定股利政策的公司转而采用稳定增长的股利政策，即公司制定一个目标股利增长率，如每年增加5%，并努力按照这一幅度增长。

公司采用固定股利政策或稳定增长股利政策，可以向市场传递公司正常发展的信息，有利于树立公司的良好形象，增强投资者对公司的信心，稳定股票的价格；稳定的股利额也有利于投资者合理安排股利收入和支出。该股利政策的缺点在于股利的支付与公司净利润相脱节，可能会造成资金短缺或资金闲置。

3. 固定股利支付率政策

固定股利支付率政策，亦称变动股利政策，是指公司确定一个股利占净利润的比率即股利支付率，长期按此比率发放股利的政策。在这一股利政策下，虽然股利支付比例固定，但每年变动的净利润使得各年的股利额会随公司经营的好坏而上下波动，获得较多净利润的年份股利额高，而净利润少的年份股利额低。

固定股利支付率政策能使股利支付与公司净利润紧密地联系在一起，以体现多盈多分、少盈少分、无盈不分的原则。但由于每年股利随净利润频繁变动，传递给股票市场一个公司不稳定的信息，不利于稳定股票价格，树立良好的公司形象。

4. 低正常股利加额外股利政策

低正常股利加额外股利的政策是指一般情况下，公司每年只支付金额较低的正常股利，在公司盈余较多、资金较为充裕的年份，除正常股利外，再加付额外股利，但额外股利并不固定。

低正常股利加额外股利政策使公司具有较大的灵活性。当公司利润较少或投资需用较多资金时，可维持设定的虽然较低但固定的股利，而当净利润有较大幅度增加时，可适当增发股利，增强他们对公司的信心，有利于稳定股票的价格。每年较低但比较稳定的股利收入也有利于部分投资者合理安排股利收入和支出。由于公司净利润的波动使得额外股利不断变化，容易给投资者产生公司收益不稳定的感觉。另外，如果投资者将额外股利误认为正常股利，额外股利的减少或取消将向投资者传递公司财务状况恶化的不利信号，进而导致股价下跌。

5.2.2 股利政策的影响因素

1. 法律因素

（1）资本保全约束。资本保全约束要求公司不得用股本和资本公积发放股利，即股利的发放不能侵蚀资本，其目的在于保全公司的股东权益资本，以保护债权人的利益。

（2）资本积累约束。资本积累约束要求公司在分配利润时，必须按一定的比例和基数提取公积金，公司股利只能从公司可供分配的利润中支付。另外，在进行股利分配时，一般贯彻“无利不分”的原则。

（3）偿债能力约束。偿债能力约束要求公司在进行股利分配后，必须保持充分的偿债能力，否则，公司的股利分配要受到限制。

（4）超额累积利润约束。由于投资者股利收益的所得税税率要高于资本利得收益所适用的所得税税率，一些公司采用积累利润使股价上涨的方式来帮助股东避税。西方国家在法律上明确规定公司不得超额累计利润，当公司留存收益超过法律认可的水平时将被加征额外的税款，我国法律目前对此尚未做出规定。

2. 股东因素

（1）控制权考虑。公司的股利支付率越高，必然留存收益越少，这意味着将来发行新股的可能性加大，而发行新股会稀释公司的控制权。因此，公司的老股东往往主张限制股利的发放，以防止控制权被稀释。

（2）避税考虑。在许多国家，股利收益的所得税率高于资本利得收益的税率。为了减轻税负，高收入阶层的股东通常希望公司少支付股利，而将较多的利润留存下来以作为再投资。而且，资本利得收益还会使股东采用递延纳税方式。

（3）稳定收入考虑。对于长期持有股票的股东来说，往往要求较为稳定的股利收益，而公司留存收益带来的新增收益或因股票交易价格上涨产生的资本利得收益具有很大的不确定性，因此，与其获得不确定的未来收益，不如得到本期确定的股利收益。

（4）股东的投资机会。如果公司将留存收益用于再投资的收益率低于股东个人将股利收益投资于其他投资机会所得的收益，公司应该多支付股利给股东，因为这样做对股东更为有利。所以，当股东个人有更好的投资机会时，公司应选择多支付股利。

3. 公司因素

（1）筹资能力。筹资能力较强的公司因为能够及时地筹措到所需资金，往往采取较为宽松的股利政策；而筹资能力较弱的公司为维持正常的企业经营就不得不多留存利润，因而常采用较严格的股利政策。

（2）未来投资机会。公司如果有良好的投资机会，必然需要大量的资金支持，因而往往会将大部分收益用于投资；公司如果暂时缺乏良好的投资机会，则倾向于采用高股利政策，以防止保留大量现金造成资金浪费。

（3）盈利能力及其稳定状况。一般而言，盈利能力较强以及盈利相对稳定的公司，可以采用高股利支付政策，而盈利能力较弱或不够稳定的公司，应该采用低股利支付政策。

（4）资本成本。与发行新股相比，留存收益没有发行成本，是一种比较经济的筹资渠道。如果公司有扩大资金的需要，应当采用低股利政策。

（5）资产流动状况。如果公司的资产有较强的变现能力，现金的来源较充裕，则其股利支付能力也会较强。

（6）偿债需要。具有较高债务偿还需要的公司，可以通过举借新债、发行新股筹集资金偿还债务，也可直接用经营积累偿还债务。如果公司认为后者适当的话（如前者资本成本高或受其他限制难以驾驭资本市场），将会减少股利的支付。

4. 其他因素

（1）债务合同。债务合同特别是长期债务合同，经常会对公司支付现金股利做出一定的限制，以保障债权人的权益。

（2）通货膨胀。通货膨胀使得计提的累计折旧可能不足以对固定资产进行更新，这时收益会被当做弥补折旧基金购买力水平下降的资金来源。因此，在通货膨胀时期，企业一般采取偏紧的股利政策。

5.3 股票股利、股票分割和股票回购

5.3.1 股票股利

股票股利，也称送股，是指公司将未分配利润转为股本，同时增发股票，按股东持股比例予以派送，即公司以增发的股票作为股利支付形式。这种方式对股东而言实际上是一种再投资。发放股票股利不会引起公司资产的流出或负债的增加，只涉及股东权益内部结构的调整，而其总额并不发生改变。

【例 5－3】 海达公司 2014 年末的资产负债表如表 5－1（发放股票股利前）所示。

表 5－1　　　　发放股票股利前资产负债表　　　　单位：万元

资产	50 000	负债	20 000
		普通股（面值 1 元，已发行 10 000 万股）	10 000
		资本公积	8 000
		留存收益	12 000
		股东权益合计	30 000
资产总计	50 000	负债与股东权益总计	50 000

假定公司宣布发放 50% 的股票股利，即发行 5 000（10 000 × 50%）万股普通股股票。随着股票股利的发放，“留存收益”项目的余额将减少 5 000 万元，而“普通股”项目将增加 5 000 万元。发放股票股利后，海达公司资产负债表如表 5－2 所示。

表 5－2　　　　发放股票股利后资产负债表　　　　单位：万元

资产	50 000	负债	20 000
		普通股（面值 1 元，已发行 15 000 万股）	15 000
		资本公积	8 000
		留存收益	7 000
		股东权益合计	30 000
资产总计	50 000	负债与股东权益总计	50 000

发放股票股利后，如果公司收益总额不变，股份数的增加将使每股收益和每股市价下降。但由于股东在所持股份比例不变的情况下持股数量增加，从而使其持股的总市值仍保持不变。

【例 5－4】 假定【例 5－3】中海达公司 2014 年的净利润为 15 000 万元，甲股东持有普通股 100 万股，发放股票股利对甲股东的影响如表 5－3 所示。

表 5－3　　　　发放股票股利对甲股东股票价值的影响

项目	发放股票股利前	发放股票股利后
每股收益（元）	15 000 ÷ 10 000 = 1.5	15 000 ÷ 15 000 = 1
每股市价（元）	60	60 ÷（1 + 50%）= 40
持股比例	100 ÷ 10 000 = 1%	150 ÷ 15 000 = 1%
持股总市值（万元）	100 × 60 = 6 000	150 × 40 = 6 000

从公司的角度看，发放股票股利的主要优点有：

（1）股票股利的发放使得股东在分享公司盈利的同时公司无须分配现金，可以将更多的现金留存下来用于再投资，有利于公司长期发展。

（2）在盈利预期不变的情况下，发放股票股利能够在一定程度上降低股票价格，从而有利于吸引更多的投资者，增强股票的流动性和变现性。

（3）发放股票股利一般为成长性公司所为，通常意味着公司管理层对公司未来的发展充满信心，有利于传递公司持续发展的信息，树立公司良好形象，增强投资者对公司的信心，稳定股票的价格。

从股东的角度看，发放股票股利的主要优点有：

（1）获得纳税上的好处。

（2）分享公司未来收益的增长。

5.3.2 股票分割

股票分割，又称拆股，是指公司将较大面额的股票拆成较小面额股票的行为。对公司来讲，股票分割不是股利支付方式，但所产生的效果与发放股票股利相似。

和股票股利相同的是，股票分割会使发行在外的股票数量增加，每股市价及每股收益下降，资产和负债的总额及其构成以及股东权益总额均保持不变。不同之处在于发放股票股利使股本增加，留存收益减少，但每股面值不变；而股票分割不影响公司的留存收益和股本总额，只使每股面值变小。

【例5－5】海达公司股票分割前资产负债表如表5－2所示。假设其现按1股换成2股的比例进行股票分割，则其分割后的资产负债表如表5－4所示。

表5－4　　股票分割后资产负债表　　单位：元

资产	50 000	负债	20 000
		普通股（面值0.5元，已发行30 000万股）	15 000
		资本公积	8 000
		留存收益	7 000
		股东权益合计	30 000
资产总计	50 000	负债与股东权益总计	50 000

公司实施股票分割的主要目的在于通过增加股票股数降低每股市价，从而吸引更多的投资者。另外，股票分割也可以传递公司良好发展的信息，因为股票分割往往是成长中公司的行为，宣布股票分割容易给投资者一种公司正处于发展之中的印象，有助于增强投资者对公司的信心。

5.3.3　股票回购

股票回购是指上市公司从股票市场上购回本公司一定数量发行在外的股票作为库存股或加以注销，从而使其退出流通的一种资本运作方式。

一般的，公司进行股票回购的目的是稳定或提高公司股价。过低的股价会影响人们对公司的信心，使消费者对公司产生怀疑，削弱公司销售产品、开拓市场的能力，对公司经营造成不良影响。所以，当公司认为其股票价格被低估时，可以通过回购股票来支撑股价，向投资者和市场传递公司股价被低估的信息，有利于使投资者重新关心公司的运营。因此，公司在其股价过低时回购股票是维护公司形象的有力途径。

股票回购后也可以替代现金股利。股票回购可以减少发行在外的股份数，提高每股收益，从而导致公司股票价格上涨，由股票价格上涨所得的资本利得收益就可以代替现金股利收益。因此，当公司在短期内获得较高收益，而又为了保持原来股利分配政策的稳定性不愿提高股利分配比例时，回购股票可以增加公司在股利分配策略上的机动性。

本 章 小 结

1. 收益分配有广义和狭义之分。广义的收益分配是指对企业的收入和收益总额进行分配的过程；狭义的收益分配则指对企业净收益的分配。本书主要讨论股份有限公司净收益的分配，也称股利分配。

2. 股利分配应当遵循以下原则：依法分配原则、分配与积累并重原则、兼顾各方利益原则、投资与收益对等原则。

3. 股利支付形式主要有现金股利、股票股利、财产股利和负债股利四种形式。

4. 股份公司分配股利时涉及的几个重要日期有：股利宣告日、股权登记日、除权（息）日和股利发放日。

5. 剩余股利政策是指公司的净利润应首先满足公司盈利性投资

项目对权益资本的需要，如果还有剩余，再用于发放股利。

6. 固定股利政策是指公司将每年发放的股利固定在某一水平上并在较长时期内保持不变，只有当公司认为未来利润将会显著地、不可逆转地增长时，才会提高股利发放额。稳定增长的股利政策是指公司将制定一个目标股利增长率，并努力按照这一幅度增长。

7. 固定股利支付率政策，亦称变动股利政策，是指公司确定一个股利占净利润的比率即股利支付率，长期按此比率发放股利的政策。

8. 低正常股利加额外股利的政策是指一般情况下，公司每年只支付金额较低的正常股利，在公司盈余较多、资金较为充裕的年份，除正常股利外，再加付额外股利，但额外股利并不固定。

9. 影响股利政策的因素包括法律因素、股东因素、公司因素和其他因素。

10. 股票股利，也称送股，是指公司将未分配利润转为股本，同时增发股票，按股东持股比例予以派送，即公司以增发的股票作为股利支付形式。这种方式对股东而言实际上是一种再投资。发放股票股利不会引起公司资产的流出或负债的增加，只涉及股东权益内部结构的调整，而其总额并不发生改变。

11. 股票分割，也称拆股，是指公司将较大面额的股票拆成较小面额股票的行为。对公司来讲，股票分割的目的在于通过增加股份数降低每股市价，从而吸引投资者。

12. 股票回购是指上市公司从股票市场上购回本公司一定数量发行在外的股票作为库存股或加以注销，从而使其退出流通的一种资本运作方式。一般的，公司进行股票回购的目的是稳定或提高公司股价。股票回购后也可以替代现金股利。

本章练习题

一、单项选择题

1. 企业中最常见的股利支付形式是（　　）。

A. 现金股利　　B. 股票股利　　C. 财产股利　　D. 负债股利

2. 企业提取的法定盈余公积金累计达到注册资本的（　　）时，可不再提取。

A. 15%　　B. 25%　　C. 30%　　D. 50%

3. 采用剩余股利政策的根本目的是为了（　　）。

A. 保持理想的资本结构　　B. 稳定公司股票价格

C. 增强公司的灵活性　　D. 体现投资与风险对等原则

4. 有利于稳定股票价格，树立良好企业形象，但股利支付与企业盈利能力相脱节的股利政策是（　　）。

A. 剩余股利政策

B. 固定或稳定增长股利政策

C. 固定股利支付率政策

D. 低正常股利加额外股利政策

5. 法律对利润分配进行超额累积利润限制的主要原因是（　　）。

A. 防止损害少数股东权益　　B. 防止资本结构失调

C. 防止股东避税　　D. 防止经营者从中牟利

6. 下列各项中，将会导致企业股本发生变动的股利支付形式是（　　）。

A. 现金股利　　B. 股票股利　　C. 财产股利　　D. 负债股利

7. 企业投资并取得收益时，必须按一定的比例和基数提取各种公积金，这一要求体现的是（　　）。

A. 资本保全约束　　B. 资本积累约束

C. 偿债能力约束　　D. 超额累积利润约束

8. 某公司所有者权益结构为：发行在外的普通股500万股，其面额为每股1元，资本公积4 000万元，未分配利润8 000万元。该公司若按20%的比例发放股票股利，发放股票股利后发行在外的普通股为（　　）万股。

A. 500　　B. 100　　C. 600　　D. 400

9. 某公司最优资本结构为负债资本占30%，权益资本占70%，今年实现净利润1 000万元。假定公司采用剩余股利政策，明年计划投资800万元。则今年的股利支付额为（　　）万元。

A. 200　　B. 1 000　　C. 800　　D. 440

10. 公司以股票形式发放股利，可能带来的结果是（　　）。

A. 引起公司资产减少

B. 引起公司负债减少

C. 引起股东权益内部结构发生变化

D. 引起股东权益与负债同时变化

二、多项选择题

1. 从公司的角度看，制约股利分配的因素有（　　）。

A. 控制权考虑　　B. 筹资能力

C. 盈利能力的稳定性　　D. 未来的投资机会

2. 按照资本保全约束的要求，企业发放股利所需资金的来源包括（　　）。

A. 当期利润　B. 留存收益　C. 原始投资　D. 资本公积

3. 企业在确定收益分配政策时，应当考虑的因素有（　　）。

A. 法律因素　B. 股东因素

C. 公司因素　D. 通货膨胀因素

4. 关于股利分配政策，下列说法正确的有（　　）。

A. 剩余股利政策有利于公司保持理想的资本结构

B. 固定股利政策有利于公司股票价格的稳定

C. 固定股利支付率政策体现了多盈多分的原则

D. 低正常股利加额外股利政策具有较大的灵活性

5. 采用低正常股利加额外股利政策的优点有（　　）。

A. 可以保持最佳资本结构

B. 使公司具有较大的灵活性

C. 使股利负担最低

D. 有助于投资者合理安排股利收入和支出

6. 常见的股利支付形式有（　　）。

A. 现金股利　B. 股票股利　C. 财产股利　D. 负债股利

7. 企业经常采用的股利政策主要有（　　）。

A. 剩余股利政策

B. 固定或稳定增长股利政策

C. 固定股利支付率政策

D. 低正常股利加额外股利政策

8. 与发放现金股利相比，发放股票股利的优点有（　　）。

A. 减轻股东税负　B. 增强股票的流动性

C. 提高每股收益　D. 避免现金流出企业

三、判断题

1. 派发股票股利有可能会导致企业资产的流出或负债的增加。（　　）

2. 发放股票股利会使股东所持的股份比例下降。（　　）

3. 在除息日前，股利权从属于股票；从除息日开始，股利权与股票相分离。（　　）

4. 股利支付日就是企业董事会宣告发放股利的日期。（　　）

5. 资本积累约束要求企业发放的股利只能来源于当期利润或留存收益。（　　）

6. 采用固定股利支付率政策体现了多盈多分、少盈少分、无盈不分的原则。（　　）

7. 在通货膨胀时期，企业一般采取偏紧的收益分配政策。(　　)

8. 负债资金较多、资本结构不健全的企业一般应减少现金股利的发放。(　　)

9. 股票股利不会引起公司资产的流出或负债的增加，但会引起股东权益总额发生变化。(　　)

10. 发放股票股利可传递公司未来经营绩效的信号，增强经营者对公司未来的信心。(　　)

四、计算题

习题一

[目的] 练习剩余股利政策。

[资料] 某企业2014年度提取了盈余公积金后的净利润为1 000万元，若2015年的投资计划所需资金为800万元，企业目前的资本结构为自有资金占60%。

[要求]

1. 若企业采用剩余股利政策，计算2014年末可发放的股利；

2. 若企业发行在外的股数为1 000万股，计算企业2014年的每股收益和每股股利。

习题二

[目的] 练习股利分配政策。

[资料] 某企业2014年实现的净利润为1 600万元，发放的股利为400万元。预计2015年实现的净利润为2 500万元，2016年投资所需资金为1 000万元。

[要求] 对以下互不相干的问题予以回答：

1. 企业采用固定股利政策，要求计算2015年应发放的股利为多少？

2. 企业采用固定股利支付率政策，要求计算2015年应发放的股利为多少？

3. 企业采用剩余股利政策，其目标资本结构为负债比重占40%，要求计算2015年应发放的股利为多少？

第 6 章

营运资金管理

本章要点

- ✧ 营运资金概述
- ✧ 现金管理
- ✧ 应收账款管理
- ✧ 存货管理
- ✧ 短期筹资

6.1 营运资金概述

6.1.1 营运资金的含义

营运资金是指企业维持日常经营所需的资金，通常指流动资产减去流动负债后的差额。流动资产是指可以在一年或者超过一年的一个营业周期内变现或耗用的资产，主要包括库存现金、应收账款和存货等。流动负债是指将在一年或者超过一年的一个营业周期内必须清偿的债务，主要包括短期借款、应付账款、应付票据、预收账款等。

在企业的流动资产中，来源于流动负债的部分由于面临债权人的短期索求权，因而无法供企业在较长期限内自由运用。只有扣除短期负债之后的剩余流动资产，即营运资金，才能为企业提供一个宽裕的自由使用期间。营运资金具有较强的流动性，因而成为企业日常生产经营活动的润滑剂和衡量企业短期偿债能力的重要指标。在客观上存在现金流入量与流出量不同步和不确定的现实情况下，企业持有一定量的营运资金十分重要。企业应控制营运资金的数量，既要防止营运资金不足，也要避免营运资金过多。

6.1.2　营运资金的特点

营运资金的特点体现在流动资产和流动负债的特点上。

1. 流动资产的特点

与固定资产相比，流动资产具有以下特点：

（1）投资回收期短。投资于流动资产的资金一般在一年或超过一年的一个营业周期内收回，对企业影响的时间较短。

（2）流动性强。流动资产相对于固定资产等长期资产来说比较容易变现，这对于财务上满足临时性资金需求具有重要意义。

（3）具有并存性。流动资产在循环周转过程中，各种不同形态的流动资产在空间上同时并存，在时间上依次继起。因此，合理地配置流动资产各项目的比例，是保证流动资产得以顺利周转的必要条件。

（4）具有波动性。流动资产易受到企业内外环境的影响，导致其资金占用量产生较大波动，财务人员应有效地预测和控制这种波动，以防止其影响企业正常的生产经营活动。

2. 流动负债的特点

与长期负债筹资相比，流动负债筹资具有以下特点：

（1）速度快。申请短期借款往往比申请长期借款更容易、更便捷，通常在较短时间内便可获得。

（2）弹性大。长期债务的债权人为了保护自己的利益，往往要在债务契约中对债务人的行为加以种种限制，而短期债务契约中的限制条款比较少，使企业有更大的灵活性。

（3）成本低。在正常情况下，短期负债筹资所发生的利息支出通常低于长期负债筹资的利息支出。

（4）风险大。由于短期负债筹资偿还时间较短，短期内还款压力较大，且借款利率随市场利率变化而变化，缺乏稳定性，因此其风险较大。

3. 营运资金管理策略

营运资金管理策略包括两个方面：一是制定流动资产投资政策，即确定企业需要拥有多少流动资产；二是制定流动资产筹资政策，即确定如何为需要的流动资产筹资。

（1）流动资产投资政策。企业制定流动资产投资政策时，需要在盈利能力和短期偿债风险之间进行权衡。因为，如果企业保留较高的流动资产水平，虽然可以降低短期偿债和支付风险，但可能会造成流动资产闲置，增加企业的筹资需求从而引起资金成本增加，影响到企业的盈利水平；相反，如果流动资产占用过少，企业虽然可以减少筹资需求从而提高收益水平，但会使企业偿债风险增加。所以，权衡收益性与风险性是流动资产投资政策所需要考虑的主要原则，这一原则将贯穿营运资金管理的始终。

在现实中，不同行业、不同经营规模、不同利率水平等因素，都可能使企业的流动资产占用水平表现各异。一般认为，根据与企业销售水平之间的关系，企业在流动资产的占用水平上存在三种投资政策，如图 6－1 所示。

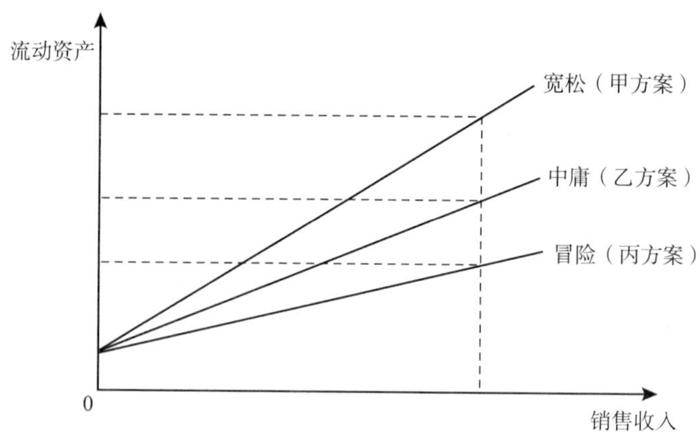

图 6－1　流动资产投资政策

①宽松（稳健）投资政策。在宽松（稳健）的流动资产投资政策下，企业维持比较高水平的流动资产与销售收入比率，见图 6－1 中的甲方案。在这种投资政策下，由于有较高的流动性，短期偿债风险相对较小，但过多的流动资产投资将增加企业的资金成本，降低企业的收益水平，属于低风险低收益的一种流动资产投资政策。

②冒险（激进）投资政策。在冒险（激进）的流动资产投资政策下，企业维持比较低水平的流动资产与销售收入比率，见图 6－1 中的丙方案。在这种投资政策下，较低的流动资产投资使流动资产的持有成本降低，收益水平提高，但可能会伴随着较高的短期偿债风险，属于高风险高收益的一种流动资产投资政策。

③中庸（折中）投资政策。在中庸（折中）的流动资产投资政策下，企业维持适当的流动资产与销售收入比率，见图 6－1 中的乙方案。在这种投资政策下，企业的风险和收益处于中间水平。

流动资产筹资政策

（2）流动资产筹资政策。根据财务管理的需要，流动资产可以分为稳定性流动资产和波动性流动资产。稳定性流动资产是指那些即使企业处于经营低谷也仍然需要保留的、用于满足企业长期稳定需要的流动资产。波动性流动资产是指那些受季节性、周期性影响的流动资产，如季节性存货、销售和经营旺季的应收账款等。流动资产的筹资政策是针对企业如何安排波动性流动资产和稳定性流动资产的资金来源而言的，一般分为以下三种：

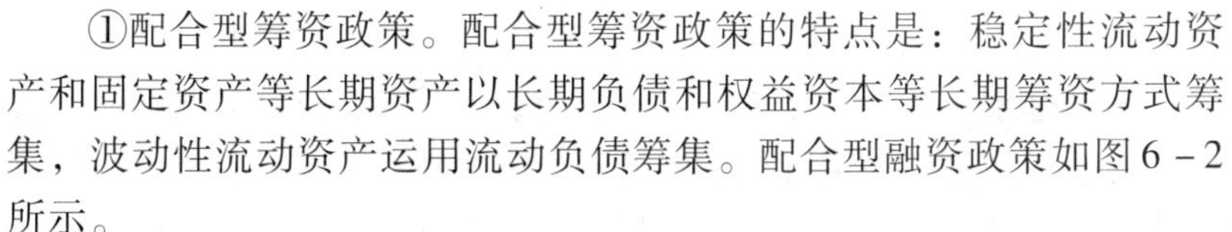

①配合型筹资政策。配合型筹资政策的特点是：稳定性流动资产和固定资产等长期资产以长期负债和权益资本等长期筹资方式筹集，波动性流动资产运用流动负债筹集。配合型融资政策如图 6－2 所示。

配合型筹资政策的基本思想是将资产与负债的期间相配合，以降低企业不能偿还到期债务的风险和尽可能降低债务的资本成本。但是，事实上由于资产使用寿命的不确定，往往达不到资产与负债的完全配合。

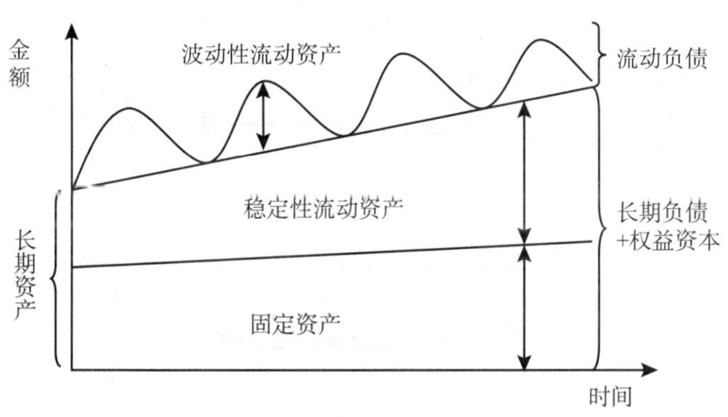

图 6－2　配合型筹资政策

②激进型筹资政策。激进型筹资政策是一种收益性和风险性均较高的流动资产筹资政策。激进型筹资政策的特点是：流动负债不但要满足波动性流动资产的资金需要，还要解决部分长期资产的资金需要。激进型筹资政策如图 6－3 所示。

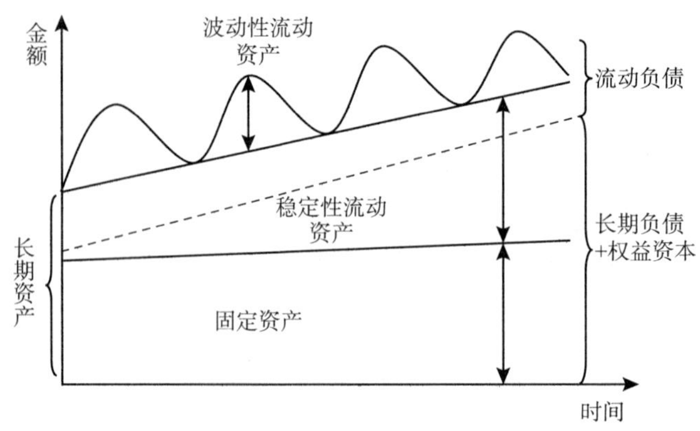

图 6－3　激进型筹资政策

③稳健型筹资政策。稳健型筹资政策是一种风险性和收益性均较低的流动资产筹资政策。稳健型筹资政策的特点：流动负债只满足部分波动性流动资产的资金需求，另一部分波动性流动资产和固定资产则由长期负债和权益资本作为资金来源。如图 6－4 所示。

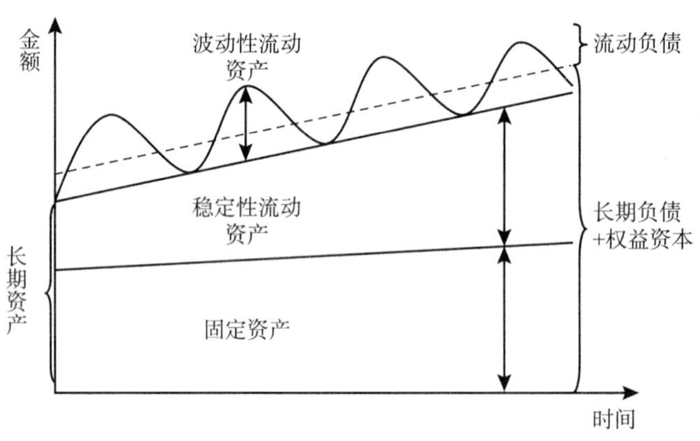

图 6－4　稳健型筹资政策

6.2　现金管理

6.2.1　持有现金的动机和成本

1. 现金的持有动机

现金是指在生产过程中暂时停留在货币形态的资金，包括库存现金、银行存款、其他货币资金等。现金是流动性最强的资产，具有普遍可接受性，是企业重要的支付手段，可以满足企业生产经营的各种开支需要，任何一个正常经营的企业都必须持有一定数量的现金。企业持有现金的动机可归纳如下：

（1）交易动机。交易动机是指企业为维持正常生产经营而需要保持的现金支付能力。企业为了组织日常生产经营活动，必须保持一定数量的现金，用于购买原材料、支付工资、缴纳税款、偿付到期债务、派发现金股利等。由于企业每天的现金流入量和现金流出量在时间上、数额上通常存在一定程度的差异性，为满足日常支付的需要，企业持有一定数量的现金是十分必要的。一般来说，企业为满足交易动机所持有的现金余额主要取决于企业的销售水平。企业销售扩大，销售额增加，所需现金余额也随之增加。

（2）预防动机。预防动机是指企业为防止意外情况的发生而需要保持的现金支付能力。由于理财环境的复杂性，企业通常难以对未来现金流入量和流出量做出准确地估计和预期。因此，在正常业务活动现金需要量的基础上，追加一定数量的现金余额以应付未来现金收支的随机波动，是企业在确定必要现金持有量时应当考虑的因素。企业为预防动机而持有的现金余额的多少取决于以下三个方面：一是现金收支预测的可靠程度；二是企业临时借款能力的强弱；三是企业愿意承担风险的程度。

（3）投机动机。投机动机是指企业为了抓住稍纵即逝的市场机会，以获取最大的利益而需要保持的现金支付能力。投机性需要用于不寻常的购买机会，比如遇有廉价原材料或其他资产的供应机会，或是在适当时机购入价格有利的股票和其他有价证券等。投机动机只是企业确定现金余额时所需考虑的次要因素之一，其持有量的大小往往与企业的投资机会和企业对待风险的态度有关。

需要注意的是，由于各种动机所需的现金可以调剂使用，企业持有的现金总额并不等于各种动机所需现金余额的简单相加，前者通常小于后者。

2. 持有现金的成本

企业持有现金的成本通常由以下三个部分组成：

（1）机会成本。机会成本是指企业因保留一定现金余额而丧失的再投资收益。它与现金持有量成正比例关系，即现金持有量越大，机会成本越高，故属于变动成本。

（2）交易成本。交易成本是指企业用现金购入有价证券以及转让有价证券换取现金时付出的交易费用，即现金与有价证券之间相互转换的成本，如委托手续费、证券过户费、印花税等。按照和每次交易额的关系，交易成本可分为变动交易成本和固定交易成本。变动交易成本是指其总额随着交易额的变动而成正比例关系变动的交易成本，而固定交易成本是指其总额不受交易额大小的影响而保持固定不变的交易成本。固定交易成本的高低与交易次数有关，因为每次的固定交易成本是固定的，交易次数越多，固定交易成本就越高。

（3）短缺成本。短缺成本是指在现金持有量不足而又无法及时通过有价证券变现加以补充而给企业造成的直接和间接损失。短缺成本与现金的持有量呈反方向变动关系，即现金持有量越大，发生短缺的可能性越小，短缺成本越低。

6.2.2　最佳现金持有量的确定

现金是流动性最强但盈利性较差的资产，持有量过多会给企业造成较大的机会损失，使资产的收益水平降低，但数额过少又可能出现现金短缺，影响生产经营活动。因此，企业面临着现金不足和现金过量的两方面矛盾。现金管理的目的就是要在现金的流动性和收益性之间进行合理的权衡和抉择，即确定企业的最佳现金持有量，既要保持企业现金的流动性，满足企业日常经营活动的需要，又要避免过多的持有现金而造成闲置浪费。

确定最佳现金持有量主要有现金周转期模式、成本分析模式和存货模式。

1. 现金周转期模式

现金周转期模式

现金周转期模式是从现金周转的角度出发，根据企业现金的周转速度来确定最佳现金持有量的方法。其步骤如下：

（1）计算现金周转期。现金周转期是指企业从支付原材料采购款至收回产品销售款所需的时间，如图 6－5 所示。

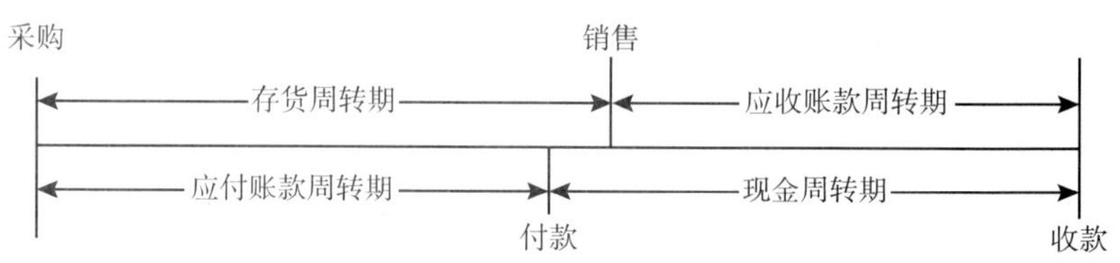

图 6－5　现金周转期示意图

其计算公式为：

$$现金周转期 = 存货周转期 + 应收账款周转期 - 应付账款周转期$$

（2）计算现金周转率。现金周转率是指现金在一定时期（通常为一年）内的周转次数。其计算公式为：

$$现金周转率 = \frac{360}{现金周转期}$$

（3）计算最佳现金持有量。其计算公式为：

$$最佳现金持有量 = \frac{企业年现金需求总额}{现金周转率}$$

【例6-1】某企业预计全年需要现金540万元，预计存货周转期为60天，应收账款周转期为30天，应付账款周转期为50天，求最佳现金持有量。

现金周转期 $=60+30-50=40$（天）

现金周转率 $=\frac{360}{40}=9$（次）

最佳现金持有量 $=\frac{540}{9}=60$（万元）

如果现金周转率从9次提高到12次，则：

最佳现金持有量 $=\frac{540}{12}=45$（万元）

由此可见，现金周转速度越快，最佳现金持有量越少，最佳现金持有量受现金周转速度的影响。

2. 成本分析模式

成本分析模式是通过分析持有现金的相关成本，进而求得使总成本最低的现金持有量的一种方法。运用成本分析模式确定最佳现金持有量，只考虑机会成本和短缺成本。

机会成本与现金持有量成正比例关系变动，用公式表示为：

$$机会成本 = 现金持有量 \times 有价证券利率$$

短缺成本与现金的持有量呈反方向变动，即现金持有量越大，短缺成本越小；反之，现金持有量越小，短缺成本越大。

现金成本与持有量之间的关系如图6-6所示。

从图6-6可以看出，由于各项成本同现金持有量的变动关系不同，使得总成本曲线呈抛物线形，抛物线的最低点即为成本最低点，该点所对应的现金持有量便是最佳现金持有量，此时总成本最低。

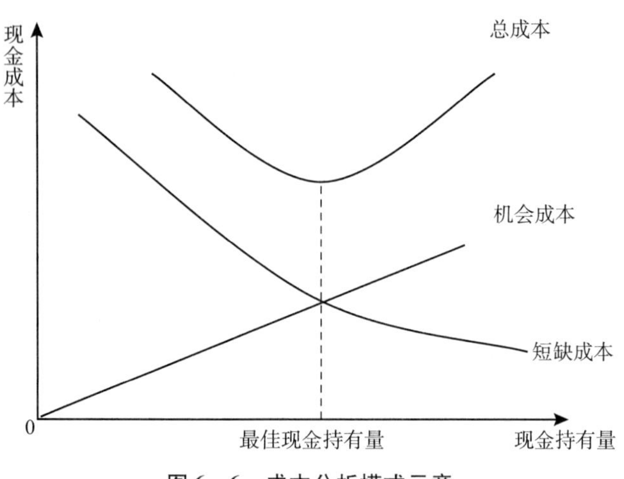

图 6－6　成本分析模式示意

【例 6－2】某企业现有甲、乙、丙、丁四种现金持有方案，有关成本资料如表 6－1 所示。

表 6－1　　现金持有量备选方案表　　单位：元

项目	甲方案	乙方案	丙方案	丁方案
现金持有量	100 000	200 000	300 000	400 000
机会成本率	8%	8%	8%	8%
短缺成本	38 000	26 000	12 000	8 000

根据表 6－1，可采用成本分析模式编制该企业最佳现金持有量测算表，如表 6－2 所示。

表 6－2　　最佳现金持有量测算表　　单位：元

项目	甲方案	乙方案	丙方案	丁方案
现金持有量	100 000	200 000	300 000	400 000
机会成本	8 000	16 000	24 000	32 000
短缺成本	38 000	26 000	12 000	8 000
相关总成本	46 000	42 000	36 000	40 000

通过比较分析表 6－2 中各方案的总成本可知，丙方案的相关总成本最低，因此，该企业的最佳现金持有量为 300 000 元。

3. 存货模式

存货模式是将现金看作企业的一种特殊存货，按照存货管理中的经济订购批量法的原理，确定企业最佳现金持有量的方法。这一模式由美国经济学家鲍莫（W. J. Baumol）于 1952 年首先提出，故又称为“鲍莫模型”。

存货模式的基本原理也是现金相关总成本最小化。运用存货模式确定最佳现金持有量时，只考虑机会成本和固定交易成本。由于机会成本和固定交易成本随着现金持有量的变动呈现出相反的变动趋向，因而能够使现金管理的机会成本与固定交易成本之和保持最低的现金持有量，即为最佳现金持有量。

假设，T 为一定时期内现金需求总量；F 为每次转换有价证券的固定成本；Q 为最佳现金持有量（每次证券变现的数量）；K 为有价证券利率（机会成本）；TC 为现金管理相关总成本。则：

现金管理相关总成本 = 机会成本 + 固定交易成本

即：$TC = \frac{Q}{2} \times K + \frac{T}{Q} \times F$

现金管理相关总成本与机会成本、固定交易成本的关系如图 6 – 7 所示。

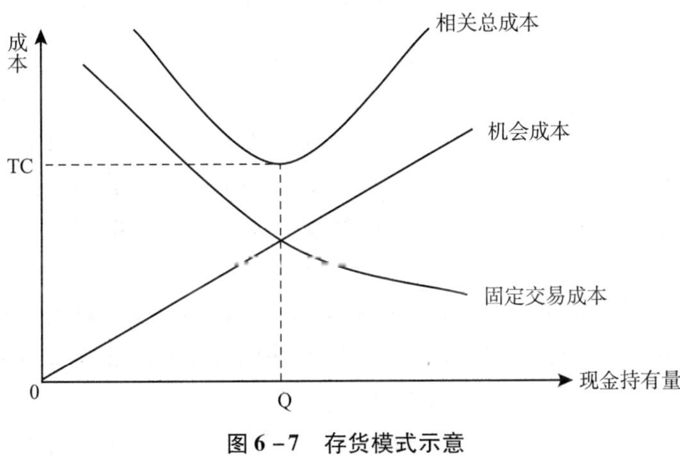

图 6 – 7　存货模式示意

从图 6 – 7 中可以看出，现金管理的相关总成本与现金持有量呈 U 形曲线关系。持有现金的机会成本与证券变现的交易成本相等时，现金管理的相关总成本最低，此时的现金持有量为最佳现金持有量，即：

$$最佳现金持有量\ Q = \sqrt{\frac{2TF}{K}}$$

$$最低现金管理总成本\ TC = \sqrt{2TFK}$$

【例 6-3】某企业预计年需要现金 2 000 000 元，现金与有价证券的转换成本每次为 90 元，有价证券的年利率为 10%，则

$$最佳现金持有量 = \sqrt{\frac{2 \times 2\ 000\ 000 \times 90}{10\%}} = 60\ 000\ （元）$$

$$最低现金管理总成本 = \sqrt{2 \times 2\ 000\ 000 \times 90 \times 10\%} = 6\ 000\ （元）$$

$$其中：转换成本 = \frac{2\ 000\ 000}{60\ 000} \times 90 = 3\ 000\ （元）$$

$$机会成本 = \frac{60\ 000}{2} \times 10\% = 3\ 000\ （元）$$

6.2.3 现金的日常管理

企业在确定了最佳现金持有量后，还应采取各种措施，加强现金的日常管理，以保证现金的安全、完整，最大限度地发挥其效用。现金日常管理主要包括加速收款、控制支出、力争现金流量同步等。

1. 加速收款

加速收款的目的是加速现金的周转，提高现金的使用效率。采用的方法主要有邮政信箱法、银行业务集中法等。

（1）邮政信箱法。邮政信箱法，又称锁箱法，是西方企业加速现金流转的一种常用方法，具体做法是：企业可以在客户较集中的主要城市租用专门的邮政信箱，并开立分行存款户，然后通知客户将付款支票寄到当地的邮政信箱，授权当地银行每日开启信箱，在取得客户支票后立即予以结算，并通过电汇将货款拨给企业所在地银行。该方法缩短了支票邮寄及在企业的停留时间，提高了收款效率，但成本较高。因此，企业应对提前回笼现金产生的收益与增加的成本两者进行权衡，决定是否采用邮政信箱法。

（2）银行业务集中法。银行业务集中法是一种通过建立多个收款中心来加速现金流转的方法，具体做法是：企业指定一个主要开户行（通常是总部所在地）为集中银行，并在收款业务较集中的若干地区设立若干个收款中心；客户收到账单后直接汇款到当地收款中心，中心收款后立即存入当地银行；当地银行在进行票据交换后立即将款项转给企业总部所在地的银行。该方法大大缩短了现金从客户到企业的中间周转时间，但在多处设立收款中心，增加了相应的费用支出。因此，企业应对设立收款中心的成本和效益进行权衡，合理确定收款中心的数量和设置地点。

2. 控制支出

控制支出的目的是在合法的前提下尽量延缓现金支出的时间。控制支出的方法主要有：

（1）合理利用现金“浮游量”。现金“浮游量”是指企业账户上的现金余额与银行账户上列示的存款余额之间的差额。由于从企业签发支票到收款人将支票送存银行，再至银行将款项划出企业账户，通常需要一定的时间。现金在这段时间的占用称为现金浮游量。因此，浮游量实际上是企业与银行双方在款项接收和划转上的时间差造成的。如果能正确预测浮游量并加以利用，可节约大量现金，但是，一定要控制好使用的时间，否则会发生银行存款透支。

（2）推迟支付应付款。企业在不影响自身信誉的前提下，可采取一定措施，尽可能地推迟应付款的支付时间。例如，企业在采购材料时，卖方的付款条件是“2/10，n/30”，如果企业资金宽裕，应争取享受折扣，在第10天付款；如果企业资金较紧张，无法享受折扣，则应争取在第30天付款。这样，在不同情况下，企业可以最大限度地利用这笔现金。

3. 力争现金流量同步

现金流量同步是指企业尽量使它的现金流入与现金流出发生的时间趋于一致，使其所持有的交易性现金余额降到最低水平。合理编制现金预算，并依照现金预算来安排现金流入与现金支出，可以尽量使现金流入与流出趋于同步。

6.3 应收账款管理

6.3.1 应收账款的功能和成本

应收账款是指企业因销售商品、提供劳务等经营活动应向购货单位或接受劳务单位收取的款项。随着市场竞争的日趋激烈，赊销方式已日益成为企业促进销售、增加收入的重要手段。企业在采取赊销方式促进销售、减少存货的同时，也要为持有的应收账款付出相应的成本并承担一定的风险。因此，应收账款管理的目的，就是通过正确衡量信用成本及信用风险，合理制定信用政策，及时收回账款。

1. 应收账款的功能

应收账款的功能是指应收账款在生产经营中所具有的作用。主要表现在以下几个方面：

（1）促进销售。企业销售产品一般采用两种基本方式：现销和赊销。现销方式能保证款项的及时收回，避免坏账损失，因此，企业更希望采用该方式。但在激烈的市场竞争中，完全依赖现销方式是不现实的。赊销一方面向客户提供了所需的商品，另一方面也向客户提供了一定时间内无偿使用的资金，即商业信用资金，这对购买方而言具有很大的吸引力。因此，赊销是一种重要的促销手段。

（2）减少存货。通过赊销可以加快产品销售的速度，从而降低存货中的库存商品数量，有利于降低库存商品存货的管理费、仓储费和保险费等支出。因此，在库存商品存货较多时，企业可以采用较为优惠的信用条件进行赊销，把存货转化为应收账款，以节约各项存货支出。

2. 应收账款的成本

企业在采取赊销方式促进销售的同时会因持有应收账款而付出一定的代价，即应收账款的成本，又称为信用成本。其具体内容包括：

应收账款的机会成本

（1）机会成本。机会成本是指因资金投放在应收账款上而丧失的进行其他投资所获得的收益，如投资有价证券的利息收入。机会成本的大小通常与企业维持赊销业务所需要的资金数量、资本成本率有关。其计算公式为：

$$应收账款机会成本=维持赊销业务所需要的资金\times资本成本率$$

式中，资本成本率一般按有价证券利率计算；维持赊销业务所需要的资金数量可按下列步骤计算：

$$维持赊销业务所需要的资金=应收账款平均余额\times变动成本率$$

$$应收账款平均余额=\frac{赊销收入净额}{应收账款周转率}$$

$$应收账款周转率=\frac{日历天数}{应收账款周转期}$$

综上所述，应收账款机会成本可以计算如下：

$$应收账款机会成本=\frac{赊销收入净额}{日历天数}\times应收账款周转期\times变动成本率\times资本成本率$$

【例 6-4】 假设某企业预计全年赊销收入净额为 540 万元，应收账款周转期（平均收账期）为 40 天，变动成本率为 60%，资本成本率为 10%，则应收账款机会成本可计算如下：

$$应收账款周转率=\frac{360}{40}=9（次）$$

$$应收账款平均余额=\frac{540}{9}=60（万元）$$

维持赊销业务所需要的资金 $=60\times60\%=36$（万元）

应收账款机会成本 $=36\times10\%=3.6$（万元）

$$或：应收账款机会成本=\frac{540}{360}\times40\times60\%\times10\%=3.6（万元）$$

如果应收账款周转期缩短为 20 天，应收账款的机会成本计算如下：

$$应收账款周转率=\frac{360}{20}=18（次）$$

$$应收账款平均余额=\frac{540}{18}=30（万元）$$

维持赊销业务所需要的资金 $=30\times60\%=18$（万元）

应收账款机会成本 $=18\times10\%=1.8$（万元）

以上计算表明，当应收账款周转期为 40 天时，企业投放 36 万元的资金可维持 540 万元的赊销业务，相当于垫支资金的 15 倍，而如果应收账款周转期缩短为 20 天，企业为了维持 540 万元的赊销业务只需投放 18 万元资金。这一结果表明投入资金的多少取决于应收账款的周转速度。在正常情况下，应收账款平均收账天数越少，周转率越高，一定数量资金所维持的赊销额就越大；相反，应收账款平均收账天数越多，周转率越低，维持相同赊销业务所需要的资金数量就越多。

（2）管理成本。管理成本是指企业对应收账款进行日常管理而发生的支出。主要包括对客户的信用调查费用、应收账款的核算费用、收账费用以及其他费用等。一般来说，应收账款在一定数额内变化时，客户的信用调查费用、应收账款的核算费用等是相对固定的，而收账费用因企业的收账政策不同而不同。

（3）坏账成本。应收账款是基于商业信用而产生的，存在无法收回的可能性，由此而发生的损失称为坏账成本。此项成本一般与应收账款数量成正比，即应收账款越多，发生的坏账成本也越多。

6.3.2 信用政策的制定

企业为扩大销售、增强竞争力而发生应收账款投资，由此引起应收账款成本占用，这就需要在应收账款投资所增加的盈利与其占用成本之间做出权衡。制定合理的信用政策是加强应收账管理，提高应收账款投资效益的重要前提。信用政策是指企业对应收账款进行管理而制定的基本原则和行为规范，主要包括信用标准、信用条件和收账政策三部分内容。

1. 信用标准

信用标准是企业提供商业信用时要求客户所应具备的最低条件，通常以预期的坏账损失率表示。若客户达不到信用标准，将被拒绝赊购。

信用标准的高低会对企业的损益产生影响。如果信用标准较为严格，意味着企业允许的坏账损失率低，能够享受企业商业信用的客户范围就会很小，这虽然有利于减少应收账款机会成本和坏账损失，但也可能会造成销售下降，库存增加，企业的竞争力受到削弱。相反，如果企业放宽信用标准，虽然有利于扩大销售收入，提高企业的市场份额，但同时也会导致应收账款机会成本增加和坏账损失风险加大。因此，企业应在成本与收益比较原则的基础上，确定适宜的信用标准。

企业在制定信用标准时应考虑三个基本因素：

一是同行业的竞争状况。面对竞争，企业首先考虑的是如何在竞争中处于优势地位，保持并不断扩大市场占有率。如果对手实力很强，企业欲取得或保持优势地位，就需采取相对于竞争对手较低的信用标准；反之，其信用标准可以相应严格一些。

二是企业承担违约风险的能力。当企业具有较强的违约风险承担能力时，可以以较低的信用标准提高竞争力，争取客户，扩大销售；反之，如果企业承担违约风险的能力较弱，就只能选择严格的信用标准以尽可能降低违约风险的程度。

三是客户的资信程度。企业为了更好地保护自身利益，降低风险，必须对客户的资信情况进行调查、分析，确定出客户的信用等级并决定是否向客户提供信用。对客户资信程度的评价通常采用“5C评估法”：

（1）品质（Character），指客户的信誉，即客户履行其偿债义务的可能性。

（2）能力（Capacity），是指客户的偿付能力。

（3）资本（Capital），是指客户的财务实力和财务状况，是客户偿付债务的最终保障。

（4）抵押（Collateral），是指客户为获得商业信用而向企业提供的担保资产。

（5）条件（Conditions），是指可能影响客户付款能力的经济环境。

2. 信用条件

信用条件

信用条件是指企业向客户提供商业信用时的付款要求，主要包括信用期限、折扣期限和折扣率。信用条件的基本表示方式为“2/10，n/30”，或“n/30”。

（1）信用期限。信用期限是指企业允许客户从购货到付款之间的时间间隔，即企业给予客户的最长付款期间。企业产品销售与信用期限之间存在着一定的依存关系。通常，延长信用期限有利于企业扩大销售，但应收账款占用资金的数量和时间也会相应增加，从而导致机会成本等信用成本增加；若缩短信用期限，虽然能减少信用成本的发生，但可能难以吸引客户，不利于企业扩大销售，甚至会使收入减少。因此，信用期限的确定应进行利弊分析，可将信用期限延长产生的收益与成本相比较，以确定最佳信用期限。

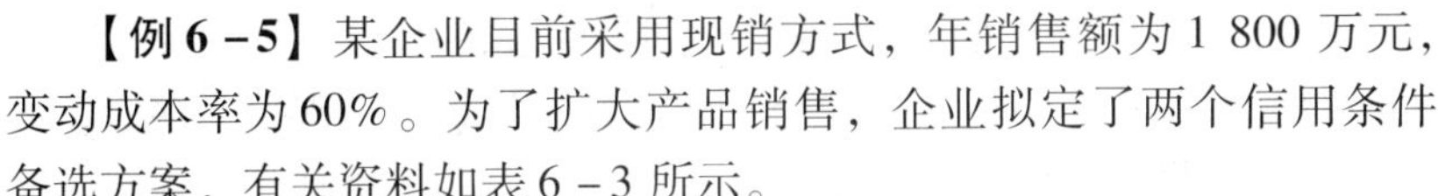

【例 6－5】某企业目前采用现销方式，年销售额为 1 800 万元，变动成本率为 60%。为了扩大产品销售，企业拟定了两个信用条件备选方案，有关资料如表 6－3 所示。

表 6－3　　**信用条件备选方案**　　单位：万元

备选方案	信用条件	销售增长比例	坏账损失率	收账费用
A	n/30	25%	3%	22
B	n/60	30%	4%	30

假设资本成本率（有价证券利率）为 20%，试为该企业做出信用条件决策。

根据以上资料，可计算如下指标，如表 6－4 所示。

表 6－4　　**信用条件分析评价**　　单位：万元

项目	现方案	A 方案（n/30）	B 方案（n/60）
年销售额	1 800	1 800 ×（1 + 25%）= 2 250	1 800 ×（1 + 30%）= 2 340
变动成本	1 800 × 60% = 1 080	2 250 × 60% = 1 350	2 340 × 60% = 1 404
信用成本前收益		900	936
信用成本：			
机会成本		$\frac{2\ 250}{360} \times 30 \times 60\% \times 20\% = 22.5$	$\frac{2\ 340}{360} \times 60 \times 60\% \times 20\% = 46.8$
坏账成本		2 250 × 3% = 67.5	2 340 × 4% = 93.6
收账费用		22	30
信用成本后收益	720	788	765.6

以上计算表明，A方案的信用成本后收益较B方案多，且大于现销方式下的收益（1 800 - 1 800 × 60% = 720（万元）），故应采用A方案。

（2）折扣期限和折扣率。延长信用期限会增加应收账款占用的时间和金额。许多企业为了加速资金周转，及时收回货款，减少坏账损失，往往在延长信用期限的同时，采用一定的优惠措施。

现金折扣是指企业为了鼓励客户提前支付货款而给予的价格优惠。现金折扣实际上是现金收入的扣减。如果折扣率较高，就会使企业收入净额减少，盈利下降，但同时会使信用成本减少。如果折扣率较低，可能起不到鼓励客户尽早付款的作用，影响资金的回收。因此，折扣率应定为多少，要权衡得失，着重考虑提供折扣后的收益是否大于现金折扣的成本。

折扣期限是指企业允许客户享受现金折扣的付款期限。超过这个期限付款，客户将不能获得现金折扣的好处。折扣期限定为多少，关键是看折扣期限制定后带来的收益是否大于由此而增加的成本。

【例6-6】 承【例6-5】，如果该企业采用A方案，但为了加速应收账款回收，决定提供现金折扣，将信用条件改为“2/10，1/20，n/30”（C方案），预计有60%的客户会利用2%的折扣，20%的客户会利用1%的折扣，坏账损失率下降到2%，收账费用下降到10万元。根据上述资料，做出是否采用现金折扣方案的决策。

根据以上资料，可计算如下指标，如表6-5所示。

表6-5　　信用条件分析评价　　单位：万元

项目	A方案（n/30）	C（2/10，1/20，n/30）
年赊销额	2 250	2 250
减：现金折扣		2 250 ×（60% × 2% + 20% × 1%）= 31.5
变动成本	1 350	1 350
信用成本前收益	900	868.5
信用成本		
机会成本	22.5	12[注]
坏账成本	67.5	2 250 × 2% = 45
收账费用	22	10
信用成本后收益	788	801.5

注：$\frac{2\ 250}{360} \times (60\% \times 10 + 20\% \times 20 + 20\% \times 30) \times 60\% \times 20\% = 12$。

以上计算表明，C方案比A方案对企业更为有利，因此企业应采用现金折扣的方案。

3. 收账政策

收账政策是指企业针对客户违反信用条件，拖欠甚至拒付账款时所采取的收账策略与措施。

如果采取积极的收账政策，可以减少应收账款上的资金占用，减少坏账损失，但会增加收账费用；如果采用消极的收账政策，可以减少收账费用，但会增加应收账款投资的坏账损失和机会成本。因此，企业在制定收账政策时，应充分考虑应收账款的机会成本和坏账成本与收账费用之间的这种此长彼消的关系，当增加的收账费用小于由此而减少的应收账款机会成本和坏账成本时，说明制定的收账政策是可取的。

【例 6－7】 某企业年赊销额为 480 万元，变动成本率为 60%，其应收账款现行收账政策和拟改变的收账政策资料如表 6－6 所示。假设有价证券年利率为 20%，分析是否改变现行收账政策？

表 6－6　收账政策备选方案

项目	现行收账政策	拟改变的收账政策
平均收款期（天）	60	30
坏账损失率（%）	3	2
年收账费用（万元）	5	8

根据上述资料，计算分析结果如表 6－7 所示。

表 6－7　收账政策分析评价　单位：万元

项目	现行收账政策	拟改变的收账政策
机会成本	$\frac{480}{360}\times60\times60\%\times20\%=9.6$	$\frac{480}{360}\times30\times60\%\times20\%=4.8$
坏账损失	$480\times3\%=14.4$	$480\times2\%=9.6$
年收账费用	5	8
总成本	29	22.4

以上计算表明，拟改变的收账政策发生的总成本低于现行收账政策的总成本，故应改变现行的收账政策。

6.3.3　应收账款的日常管理

企业在制定信用政策后，对于已经发生的应收账款，企业还应进一步加强日常管理工作，采取有力措施进行分析、控制，及时发现问题，提前采取对策。管理措施主要包括调查客户信用状况、分析应收账款账龄和组织应收账款回收等。

1. 调查客户信用状况

对客户的信用状况进行调查，是正确评价客户信用等级的基础工作。只有正确地评价客户的信用状况，才能合理地执行企业的信用政策。信用调查有两种方法：

（1）直接调查法。直接调查法是指调查人员与客户直接接触，通过当面采访、询问、观看、记录等方式获取信用资料的一种方法。采用这种方法能保证搜集资料的及时性，但其准确性往往不够，客户的缺点和不足容易被掩盖。

（2）间接调查法。间接调查法是指以客户以及其他单位保存的有关原始记录和核算资料为基础，通过加工整理获得被调查单位信用资料的一种方法。信用资料主要来源于：

①客户的财务报表。客户的财务报表是信用资料的重要来源，通过对财务报表的分析，基本上可以掌握客户的财务状况和盈利能力。

②信用评估机构。许多国家都有信用评估的专门机构，定期发布有关企业的信用等级报告。

③银行。银行是信用资料的一个重要来源，可以向客户的开户银行征询有关信用资料。

④其他。如工商管理部门、财税部门、企业的上级主管部门、证券交易部门和消协等部门获取有关的信用资料。另外，书籍、报纸、杂志等也可提供有关客户的信用情况。

2. 分析应收账款账龄

企业已发生的应收账款的时间有长有短，对于已经超过信用期限的应收账款要特别关注。一般来说，逾期拖欠时间越长，款项催收越困难，形成坏账的可能性越大。因此，企业应定期对应收账款账龄进行分析，密切注意应收账款的回收情况，以加强应收账款的监督和控制。

企业应收账款账龄分析工作，主要是通过定期编制应收账款账龄分析表来进行的。

3. 组织应收账款回收

企业对不同拖欠时间的账款和不同信用品质的客户，应采用不同的收账方法，制定出经济可行的收账方案。例如，对刚过信用期的客户，可不予过多地打扰；对拖欠期稍长的客户，可措辞婉转地写信催款；对过期较长的客户，进行频繁的信件催款并电话催询；对过期很长的客户，可在催款时措辞严厉，必要时提请有关部门仲裁或提起诉讼等。一般来说，应从收账费用最小的方法开始，逐渐增加收账费用，即从信函通知、电话催收、派员面谈直至诉诸法律。

6.4 存货管理

6.4.1 存货的功能和成本

存货是指企业在日常活动中持有以备出售的产成品或商品、处在生产过程中的在产品、在生产过程或提供劳务过程中耗用的材料和物料等。

为了保证生产经营业务的正常需要，企业必须保持适量的存货。存货在流动资产中所占比例较大，作为流动性最差的流动资产，过量的存货必然要占用企业更多的资金，导致存货成本的增加，影响企业获利能力的提高。因此，存货管理的主要目的，就是要合理控制存货占用水平，在充分发挥存货功能的基础上，降低存货成本、增加收益，实现两者的最佳组合，以较低的成本获取最大的收益。

1. 存货的功能

存货的功能是指存货在生产经营过程中所具有的作用。主要表现在以下几个方面：

（1）保证生产需要。储存必要的原材料、在产品和半成品是保证生产正常进行的前提。由于生产的连续性，企业需要不断投入各种材料，而企业难以做到随用随购，于是采用分次成批采购，相应形成了一定的原材料库存。有适量的在产品和半成品储备，能使各生产环节的生产调度更加合理，各生产工序步调更加协调，联系更加紧密。

（2）满足市场销售。储备适量的产成品是市场销售的需要。企业有了足够的库存产品，能有效地供应市场，满足市场的需要。相反，若某种畅销产品库存不足，将会失去目前的或未来的市场。

（3）维持均衡生产。市场需求是不稳定的，如果根据市场需求状况组织生产，难免会产生繁忙时超负荷运转，轻闲时又负荷不足的情况，这都会导致生产成本的提高。企业维持均衡生产有利于降低生产成本。

（4）降低进货成本。很多企业为扩大销售规模，对购货方提供较优厚的数量折扣待遇。企业采取批量集中进货，可获得较多的数量折扣。此外，通过增加每次购货数量，减少购货次数，可以降低采购费用支出。只要购货成本的降低额大于因存货增加而导致的储存等费用的增加额，便是可行的。

2. 存货的成本

存货成本是指企业为持有一定数量的存货而发生的各种支出。包括以下几个方面：

（1）进货成本。进货成本是指为取得某种存货而发生的成本。主要包括存货的购置成本和订货成本。

①购置成本。购置成本是指存货本身的价值，等于采购数量和采购单价的乘积。在一定时期进货总量既定的条件下，无论企业采购次数如何变动，存货的购置成本通常保持相对稳定（假设物价不变且无采购数量折扣），因而属于决策无关成本。

②订货成本。订货成本是指企业为订购存货而发生的成本。订货成本按其与订货次数的关系可分为固定订货成本和变动订货成本。固定订货成本是在一定时期内保持不变的成本，如常设采购机构的基本开支等。这部分成本与订货次数和订货数量的多少均无关，属于决策的无关成本。变动订货成本与订货次数成正比例变动，如差旅费、运输费等。由于每次变动订货成本相同，订货次数越多，变动订货成本总额越大，该类成本属于决策的相关成本。

（2）储存成本。储存成本是指为持有存货而发生的成本。储存成本按其与存货储存数量的关系可分为固定储存成本和变动储存成本。固定储存成本与存货储存数量无关，如仓库折旧费、仓库职工的固定月工资等，这类成本属于决策的无关成本。变动储存成本与存货储存数量成正相关变动关系，如存货资金占用费、仓储费、保险费、存货毁损变质损失等。由于单位变动储存成本相同，存货储存数量越多，变动储存成本总额越大，该类成本属于决策的相关成本。

（3）缺货成本。缺货成本是指因存货不足而给企业造成的损失。主要包括因材料供应中断造成的停工损失、产成品库存短缺造成延误发货的信誉损失及丧失销售机会损失、紧急采购材料而发生的额外购入成本（紧急额外购入的开支通常大于正常采购的开支）等。企业应尽量避免缺货成本的发生，所以在一般存货决策时，不允许有缺货情形，此时缺货成本属于决策的无关成本。反之，若允许缺货，则缺货成本与存货数量负相关，即属于决策相关成本。

6.4.2　经济订购批量

经济订购批量

存货过多或不足，都会使企业遭受不必要的损失，因此，企业应保持一个适当的存货水平，既能满足生产和销售的需要，同时又使存货的相关成本之和为最低。存货管理的目的就是要找到使存货相关总成本为最低时的订购量，即经济订购批量。

经济订购批量模型的确立是以如下假设为前提的：企业能及时补充存货；集中到货；存货需求量稳定并且能预测确定；存货的耗费或销售比较均衡；不允许缺货；存货价格稳定，且不存在数量折扣；企业现金充足，不会因现金短缺而影响进货；存货市场供应充足，不会因买不到所需存货而影响其他方面。

由于企业不允许出现缺货，因此，存货决策相关成本只包括变动订货成本和变动储存成本。在存货采购总量一定、每次采购批量相同的情况下，这两项成本呈反方向变动，即每次采购批量越大，采购次数越少，变动订货成本越低，而变动储存成本越高；反之，每次采购批量越小，则采购次数越多，变动订货成本越高，而变动储存成本越低。存货的相关总成本与变动订货成本和变动储存成本的关系如图6－8所示。

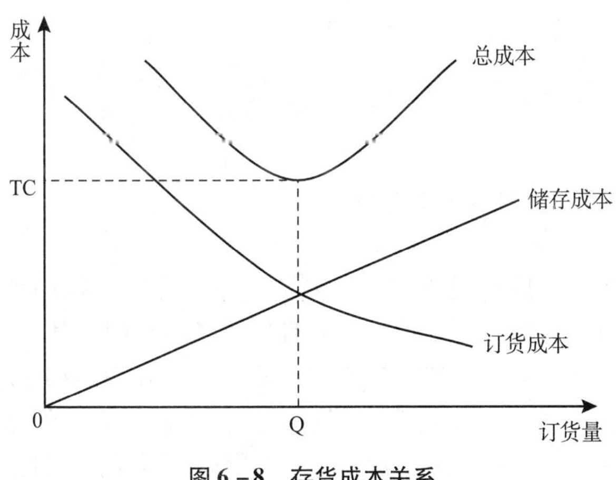

图6－8　存货成本关系

从图6－8中可以看出，当相关订货成本与相关储存成本相等时，存货相关总成本最低，此时的订货量即为经济订购批量。

假设：Q为经济订购批量；A为存货年需要量；B为每次订货成本；C为年单位储存成本；TC为存货相关总成本。

因为：存货相关总成本＝订货成本＋储存成本

其中：订货成本＝年订货次数×每次订货成本

$$=\frac{全年需要量}{订购批量}\times 每次订货成本$$

$$=\frac{A}{Q}\times B$$

储存成本＝平均存货量×单位储存成本

$$=\frac{订购批量}{2}\times 单位储存成本$$

$$=\frac{Q}{2}\times C$$

所以：存货相关总成本 $TC=\frac{A}{Q}\times B+\frac{Q}{2}\times C$

利用微分极值原理解得：

$$经济订购批量\ Q=\sqrt{\frac{2AB}{C}}$$

$$最低存货总成本\ TC=\sqrt{2ABC}$$

【例6－8】某企业全年需耗用甲材料2 500千克，该种材料单位采购成本为10元，平均每次订货成本100元，单位年储存成本2元，则：

$$Q=\sqrt{\frac{2AB}{C}}=\sqrt{\frac{2\times 2\ 500\times 100}{2}}=500\ （千克）$$

$$TC=\sqrt{2ABC}=\sqrt{2\times 2\ 500\times 100\times 2}=1\ 000\ （元）$$

6.4.3 ABC 分类法

在实际生产经营过程中，大多数企业的存货不仅品种多、数量大、规格复杂、资金占用额高，而且价值各不相同，甚至相差很远。如果不分主次，面面俱到，就抓不到重点，不能有效地控制主要存货资金。ABC分类法就是遵循“保证重点，照顾一般”的原则，采用科学的分类方法，把重点存货与一般存货加以划分，分别进行管理的一种有效管理方法。ABC分类法由意大利的经济学家巴雷特（Pareto）于19世纪提出，以后经过不断发展和完善，现已广泛用于存货管理、成本管理和生产管理等方面。

ABC分类法按照一定的标准，将企业的存货划分为A、B、C三类，分别实行按品种重点管理，按类别一般控制和按总额灵活掌握。

分类标准主要有两个：一是金额标准；二是品种数量标准。其中金额标准是最基本的，品种数量标准仅作为参考。A 类存货金额巨大，但品种数量较少；C 类存货金额微小，但品种数量众多；B 类存货是介于 A、C 两类之间的存货。

运用 ABC 分类控制法控制企业存货资金，一般按以下步骤进行。

（1）计算每一种存货在一定时间内（一般为一年）的资金占用额。

（2）计算每一种存货资金占用额占全部存货资金占用额的百分比，并按大小排序排列，编成表格。

（3）根据事先规定的标准，将存货进行分类。A 类存货的品种数量占总品种数量的 10% 左右，金额占总金额的 70% 左右；B 类存货的品种数量占总品种数量的 20% 左右，金额占总金额的 20% 左右；C 类存货的品种数量占总品种数量的 70% 左右，金额占总金额的 10% 左右。ABC 类存货的分布状况可在存货分布图（又称巴雷特曲线图）上直观地显示，如图 6 –9 所示。

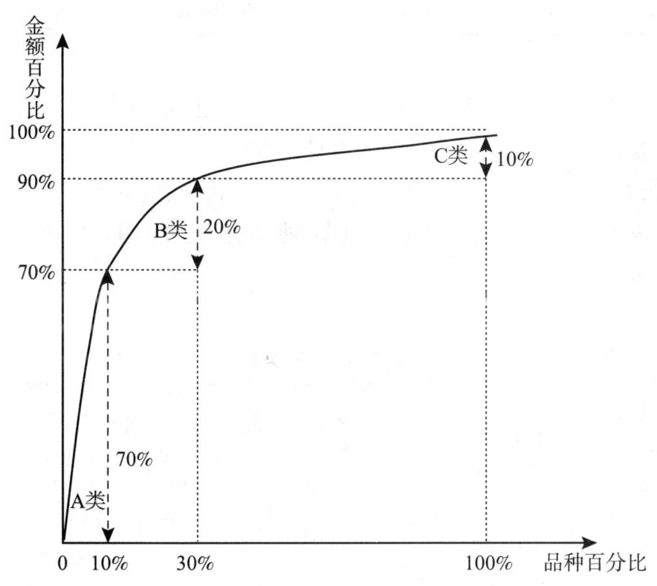

图 6 –9　存货分布图

（4）确定企业的存货控制策略。A 类存货品种少，资金占用大，其管理的好坏关系极大，是存货管理的重点。抓好 A 类存货的管理，有利于降低成本，节约资金占用。对于 A 类存货要实行分品种重点规划和管理，科学确定经济订购批量，经常检查其库存情况，严格控制库存数量，对存货的收、发、存进行详细记录，定期盘点，并努力加快其周转速度。B 类存货介于 A、C 两类之间，实行次重点管理，一般可按存货类别进行控制，可适当放宽经济订购量，尽量节约人力物力，以降低其成本。C 类存货品种繁多，资金占用较少，一般可以采用比较简化的方法进行管理，通常采用总额控制的方式，可根据经验确定其资金占用量，或者规定一个订货点，当存货低于这个订货点时就组织进货，酌量增大每次订货量，减少订货次数。具体如表 6－8 所示。

表 6－8　　ABC 分类控制表

管理项目	A 类存货	B 类存货	C 类存货
控制方法	按品种严格控制	按类别控制	按总额控制
采购批量	按经济订购量控制	适当放宽	简单估算
盘点要求	实行永续盘存制	定期检查	实行实地盘存制
记录要求	序时记录	定期记录	定期汇总记录
保险储备	按品种确定	按类别确定	视情况而定

综上所述，ABC 分类法的特点在于使企业分清主次，突出重点，兼顾一般，提高存货资金管理的整体效果。

【例 6－9】某公司有 15 种材料，共占用资金 500 000 元，按占用资金多少顺序排列后，根据上述原则划分成 A、B、C 三类，如表 6－9 所示。

表 6－9　　存货 ABC 分类表

<table>
<tr><th>材料品种
（用编号代替）</th><th>占用资金数额（元）</th><th>类别</th><th>各类存货品种数量（种）</th><th>占存货品种总数的比重（%）</th><th>各类存货占用资金数量（元）</th><th>占存货总资金的比重（%）</th></tr>
<tr><td>1</td><td>200 000</td><td rowspan="2">A</td><td rowspan="2">2</td><td rowspan="2">13%</td><td rowspan="2">360 000</td><td rowspan="2">72%</td></tr>
<tr><td>2</td><td>160 000</td></tr>
<tr><td>3</td><td>40 000</td><td rowspan="4">B</td><td rowspan="4">4</td><td rowspan="4">27%</td><td rowspan="4">97 000</td><td rowspan="4">19%</td></tr>
<tr><td>4</td><td>20 000</td></tr>
<tr><td>5</td><td>20 000</td></tr>
<tr><td>6</td><td>17 000</td></tr>
</table>

续表

材料品种（用编号代替）	占用资金数额（元）	类别	各类存货品种数量（种）	占存货品种总数的比重（%）	各类存货占用资金数量（元）	占存货总资金的比重（%）
7	16 000	C	9	60%	43 000	9%
8	8 000					
9	7 000					
10	5 000					
11	3 000					
12	2 000					
13	1 000					
14	800					
15	200					
合计	500 000	—	15	100%	500 000	100%

6.5 短期筹资

6.5.1 短期筹资的特点

根据企业营运资金管理政策，企业占用在流动资产上的资金一般是通过短期筹资，即流动负债满足的。因为只有保持流动资产与短期筹资在金额、期限上的合理匹配，才能使企业在提高资产运营能力的同时，降低筹资成本并尽可能防范财务风险。

与长期筹资方式相比，短期筹资一般具有以下特点：

1. 筹资速度快

长期债务的债权人为了保护自身利益，往往要对债务人进行全面的财务调查，因而长期筹资所需时间较长且不易取得。而企业短期资金需求额往往较少，且短时间内即可归还，债权人顾虑较少，筹资手续比较简单，企业可以在较短的时间内获得资金。

2. 灵活性强

进行短期债务筹资时，企业与债权人可以面对面地直接商定筹资的数额、时间、利率等要素；在贷款使用期间，企业如果遇到特殊情况，也可以与债权人进行协商，及时变更相关筹资条款。所以，短期债务筹资具有较大的机动灵活性。

3. 筹资成本低

一般情况下，短期债务的利率低于长期负债的利率，短期负债的筹资费用也较低。

4. 财务风险高

短期筹资需要在短时间内偿还，因而需要筹资企业在规定的债务期内筹措足够的资金偿还债务，若企业资金安排不当，容易陷入财务危机。此外，短期负债的利率波动比较大，企业需要承担较高的利率变动风险。

6.5.2 短期筹资的分类

1. 自发筹资

自发筹资是企业在生产经营过程中自发形成的短期债务资金来源，主要包括商业信用和应计费用。

商业信用是指企业在商品交易中由于延期付款或预收货款而形成的借贷关系，是企业间相互提供信用的融资行为。其具体形式包括应付账款、应付票据和预收款项等，是企业重要的短期资金来源。应计费用是指形成在前支付在后的各种费用，最常见的应计费用包括应交税费、应付职工薪酬、应付股利等。

自发筹资产生于商业交易过程，是企业经营活动而非财务活动的结果，大多属于"免费"性质，企业不需要付出任何实际代价，筹资相对灵活且不规范。本书主要介绍应付账款。

2. 协议筹资

协议筹资主要包括短期银行借款、短期融资券等，因为企业的这些短期筹资形式都要与债权人签订协议。协议筹资是一种单纯的借款行为，需要为借入资金的使用支付利息，且借款方式规范，即它需要通过借款合同明确借款双方各自的责任与义务。

6.5.3 应付账款

应付账款是指企业因购买材料、商品或接受劳务供应等经营活动应支付的款项。对卖方来讲，可用这种方式进行促销；而对买方来说，延期付款相当于向卖方借入资金购买其商品或劳务，可以满足短期资金需要。

1. 应付账款的成本

应付账款的成本

应付账款有无成本，取决于供应商提供的付款条件和买方的付款日。

（1）如果付款条件中未提供现金折扣，买方在信用期内付款，以及付款条件中提供有现金折扣，买方在折扣期内付款，应付账款是没有成本的。

（2）如果付款条件中提供有现金折扣，买方超过折扣期而在信用期内付款，由于买方放弃现金折扣，使用了供应商提供的延期付款的商业信用，因而将承担确定的信用成本。放弃现金折扣的成本可按下列公式计算：

$$\text{放弃现金折扣的成本}=\frac{\text{现金折扣率}}{1-\text{现金折扣率}}\times\frac{360}{\text{信用期}-\text{折扣期}}$$

公式表明，放弃现金折扣的成本与现金折扣率的大小、折扣期的长短同方向变化，与信用期的长短反方向变化。

（3）如果买方超过信用期付款，即延期付款，这一行为可为买方提供额外的短期筹资，但这是有代价的，具体包括放弃现金折扣的成本、延期付款的罚金和利息、可能造成与供应商关系恶化，并影响企业的信用评级，损害未来取得信用的能力。

【例6－10】 海达公司以“2/10，n/30”的条件购买一批商品，价值100万元。如果公司在10天内付款，可获得10天的免费信用，免费信用额为98万元。如果公司在第30天付款，付款额为100万元，它分为两部分：供应商提供的10天免费信用而应支付的98万元，供应商提供的20天有代价信用而应支付的利息2万元。

如果公司在第30天付款，则：

$$\text{放弃现金折扣的成本}=\frac{2\%}{1-2\%}\times\frac{360}{30-10}=36.72\%$$

可见，如果买方放弃现金折扣而获得商业信用，其代价非常高。然而，企业在放弃折扣的情况下，推迟付款的时间越长，其放弃现金折扣后的成本越小。假定企业延至60天付款：

$$\text{放弃现金折扣的成本}=\frac{2\%}{1-2\%}\times\frac{360}{60-10}=14.7\%$$

2. 利用现金折扣的决策

在附有信用条件的情况下，因为获得不同信用要负担不同的代价，企业要在利用哪种信用之间做出决策，一般来说：

（1）如果能以低于放弃现金折扣成本的利率取得短期资金，企业应该通过其他渠道筹集成本较低的资金支付货款，享受现金折扣。

（2）如果在折扣期内将应付账款用于短期投资，且其收益率高于放弃现金折扣的成本，则应放弃折扣而去追求更高的收益。

（3）如果企业因资金缺乏而欲延期付款，则需要权衡降低了的放弃现金折扣的成本和延期付款带来的损失。延期付款的损失是指因企业信誉恶化而丧失供应商乃至其他债权人的信用，或日后招致苛刻的信用条件。

6.5.4 协议筹资

1. 短期借款

短期借款是指企业向银行或其他金融机构借入的期限在 1 年以内的各种借款。按照借款人是否提供担保，短期借款分为信用借款和担保借款。在我国，短期借款是绝大多数企业短期资金的主要来源。

（1）信用条件。按照国际通行做法，银行发放短期借款往往带有一些信用条件，主要包括：

①信贷限额。信贷限额是银行对借款人规定的信用借款的最高限额。信贷限额的有效期一般为 1 年，但根据情况也可延期 1 年。一般地，在信贷限额内，企业可随时根据需要向银行申请借款，但是，银行并不承担必须提供全部信贷限额的义务。如果企业信誉恶化，即使银行曾同意按信贷限额提供贷款，企业也可能得不到借款，银行不会因此而承担法律责任。

②周转信贷协议。周转信贷协议是银行具有法律义务的承诺提供不超过某一最高借款限额的贷款协议。在协议有效期内，只要企业的借款总额未超过最高限额，银行必须满足企业任何时候提出的借款要求。企业享用周转信贷协议通常要就贷款限额的未使用部分给银行一笔承诺费。

【例 6-11】 海天公司与银行商定的周转信贷协议额为 5 000 万元，承诺费率为 5‰。若公司已经借入了 3 000 万元，则公司除应就这 3 000 万元资金支付利息外，还应对未使用的资金向银行支付承诺费，承诺费金额为：

(5 000 - 3 000) × 5‰ = 10（万元）

③补偿性余额。补偿性余额是银行要求借款企业在银行中保持按借款限额或实际借款额的一定百分比计算的最低存款余额。从银行的角度看，补偿性余额可以降低贷款风险，但对于借款企业来说，补偿性余额将提高借款的实际利率。

$$实际利率 = \frac{利息}{实际借款额} \times 100\% = \frac{名义利率}{1 - 补偿性余额比例} \times 100\%$$

【例 6－12】 天利公司向银行按年利率 6% 借款 100 万元，银行要求保留 20% 的补偿性余额，则公司实际可以动用的借款只有 80 万元。借款的实际利率为：

$$实际利率 = \frac{100 \times 6\%}{100 \times (1 - 20\%)} \times 100\% = \frac{6\%}{1 - 20\%} \times 100\% = 7.5\%$$

（2）借款利息的支付方式。银行借款的利息支付方式主要有以下 3 种。

①利随本清法。利随本清法，又称收款法，是指借款企业在借款到期时或借款合同约定的付息日向银行支付利息。采用这种方法，借款的实际利率和名义利率一致。

②贴现法。在这种方法下，银行在发放贷款时先从贷款本金中扣除利息，借款企业实际得到的金额是借款本金扣除利息后的余额，而还款时必须按借款的本金偿还。企业由此承担的实际利率大于名义利率，其计算公式如下：

$$实际利率 = \frac{利息}{借款本金 - 利息} \times 100\% = \frac{名义利率}{1 - 名义利率} \times 100\%$$

【例 6－13】 利达公司向银行借款 10 000 元，年利 12%，采用贴现法付息，公司承担的实际利率为：

$$实际利率 = \frac{10\ 000 \times 12\%}{10\ 000 - 10\ 000 \times 12\%} \times 100\% = \frac{12\%}{1 - 12\%} \times 100\% = 13.64\%$$

③加息法。在这种方法下，银行首先根据名义利率计算贷款的利息，再将利息加回到企业实际借得的资金上，计算出贷款的本息和，要求企业在贷款期内分期等额偿还本息之和。由于贷款分期均衡偿还，借款企业实际上只平均使用了贷款本金的一半，却需要支付全部利息，这样，企业所负担的实际利率高于名义利率约 1 倍。其计算公式如下：

$$实际利率 = \frac{借款本金 \times 名义利率}{\frac{借款本金}{2}} \times 100\% = 名义利率 \times 2$$

【例 6－14】 假定海天公司以加息法付息的方式借入一笔名义利率为 12% 的资金 600 万元，根据借款合同规定分 12 个月均衡偿还这一笔贷款。因为名义利率为 12%，故贷款利息为 72 万元，公司需要分 12 个月支付 672 万元的借款本息，每月的还本付息额为 56 万元，其中本金为50万元，利息为6万元。由于借款分期均衡偿还，公司只有在第1个月才能完全使用这600万元的资金，以后每个月本金会减少50万元，最后1个月可用的本金只有50万元。公司虽然必须支付72万元的利息，却平均只使用了300万元的资金，其负担的实际利率为：

$$实际利率 = \frac{600 \times 12\%}{\frac{600}{2}} \times 100\% = 24\%$$

（3）短期借款筹资的优缺点。与其他筹资方式相比，短期筹资具有以下特点：

①短期借款筹资的优点。短期借款筹资的优点主要有：

一是筹资速度快。银行资金充足，实力雄厚，能随时为企业提供较多的短期贷款。对于季节性和临时性的资金需求，采用银行短期借款尤为方便。银行在发放长期贷款前要花费较长的时间对企业进行比较全面的信用调查和分析，而发行股票和债券也要经历漫长的法定发行程序，从而使得企业获取短期借款的时间远远短于长期筹资方式。

二是弹性大。企业与银行可以直接接触，可随时通过面谈确定借款的金额、时间、利率、还款时间和方式等条件，可在资金需要增加时借入，在资金需要减少时还款。

②短期借款筹资的缺点。短期借款筹资的缺点主要有：

一是财务风险大。短期借款的还本付息期较短，在企业经营不力、资金调度出现困难的情况下，可能无法按约定偿还本息，从而面临违约风险，甚至导致破产。

二是资金成本高。用银行短期借款成本比较高，不仅不能与商业信用相比，与短期融资券相比也高出许多。而抵押借款因需要支付管理和服务费用，成本更高。

三是限制条件多。向银行借款，银行要对企业的经营和财务状况进行调查以后才能决定是否贷款，有些银行还要对企业有一定的控制权，要求企业把流动比率、负债比率维持在一定的范围之内，这些都会构成对企业的限制。

2. 短期融资券

（1）短期融资券的含义。短期融资券是指具有法人资格的非金融企业在银行间债券市场发行的，约定在1年内还本付息的债务筹资工具。自2005年5月中国人民银行公布实施《短期融资券管理办法》以来，短期融资券市场获得快速发展。短期融资券实际上是一种短期限的公司债券，属于直接筹资，故其发行操作方式与公司债券相似。

（2）发行短期融资券融资的特点。短期融资券作为企业的主动负债工具，可以丰富多层次的债券市场，为企业进入货币市场筹资提供了新渠道。到目前为止，得以发行短期融资券的主要是上市公司和大型国有企业。优质企业发行短期融资券，能够有效地拓宽筹资渠道、节约财务费用、优化财务结构、提高经济效益，还可以通过银行间债券市场的机构投资者，强化对企业的外部约束。

①短期融资券筹资的优点。短期融资券筹资的优点主要包括：

一是筹资成本较低。相对于发行公司债券和银行借款筹资而言，发行短期融资券的成本较低。

二是筹资数额比较大。相对于银行借款筹资而言，短期融资券一次性的筹资数额比较大。

三是提高企业的信誉。因为能在货币市场上发行短期融资券的都是优质企业，所以，短期融资券的发行能够对提高企业的信誉产生积极影响。

②短期融资券筹资的缺点。短期融资券筹资的缺点主要有：

一是风险高。短期融资券到期必须归还，一般不会有延期的可能。

二是弹性小。只有当企业的资金需求达到一定数量时才能使用短期融资券，且一旦发行，到期才能归还，即使企业资金充裕，也不能提前偿还。

三是发行条件严格。必须是具备一定信用等级的实力强的企业，才能发行短期融资券筹资。

本章小结

1. 营运资金是指流动资产减去流动负债后的差额。

2. 流动资产投资政策包括宽松（稳健）投资政策、冒险（激进）投资政策和中庸（折中）投资政策。流动资产筹资政策包括配合型筹资政策、激进型筹资政策和稳健型筹资政策。

3. 企业持有现金的动机有交易动机、预防动机和投机动机。

4. 企业持有现金的成本由机会成本、交易成本、短缺成本三部分组成。

5. 确定最佳现金持有量主要有现金周转期模式、成本分析模式和存货模式。

6. 现金日常管理主要包括加速收款、控制支出、力争现金流量同步等。

7. 应收账款的功能主要表现在促进销售和减少存货。

8. 应收账款的成本包括机会成本、管理成本和坏账成本。

9. 信用政策是指企业对应收账款进行管理而制定的基本原则和行为规范，主要包括信用标准、信用条件和收账政策三部分内容。

10. 信用标准是企业提供商业信用时要求客户所应具备的最低条件，通常以预期的坏账损失率表示。

11. 信用条件是指企业向客户提供商业信用时的付款要求，主要包括信用期限、折扣期限和折扣率。可将信用期限延长产生的收益与成本相比较，以确定最佳信用期限。折扣率应定为多少，要权衡得失，着重考虑提供折扣后的收益是否大于现金折扣的成本。折扣期限定为多少，关键是看折扣期限制定后带来的收益是否大于由此而增加的成本。

12. 收账政策是指企业针对客户违反信用条件，拖欠甚至拒付账款时所采取的收账策略与措施。企业在制定收账政策时，应充分考虑应收账款的机会成本和坏账成本与收账费用之间此长彼消的关系。

13. 应收账款的日常管理措施主要包括调查客户信用状况、分析应收账款账龄和组织应收账款回收等。

14. 存货的功能主要表现在保证生产需要、满足市场销售、维持均衡生产和降低进货成本。

15. 存货成本主要包括进货成本、储存成本和缺货成本。进货成本包括存货的购置成本和订货成本。变动订货成本和变动储存成本属于决策的相关成本。

16. 使存货相关总成本为最低时的订购量，即经济订购批量。存货决策相关成本包括变动订货成本和变动储存成本。经济订购批量

$$Q=\sqrt{\frac{2AB}{C}}$$

17. ABC 分类法按照一定的标准，将企业的存货划分为 A、B、C 三类，分别实行按品种重点管理，按类别一般控制和按总额灵活掌握。分类标准主要有两个：一是金额标准；二是品种数量标准。其中金额标准是最基本的，品种数量标准仅作为参考。

18. 短期筹资具有筹资速度快、灵活性强、筹资成本低和财务风险高等特点。

19. 短期筹资可分为自发筹资和协议筹资。自发筹资是企业在生产经营过程中自发形成的短期债务资金来源，主要包括商业信用和应计费用。协议筹资主要包括短期银行借款、短期融资券等。

20. 放弃现金折扣的成本 $=\dfrac{\text{现金折扣率}}{1-\text{现金折扣率}}\times\dfrac{360}{\text{信用期}-\text{折扣期}}$

21. 短期借款的信用条件包括信贷限额、周转信贷协议和补偿性余额。补偿性余额将提高借款企业借款的实际利率。

22. 银行借款的利息支付方式主要有利随本清法、贴现法和加息法。在贴现法和加息法下，借款的实际利率大于名义利率。

23. 短期借款筹资的优点主要有筹资速度快、弹性大。缺点主要有财务风险大、资金成本高和限制条件多。

24. 短期融资券是指具有法人资格的非金融企业在银行间债券市场发行的，约定在 1 年内还本付息的债务筹资工具。短期融资券筹资的优点主要包括筹资成本较低、筹资数额比较大和提高企业的信誉。缺点主要有风险高、弹性小和发行条件严格。

本章练习题

一、单项选择题

1. 营运资金是指（　　）。

A. 流动资产　　B. 流动资产和流动负债的差

C. 流动负债　　D. 流动资产和流动负债的和

2. 信用标准的宽严程度通常用预期的（　　）来衡量。

A. 应收账款周转率　　B. 坏账损失率

C. 投资收益率　　D. 存货周转率

3. 企业将资金投放在应收账款上而丧失的其他投资所获得的收益，称为应收账款的（　　）。

A. 坏账成本　　B. 管理成本　　C. 机会成本　　D. 短缺成本

4. 若某企业全年赊销收入净额为 360 万元，平均收账天数为 20 天，则该企业的应收账款平均余额为（　　）万元。

A. 20　　B. 30　　C. 40　　D. 50

5. 存货 ABC 分类的标准中，最基本的标准是（　　）。

A. 数量标准　　B. 品种标准　　C. 金额标准　　D. 重量标准

6. 信用标准是（　　）的重要内容。

A. 收账政策　　B. 信用政策　　C. 信用条件　　D. 信用期限

7. 企业为满足交易动机而持有现金，所需考虑的主要因素是（　　）。

A. 企业销售水平的高低　　B. 企业临时借款能力的强弱

C. 金融市场上的投资机会　　D. 企业对待风险的态度

8. 持有过量现金可能导致的不利后果是（　　）。

A. 财务风险加大　　B. 收益水平下降
C. 偿债能力下降　　D. 资产流动性下降

9. 在企业应收账款管理中，明确规定了信用期限、现金折扣和折扣期限等内容的是（　　）。

A. 客户资信程度　　B. 收账政策
C. 信用等级　　D. 信用条件

10. 某企业的应收账款平均收款期为 50 天，应付账款平均付款期为 30 天，存货平均周转期为 60 天，则该企业的现金周转期为（　　）天。

A. 20　　B. 40　　C. 80　　D. 140

11. 企业目前信用条件“n/30”，赊销额为 3 600 万元，预计将信用期延长为“n/60”，赊销额将变为 7 200 万元。若该企业变动成本率为 60%，资金成本为 10%，计算该企业维持赊销业务所需资金变化为（　　）万元。

A. 增加 3 600　　B. 增加 54
C. 增加 360　　D. 增加 540

12. 在确定最佳现金持有量时，成本分析模式和存货模式均需考虑的因素是（　　）。

A. 机会成本　　B. 固定性转换成本
C. 现金短缺成本　　D. 现金保管费用

13. 采用 ABC 分类法对存货进行控制时，应当重点控制的是（　　）。

A. 数量较多的存货　　B. 占用资金较多的存货
C. 品种较多的存货　　D. 库存时间较长的存货

14. 各种持有现金的动机中，属于应付未来现金流入和流出随机波动的动机是（　　）。

A. 交易动机　　B. 预防动机　　C. 投机动机　　D. 投资动机

15. 对应收账款信用期限的叙述，正确的是（　　）。

A. 信用期限越长，企业坏账风险越小
B. 信用期限越长，表明客户享受的信用条件越优越
C. 延长信用期限，不利于销售收入的扩大
D. 信用期限越长，应收账款的机会成本越低

16. 为了满足各种现金支付需要，企业确定的现金余额一般（　　）。

A. 大于各种动机所需现金余额之和
B. 等于各种动机所需现金余额之和

C. 小于各种动机所需现金余额之和

D. 不确定

17. 一般情况下，存货经济订购批量应该是既保证生产经营需用，又要使（　　）。

A. 进货成本与储存成本之和最低

B. 购置成本与储存成本之和最低

C. 订货成本与储存成本之和最低

D. 缺货成本与储存成本之和最低

18. 购买原材料、支付工资、缴纳税款等属于现金的（　　）。

A. 交易动机　B. 预防动机　C. 投机动机　D. 投资动机

19. 某企业按年利率4.25%向银行借款200万元，银行要求保留15%的补偿性余额，则该项借款的实际利率为（　　）。

A. 4.25%　B. 4.5%　C. 5%　D. 5.5%

20. 放弃现金折扣的成本与（　　）反向变化。

A. 折扣百分比　B. 购货金额　C. 折扣期　D. 信用期

二、多项选择题

1. 企业持有现金的动机主要有（　　）。

A. 交易动机　B. 预防动机　C. 投机动机　D. 投资动机

2. 应收账款信用政策包括（　　）。

A. 信用标准　B. 信用条件　C. 信用期限　D. 收账政策

3. 评价客户资信程度时应考虑的因素有（　　）。

A. 品质　B. 能力　C. 资本　D. 抵押

4. 若给定的信用条件为“1/10，n/30”，则表明（　　）。

A. 信用期为30天　B. 折扣期为10天

C. 现金折扣率为1%　D. 折扣期为20天

5. 与应收账款机会成本有关的因素有（　　）。

A. 应收账款平均余额　B. 变动成本率

C. 销售成本率　D. 资本成本率

6. 利用成本分析模式确定最佳现金持有量时，不予考虑的成本项目有（　　）。

A. 持有现金的机会成本　B. 现金短缺成本

C. 现金与有价证券的转换成本　D. 现金管理费用

7. 企业在确定为应付紧急情况而持有现金的数额时，需考虑的因素有（　　）。

A. 企业销售水平的高低　B. 企业临时借款能力的强弱

C. 金融市场投资机会的多少　D. 现金收支预测的可靠程度

8. 提供比较优惠的信用条件可以增加销售量，但也会付出一定代价，主要有（　　）。

A. 机会成本　　B. 坏账损失

C. 收账费用　　D. 现金折扣成本

9. 现金持有量与各项成本之间的关系是（　　）。

A. 与机会成本正相关　　B. 与管理成本负相关

C. 与短缺成本正相关　　D. 与短缺成本负相关

10. 短期借款的利息支付方式主要有（　　）。

A. 收款法　　B. 加息法　　C. 贴现法　　D. 现值法

11. 商业信用的具体形式包括（　　）。

A. 应收账款　　B. 应付账款　　C. 预收账款　　D. 预付账款

12. 加强现金回收管理的方法主要有（　　）。

A. 邮政信箱法　　B. 推迟支付应付款

C. 采用汇票付款　　D. 银行业务集中法

13. 应收账款决策中的信用成本包括（　　）。

A. 机会成本　　B. 收账费用　　C. 变动成本　　D. 坏账损失

14. 存货 ABC 分类管理中存货的分类标准包括（　　）。

A. 单价　　B. 金额　　C. 品种　　D. 品种数量

15. 下列各项中，属于信用条件构成要素的有（　　）。

A. 信用期限　　B. 现金折扣率

C. 折扣期限　　D. 商业折扣

三、判断题

1. 收账费用坏账损失成反比关系，收账费用发生得越多，坏账损失就越小，因此，企业应不断加大收账费用，以便将坏账损失降到最低。（　　）

2. 在存货模式中持有现金的机会成本与固定性转换成本相等时，现金的相关总成本最低，此时的现金持有量为最佳现金持有量。（　　）

3. 企业制定的信用标准越严格越有利于销售。（　　）

4. 在正常情况下，应收账款周转率越高，平均收账天数越少，一定数量资金所维持的赊销额就越大。（　　）

5. 缺货成本是指因存货不足而给企业造成的损失，在一般存货决策时应考虑缺货成本。（　　）

6. 折扣期限是指企业允许客户享受现金折扣的付款期限，折扣期限越长对企业越有利。（　　）

7. 赊销是扩大销售的有力手段之一，企业应尽可能放宽信用条

件，增加赊销量。(　　)

8. 现金折扣是企业为了鼓励客户多买商品而给予的价格优惠，每次购买的数量越多，价格也就越便宜。(　　)

9. 如果企业的借款能力较强，保障程度较高，则可适当增加预防性现金的数额。(　　)

10. 实行现金折扣政策的目的是为了扩大销售。(　　)

四、计算题

习题一

［目的］确定最佳现金持有量。

［资料］某企业预计全年需要现金480万元，预计存货周转期为80天，应收账款周转期为50天，应付账款周转期为40天。

［要求］按现金周转期模式计算最佳现金持有量。

习题二

［目的］练习应收账款机会成本。

［资料］假设某企业全年赊销收入净额为720万元，应收账款平均收账天数为30天，变动成本率为60%，资金成本率为5%，一年按360天计算。

［要求］

1. 计算应收账款平均余额；
2. 计算维持赊销业务所需要的资金；
3. 计算应收账款机会成本。

习题三

［目的］练习应收账款信用政策的制定。

［资料］华东公司现行信用政策A方案的信用条件为n/60，赊销收入为3 960万元，变动成本率为60%，资金成本率为10%，坏账损失率为3%，收账费用为60万元。公司拟改变现行方案，在固定总成本保持不变的情况下，提出B、C两个备选方案：

(1) B方案：信用条件为n/30，赊销收入为3 600万元，坏账损失率为2%，收账费用为36万元；

(2) C方案：信用条件为“2/10，1/20，n/60”，赊销收入仍为3 960万元，估计约有60%的客户会利用2%的折扣，约有15%的客户会利用1%的折扣。坏账损失率降为1.5%，收账费用降为42万元。

［要求］请通过计算判断应执行的方案。

习题四

［目的］确定存货经济订购批量。

［资料］某企业全年需耗用丙材料 45 000 件，该种材料单位采购成本为 100 元，平均每次订货成本 180 元，单位年储存成本 20 元。假定不存在数量折扣和缺货情况。

［要求］

1. 计算丙材料的经济订购批量；

2. 计算丙材料的最佳订购次数；

3. 计算丙材料经济订购批量下的订货成本、储存成本和最低存货总成本。

第 7 章
财务报表分析

本章要点

- ✧ 财务报表分析概述
- ✧ 财务比率分析
- ✧ 财务报表综合分析

7.1 财务报表分析概述

7.1.1 财务报表分析的含义和目的

财务报表分析是以企业的财务报告等资料为基础，对企业的财务状况、经营成果和现金流量等进行分析和评价的一种方法。它既是对企业一定期间完成的财务活动所做的总结，又是企业进行财务预测和财务决策、改善财务管理活动的前提。财务报表分析能够为企业投资者、债权人、管理人员及其他相关人员提供充分的信息，对他们了解企业过去的经营状况、评价企业经营成果、展望企业未来有一定的帮助作用。

财务报表的使用者有投资者、债权人、经营者、政府、公司员工、会计师事务所等中介机构以及供货商、顾客等其他利益相关者。不同的信息使用者与企业有直接或间接的利益关系，利益关系的不同使得他们关注企业财务信息的侧重点也不同，因而财务报表分析的目的受分析主体与分析的服务对象的制约。虽然不同的信息使用者使用财务报表的具体目的不同，进行财务报表分析的侧重点有所不同，但归纳起来，财务报表分析的目的不外乎以下四个方面：

1. 评价企业的偿债能力

通过对企业的财务报表进行分析，可以了解企业资产的流动性、负债水平及偿还债务的能力，从而评价企业的财务状况和财务风险，为企业经营者、投资者和债权人提供决策所需要的财务信息。

2. 评价企业的资产管理水平

企业进行生产经营活动需要获得大量的各种资产，企业经营成果的高低依赖于资产的有效管理和使用。通过财务报表分析，可以了解企业资产的管理水平、资金周转状况、现金流量情况等，为正确评价企业经营者的管理水平提供有利的财务信息。

3. 评价企业的获利能力

一个企业是否长期具有良好和持续的盈利能力是企业综合素质的基本表现。企业要生存和发展，必须获取较高的利润。只有这样，企业才能在竞争中立于不败之地。投资者、债权人和经营者都十分关心企业的盈利能力，企业较强的盈利能力有助于提高其偿债能力，进而有助于提高企业信誉。评价企业的盈利能力不能仅看其获取利润的绝对数，还应分析其相对数指标；不但要看企业目前的盈利水平，还要将其与过去相比较，并预测未来的盈利能力。

4. 评价企业的发展趋势

通过对企业财务报表进行趋势分析，投资人和债权人可以对企业的发展趋势作出判断，预测企业的经营前景。

7.1.2 财务报表分析的基础

对企业进行财务分析一般以企业的会计资料为基础，选用适当的系统财务指标，通过对财务报告提供的数据进行加工处理，分析企业的财务状况。企业的财务报告主要包括资产负债表、利润表、现金流量表、所有者权益变动表等财务报表和财务报表附注等。

东方公司 2014 年 12 月 31 日的资产负债表和 2014 年度的利润表和现金流量表分别如表 7－1、表 7－2 和表 7－3 所示。

表 7－1　　　　　　　　　　**资产负债表**

编制单位：东方公司　　　　　2014 年 12 月 31 日　　　　　金额单位：万元

资产	年末余额	年初余额	负债和所有者权益	年末余额	年初余额
流动资产			流动负债		
货币资金	221 385	268 760	短期借款	34 324	23 692
应收票据	7 641	5 262	应付账款	34 176	47 012
应收账款	17 993	10 368	应付职工薪酬	5 404	4 379
预付款项	20 568	8 564	应交税费	5 932	18 190
其他应收款	7 772	19 577	流动负债合计	79 836	93 273
存货	55 101	40 083	非流动负债		
其他流动资产	77 794	64 320	长期借款	9 709	8 173
流动资产合计	408 254	416 934	非流动负债合计	9 709	8 173
非流动资产			负债合计	89 545	101 446
长期股权投资	23 560	13 301	所有者权益		
固定资产	64 130	52 244	实收资本	65 402	65 402
在建工程	66 255	28 655	资本公积	69 930	68 855
无形资产	21 217	15 166	盈余公积	46 616	46 616
递延所得税资产	14 558	6 266	未分配利润	326 481	2 502 470
非流动资产合计	189 720	115 632	所有者权益合计	508 429	431 120
资产总计	597 974	532 566	负债和所有者权益总计	597 974	532 566

表 7－2　　　　　　　　　　**利润表**

编制单位：东方公司　　　　　2014 年度　　　　　金额单位：万元

项目	本年金额	上年金额
一、营业总收入	401 630	305 607
其中：营业收入	401 630	305 607
二、营业总成本	264 406	193 908
其中：营业成本	146 656	80 530
税金及附加	4 547	4 172
销售费用	81 552	77 404
管理费用	35 869	33 391
财务费用	558	562
其中：利息费用	3 800	5 500
利息收入	－3 500	－5 100
资产减值损失	4 581	11 603
加：投资收益	－4 776	－2 150
三、营业利润	141 805	123 302
加：营业外收入	2 187	1 667
减：营业外支出	286	510

续表

项目	本年金额	上年金额
四、利润总额	143 706	124 459
减：所得税费用	21 734	19 103
五、净利润	121 972	105 356

表 7－3　　现金流量表

编制单位：东方公司　　2014 年度　　金额单位：万元

项目	本年金额	上年金额
一、经营活动产生的现金流量		
销售商品、提供劳务收到的现金	447 778	358 286
收到其他与经营活动有关的现金	19 331	3 860
经营活动现金流入小计	467 109	362 146
购买商品、接受劳务支付的现金	176 322	108 309
支付给职工以及为职工支付的现金	29 927	27 388
支付的各项税费	79 233	59 811
支付其他与经营活动有关的现金	93 717	80 834
经营活动现金流出小计	379 199	276 342
经营活动产生的现金流量净额	87 910	85 804
二、投资活动产生的现金流量		
取得投资收益收到的现金	5 508	11 948
处置固定资产、无形资产和其他长期资产收回的现金净额	204 373	269 122
投资活动现金流入小计	209 881	281 070
购建固定资产、无形资产和其他长期资产支付的现金	48 108	28 076
投资支付的现金	281 765	198 465
投资活动现金流出小计	329 873	226 541
投资活动产生的现金流量净额	－119 992	54 529
三、筹资活动产生的现金流量		
吸收投资收到的现金	3 403	
取得借款收到的现金	10 300	
筹资活动现金流入小计	13 703	
偿还债务支付的现金	10 266	84
分配股利、利润或偿付利息支付的现金	48 730	21 745
筹资活动现金流出小计	58 996	21 829
筹资活动产生的现金流量净额	－45 293	－21 829
四、现金及现金等价物净增加额	－77 375	118 504
期初现金及现金等价物余额	268 760	150 256
五、期末现金及现金等价物余额	191 385	268 760

7.1.3 财务报表分析的方法

1. 比较分析法

比较分析法是将同一个经济指标在不同时期或不同情况的执行结果进行对比，揭示差异和矛盾的一种方法。比较分析法是财务分析最基本的方法，其他任何方法都是建立在比较分析方法基础上的。

比较分析法按比较对象的不同，可以分为差异分析法、横向分析法和趋势分析法。

（1）差异分析法。差异分析法的比较对象是企业的预算或计划。

（2）横向分析法。横向分析法的比较对象是行业平均水平或主要竞争对手。

（3）趋势分析法。趋势分析法又称纵向分析法，其比较对象是本企业的历史数据。趋势分析法通过比较两期或连续数期财务报表中的相同指标，确定其增减变动的数额、方向和幅度，来说明企业财务状况或经营成果的变动趋势。具体运用时又分为比较重要财务指标、比较会计报表、比较会计报表项目的构成三种形式。

①比较重要财务指标，是指通过计算定基动态比率或环比动态比率来考察财务指标的发展趋势。

$$定基动态比率 = \frac{分析期数额}{固定基期数额} \times 100\%$$

$$环比动态比率 = \frac{分析期数额}{前期数额} \times 100\%$$

②比较会计报表，是指将连续数期的财务报表的金额并列起来，比较其相同指标的增减变动金额和幅度，据以判断企业财务状况和经营成果的发展变化。

③比较会计报表项目的构成，又称结构分析法，是指以财务报表中的某个总体指标作为100%，计算出其各组成项目占该总体指标的百分比，从而比较各个项目百分比的增减变动，以此判断有关财务活动的变化趋势。运用结构分析法时，资产负债表中通常以资产总计作为总体指标，利润表中通常以营业收入作为总体指标。

表7－4和表7－5分别是东方公司的结构百分比资产负债表（资产部分）和结构百分比利润表。

表 7－4　　东方公司结构百分比资产负债表（资产部分）

项目	2013 年		2014 年	
	金额（万元）	百分比（%）	金额（万元）	百分比（%）
货币资金	268 760	50.47	221 385	37.02
应收票据	5 262	0.99	7 641	1.28
应收账款	10 368	1.95	17 993	3.01
预付款项	8 564	1.61	20 568	3.44
其他应收款	19 577	3.68	7 772	1.30
存货	40 083	7.53	55 101	9.21
其他流动资产	64 320	12.08	77 794	13.01
流动资产合计	416 934	78.29	408 254	68.27
长期股权投资	13 301	2.50	23 560	3.94
固定资产净额	52 244	9.81	64 130	10.72
在建工程	28 655	5.38	66 255	11.08
无形资产	15 166	2.85	21 217	3.55
递延所得税资产	6 266	1.18	14 558	2.43
非流动资产合计	115 632	21.71	189 720	31.73
资产总计	532 566	100.00	597 974	100.00

表 7－5　　东方公司结构百分比利润表

项目	2013 年		2014 年	
	金额（万元）	百分比（%）	金额（万元）	百分比（%）
一、营业总收入	305 607	100.00	401 630	100.00
其中：营业收入	305 607	100.00	401 630	100.00
二、营业总成本	193 908	63.45	264 406	65.83
其中：营业成本	80 530	26.35	146 656	36.52
税金及附加	4 172	1.37	4 547	1.13
销售费用	77 404	25.33	81 552	20.31
管理费用	33 391	10.93	35 869	8.93
财务费用	562	0.18	558	0.14
其中：利息费用	5 500	1.80	3 800	0.95
利息收入	－5 100	－1.67	－3 500	－0.87
资产减值损失	11 603	3.80	4 581	1.14
加：投资收益	－2 150	－0.70	－4 776	－1.19
三、营业利润	123 302	40.35	141 805	35.31
加：营业外收入	1 667	0.55	2 187	0.54
减：营业外支出	510	0.17	286	0.07
四、利润总额	124 459	40.73	143 706	35.78
减：所得税费用	19 103	6.25	21 734	5.41
五、净利润	105 356	34.47	121 972	30.37

从表 7 - 4 可以看出，2014 年流动资产占总资产的比例下降了 10 个百分点，意味着企业的流动性在下降，偿债风险增加。究其原因，主要是货币资金在资产中的比重下降了 13.43%，应结合其他资料作进一步分析。同时，企业的应收票据、应收账款和存货的金额和比例均有不同幅度的增长，说明企业的销售可能面临一定的问题。

根据表 7 - 5 中的数据，企业净利润占营业收入的比例从 2013 年的 34.47% 下降到 2014 年的 30.37%，说明企业的盈利能力下滑。从利润的形成过程看，尽管销售费用、管理费用和财务费用这三项期间费用占营业收入的比例均有小幅下降，但由于营业成本占营业收入的比例提高了约 10%，从而使企业的净利润率指标出现下滑，说明企业的成本控制能力在减弱。

2. 比率分析法

比率分析法是将某些彼此之间存在一定关系的财务指标进行对照，计算有关比率，并据以确定经济活动变动程度的分析方法。比率分析法的形式包括：

（1）相关比率分析。相关比率是指将性质不同但又相互联系的财务指标进行对比。利用相关比率指标分析可以考察存在联系的经济业务活动的安排是否科学合理，能否保证企业经济活动顺畅进行。例如，流动比率是流动资产与流动负债的比值，通过该指标可以了解企业流动资产对流动负债的保障程度。

（2）构成比率分析。构成比率，又称结构比率，是指用某项财务指标的某个部分数据与该项指标的总体数据进行对比。通过构成比率分析，可以考察总体中某个部分的形成与安排是否合理，以便协调各项财务活动。例如，对资产构成进行动态分析时，需要计算流动资产、固定资产、无形资产等各类资产占总资产的比重，通过分析可以揭示企业资产结构的变动及资产结构质量变化等原因。

（3）效率比率分析。效率比率是指某项财务指标所得与所费的比率，反映企业投入产出的关系。运用效率指标分析，可以进行得失比较，考察企业经营成果，评价企业经济效益。例如，通过效率指标营业净利率、资产净利率等，可以从不同角度观察、分析企业的盈利能力及管理能力等。

3. 因素分析法

因素分析法是依据分析指标与其影响因素的关系，从数量上确定各因素对指标的影响程度的一种财务分析方法。因素分析法的主要形式是连环替代法。所谓连环替代法，是指将分析指标分解为各个可以计量的因素，并根据各个因素之间的依存关系，顺次用各因素的比较值（通常为实际值）替代基准值（通常为标准值或计划值），据以测定各因素对分析指标的影响。

【例 7－1】 假定东方公司生产电子产品元件，2014 年 10 月相关数据资料如表 7－6 所示。试分析各要素的变动对材料成本的影响。

表 7－6　　东方公司电子产品元件资料

指标	单位	计划数	实际数
产品产量	件	150	160
单位产品材料耗用量	千克	12	11
材料单价	元	8	9
材料成本	元	14 400	15 840

根据表 7－6 资料可知，材料成本实际数比计划数增加：15 840－14 400＝1 440（元），运用连环替代法分析各影响因素变动对材料成本的影响如下：

材料计划成本＝150×12×8＝14 400（元）

第一次替代＝160×12×8＝15 360（元）

第二次替代＝160×11×8＝14 080（元）

第三次替代（材料实际成本）＝160×11×9＝15 840（元）

则：

产品产量增加对材料成本的影响＝15 360－14 400＝960（元）

单位产品材料耗用量降低对材料成本的影响＝14 080－15 360＝－1 280（元）

材料单价提高对材料成本的影响＝15 840－14 080＝1 760（元）

各影响因素的变动对材料成本的影响＝960－1 280＋1 760＝1 440（元）

7.2　财务比率分析

财务比率是将企业同一时期财务报表中的相关项目进行对比得出的比率。财务报表分析人员可以根据分析的需要构建许多财务比率。运用这些比率可以分析企业的流动性和债务偿还能力、营运能力、盈利能力和发展能力。

7.2.1　偿债能力分析

企业保持适当的偿债能力具有重要意义。对股东来说，不能及时偿债可能导致企业破产，但提高流动性必然降低收益水平，因此，他们希望企业权衡收益和风险，保持适当的偿债能力。对于债权人来说，企业偿债能力差可能导致无法及时、足额收回债权本息，因此，他们希望企业保持较强的偿债能力。对管理当局来说，为了股东利益，他们必须权衡企业的收益和风险，保持适当的偿债能力。对企业的供应商和客户来说，企业短期偿债能力不足意味着企业履行合同的能力较差，其利益将受到损害。

企业的负债按偿还时间分为流动负债和非流动负债，相应的，偿债能力分析可分为短期偿债能力分析和长期偿债能力分析。

1. 短期偿债能力分析

短期偿债能力是指企业偿还流动负债的能力。企业能否及时偿付到期的流动负债，是反映企业财务状况好坏的重要标志。对短期偿债能力的分析主要侧重于研究企业流动资产与流动负债的关系以及资产变现速度的快慢，因为大多数情况下，短期债务需要用货币资金来偿还，各种资产的变现速度直接影响到企业的短期偿债能力。反映企业短期偿债能力的财务指标主要有流动比率、速动比率、现金比率和现金流量比率等。

（1）流动比率。流动比率是流动资产与流动负债的比值。其计算公式如下：

$$\text{流动比率}=\frac{\text{流动资产}}{\text{流动负债}}$$

流动比率表示每一元流动负债有多少流动资产作为偿付担保，反映短期债务的安全程度，是考核企业短期偿债能力的一个最基本、最通用的指标。一般而言，企业的流动比率越高，短期偿债能力越强。但就企业本身来说，并非流动比率越高越好。从企业经营角度看，过高的流动比率通常意味着企业持有过多的流动资产，会造成企业机会成本的增加和获利能力的降低。根据传统的经验观点，企业的流动比率维持在2的水平比较合理。但也要注意，不存在统一、标准的流动比率数值，不同行业的流动比率数值一般有明显差别，缺乏可比性。

虽然流动比率越高，企业短期偿债越强，但这并不等于说企业已有足够的现金或存款用来偿债。流动比率高也可能是存货积压、应收账款增多且收账期延长所致，而真正可用来偿债的现金和存款却严重短缺。所以，企业应在分析流动比率的基础上，进一步对现金流量加以考察。

（2）速动比率。速动比率是指速动资产与流动负债的比值。其计算公式如下：

$$速动比率=\frac{速动资产}{流动负债}$$

所谓速动资产，是指流动资产减去变现能力较差且不稳定的存货、预付款项、1 年内到期的非流动资产和其他流动资产等后的余额。由于存货在流动资产中的变现速度较慢、部分存货可能已经损失报废但尚未处理、部分存货可能已经作为抵押、存货的成本和市价可能相差较大等原因，在计算速动比率时要扣除存货。由于剔除了存货等变现能力较弱且不稳定的资产，速动比率较之流动比率能够更加准确、可靠地评价企业资产的流动性及其偿还短期负债的能力。

一般而言，速动比率越大，短期偿债能力越强，但过高的速动比率可能影响企业的盈利能力，因为速动比率高可能说明企业存在大量的闲置资金，或者不能把足够的资金投入存货、固定资产等经营领域，从而使企业丧失良好的获利机会。因此，从企业经营管理的角度出发，速动比率不宜过高。一般认为，企业的速动比率至少应维持在 1 倍，才能显示企业具有良好的财务状况和充实的短期偿债能力。但也要注意，企业所处的行业不同，速动比率会有很大差别。

尽管速动比率较之流动比率更能反映流动负债偿还的安全性和稳定性，但并不能认为速动比率较低的企业绝对不能偿还到期的流动负债。实际上，如果企业存货流转顺畅，变现能力较强，即使速动比率较低，企业仍然有望偿还到期的债务本息。

（3）现金比率。现金比率是指现金类资产与流动负债的比例关系。其计算公式如下：

$$现金比率=\frac{现金类资产}{流动负债}$$

现金类资产包括企业所拥有的货币资金和交易性金融资产等。现金比率可以更好地反映企业的即刻偿债能力，但在进行短期偿债能力分析时，单独考察现金比率意义不大，因为不可能要求企业用现金类资产来偿付全部流动负债，企业也没有必要总是保持足以还债的现金类资产。

现金比率越高，企业面临的短期偿债压力越小。但过高的现金比率，意味着企业已经失去或正在失去若干有利的流转或投资机会，从而丧失相应的周转利益和投资利益，即带来较高的机会成本。然而，一个企业保持适量的现金又相当重要，如缺少现金，当企业以后遇到进货折扣、投资良机时，只能望洋兴叹。故计算现金比率，并经常保持一个合理的数额，无疑是十分必要的。

（4）现金流量比率。现金流量比率，或称现金流动负债比，是指企业经营活动所产生的现金净流量与流动负债的比率。其计算公式如下：

$$现金流量比率=\frac{经营活动现金净流量}{流动负债}$$

现金流量比率反映企业经营活动所产生的现金净流量足以抵付流动负债的倍数。现金流量比率越大，说明本期经营活动产生的现金流量对流动负债的保障程度越大。

需要说明的是，经营活动所产生的现金流量是过去一个会计年度的经营结果，而流动负债则是未来一个会计期间需要偿还的债务，两者分属于不同的会计期间，因此，现金流量比率是建立在以过去一年的现金流量来估计未来一年现金流量的假设基础之上的。在使用现金流量比率指标时，需要考虑未来一个会计年度影响经营活动的现金流量变动的因素，然后才能进行具体分析应用。

【例7－2】 根据东方公司相关财务报告数据，整理并计算公司短期偿债能力分析指标如表7－7所示。

表7－7　　东方公司短期偿债能力分析指标　　金额单位：万元

项目	2013年	2014年
流动比率	$\frac{416\ 934}{93\ 273}=4.47$	$\frac{408\ 254}{79\ 836}=5.11$
速动比率	$\frac{416\ 934-8\ 564-40\ 083-64\ 320}{93\ 273}=3.26$	$\frac{408\ 254-20\ 568-55\ 101-77\ 794}{79\ 836}=3.19$
现金比率	$\frac{268\ 760}{93\ 273}=2.88$	$\frac{221\ 385}{79\ 836}=2.77$
现金流量比率	$\frac{85\ 804}{93\ 273}=0.92$	$\frac{87\ 910}{79\ 836}=1.10$

2. 长期偿债能力分析

企业的长期偿债能力是指企业偿还长期负债的能力。从长远观点看，企业的长期偿债能力与企业的利润和现金流量之间有密切的联系。由于企业的现金流入量最终取决于能够获得的利润，现金流出量最终取决于必须付出的成本以及两者之间的对比关系。因此，分析企业长期偿债能力时，需要特别强调其盈利能力和现金流量。此外，企业的资本结构也十分重要。如果企业资本结构中债务的比例越高，表明大部分经营风险转移到了债权人身上，企业无力偿还债务的可能性越大。因此，评价企业长期偿债能力需要从资本结构、盈利能力和现金流量等方面综合研究，反映企业长期偿债能力的财务指标主要有资产负债率、产权比率、权益乘数、已获利息倍数和偿债保障比率等。

（1）资产负债率。资产负债率，又称为负债比率，是指负债总额与资产总额比例关系的比率。其计算公式如下：

$$资产负债率=\frac{负债总额}{资产总额}\times 100\%$$

资产负债率指标反映债权人所提供的债务资本占全部资本的比例，即在总资产中有多大比例的资产是通过负债筹资形成的，也可以用来衡量企业在清算时对债权人利益的保障程度。该指标值越小，表明企业资产对负债的保障能力越强，企业的长期偿债能力越强。

利益主体不同，对该指标的立场不同。债权人希望企业的负债比率越低越好，以确保贷出资本的安全性；股东则希望在总资产收益率高于债务资本利率时，负债比例越大越好；而经营者既要考虑企业债务资本带来的收益，同时也要顾及企业所能承受的财务风险。企业不举债或负债水平很低，说明企业管理者当局比较保守或对企业的经营前景信心不足，而如果企业的负债比率过高，则表明企业的债务负担重，不仅对债权人不利，而且企业有濒临倒闭的危险。因此，从经营者的角度看，希望企业保持一个合理的资产负债率，以使企业既可以充分利用负债的杠杆效应，又不至于承担较高的风险。

（2）产权比率。产权比率，又称为资本负债率，是负债总额与所有者权益总额之比率。其计算公式如下：

$$产权比率=\frac{负债总额}{所有者权益总额}\times 100\%$$

产权比率与资产负债率具有共同的经济意义，两个指标可以相互补充。资产负债率反映的是企业资产对债务的保证程度，而产权比率指标则反映的是普通股股东的权益资本对债权人的债务资本的保障程度，用来反映企业基本财务结构是否稳定。产权比率越低，说明自有资本对债权人利益的保障程度就越高。

（3）权益乘数。权益乘数是指企业的资产总额是所有者权益的多少倍。其计算公式如下：

$$权益乘数 = \frac{资产总额}{所有者权益总额} = \frac{1}{1-资产负债率}$$

权益乘数越小，说明权益资本在全部资本中所占的比重越大，负债资本在全部资本中所占的比重越小，企业的财务风险越小，其偿还长期债务的能力也就越强。

（4）已获利息倍数。已获利息倍数，又称利息保障倍数，是指企业的息税前利润与利息费用的比率。其计算公式如下：

$$已获利息倍数 = \frac{息税前利润}{利息费用}$$

公式中的息税前利润是指利润表中未扣除利息费用和所得税之前的利润，可以用利润总额加利息费用来测算。

已获利息倍数指标反映企业息税前利润对支付利息费用的保障程度。已获利息倍数越大，说明企业支付利息的能力越强，进而说明企业获利能力对到期债务偿还的保证程度越强，但如果已获利息倍数过高，可能意味着企业经营比较保守，负债率较低，没有充分利用低成本负债带来的财务杠杆效应。所以，企业的已获利息倍数应保持适当水平。一般来说，企业已获利息倍数至少要大于1。

（5）偿债保障比率。偿债保障比率，又称为债务偿还期，是指负债总额与经营活动现金净流量的比率。其计算公式如下：

$$偿债保障比率 = \frac{负债总额}{经营活动现金净流量}$$

一般认为，企业的投资活动和筹资活动产生的现金净流量尽管在必要时可以用于偿债，但它们毕竟不是经常性的现金流量，而企业经营活动产生的现金净流量是企业获取长期资本的主要来源。所以，在计算偿债保障比率时采用的是经营活动产生的现金净流量而非企业全部的现金净流量。偿债保障比率可以衡量企业通过经营活动获取的现金净流量偿还全部债务的能力。偿债保障比率越低，企业的偿债能力就越强，反之亦然。

【例7-3】根据东方公司相关财务报告数据，整理并计算公司长期偿债能力分析指标如表7-8所示。

表7-8　东方公司长期偿债能力分析指标　金额单位：万元

项目	2013年	2014年
资产负债率	$\frac{101\ 446}{532\ 566}=19.05\%$	$\frac{89\ 545}{597\ 974}=14.97\%$

续表

项目	2013 年	2014 年
产权比率	$\frac{101\ 446}{431\ 120}=23.53\%$	$\frac{89\ 545}{508\ 429}=17.61\%$
权益乘数	$\frac{532\ 566}{431\ 120}=1.24$	$\frac{597\ 974}{508\ 429}=1.18$
已获利息倍数	$\frac{124\ 459+5\ 500}{5\ 500}=23.63$	$\frac{143\ 706+3\ 800}{3\ 800}=38.82$
偿债保障比率	$\frac{101\ 446}{85\ 804}=1.18$	$\frac{89\ 545}{87\ 910}=1.02$

7.2.2 营运能力分析

营运能力反映资产的管理效率。资产营运状况如何，直接关系到资本增值的程度，同时还会影响企业的偿债能力和盈利能力。资产营运效率越高，企业的获利能力越强，资产变现损失风险越小，偿债能力越强。

资产运营效率的强弱关键取决于资产的周转速度。一般来说，资产周转速度越快，资产的使用效率越高，资产营运能力就越强。资产周转速度有两种表示方式：

一是资产周转率，又称资产周转次数，表示一定时期内资产被使用和利用的次数，意味着资产的利用程度（资产效率）。其计算公式如下：

$$资产周转率=\frac{周转额}{资产平均占用额}$$

二是资产周转期，又称资产周转天数，表示资产周转一次所需要的时间长短，意味着资产回收的快慢。其计算公式如下：

$$资产周转期=\frac{计算期天数}{周转率}=\frac{资产平均占用额\times 计算期天数}{周转额}$$

式中，资产平均占用额通常指期初与期末的平均数；周转额是指营业收入或营业成本；计算期天数为年（360 天）、季（90 天）、月（30 天）。

企业营运能力分析主要包括流动资产营运能力分析、固定动资产营运能力分析和总资产营运能力分析。

1. 流动资产营运能力分析

（1）应收账款周转情况分析。反映应收账款周转情况的指标有应收账款周转率和应收账款周转期。

应收账款周转率表示在周转期内应收账款转换为现金的平均次数。其计算公式如下：

$$应收账款周转率 = \frac{营业收入}{应收账款平均余额}$$

其中：$应收账款平均余额 = \frac{期初应收账款余额 + 期末应收账款余额}{2}$

应收账款周转期，又称为平均收账期，表示企业从取得收回应收账款的权利到收回账款、转换为现金所需要的时间。其计算公式如下：

$$应收账款周转期 = \frac{计算期天数}{应收账款周转率} = \frac{应收账款平均余额 \times 计算期天数}{营业收入}$$

一般来说，应收账款周转率越大，应收账款周转期越短，说明应收账款变现的速度越快，企业资金被外单位占用的时间越短，造成坏账损失的风险越小，资产流动性越好，短期偿债能力越强。

应收账款周转率指标的分子理论上应使用赊销收入，因为只有赊销才会形成应收账款。但对于外部分析者来说，一般用营业收入代替赊销收入进行计算。分母中的应收账款不仅包括应收账款，还包括应收票据等全部赊销账款在内。之所以用平均余额，是因为应收账款是时点指标，而收入是期间指标。如果因为季节性经营、偶然性或人为因素而对应收账款余额产生较大影响时，可以使用多个时点的应收账款平均数，以减少这些因素的影响。由于应收账款的周转速度与企业采取的信用政策密切相关，企业应根据实际情况，确定合理的信用政策，并加强货款催收，尽可能地提高应收账款的周转速度。

（2）存货周转情况分析。反映存货周转情况的指标有存货周转率和存货周转期。

存货周转率是指企业一定时期内的营业成本与存货平均占用额的比例关系。其计算公式如下：

$$存货周转率 = \frac{营业成本}{存货平均余额}$$

其中：$存货平均余额 = \frac{期初存货余额 + 期末存货余额}{2}$

存货周转期是指存货周转一次所需要的时间，其计算公式如下：

$$存货周转期 = \frac{计算期天数}{存货周转率} = \frac{存货平均余额 \times 计算期天数}{营业成本}$$

一般来说，存货周转率越高越好。存货周转率越高，存货周转期越短，说明存货变现速度越快，短期偿债能力越强，也表明用于存货上的资金越低，资金的利用效率越高，相应的获利能力也就越强。

存货周转率和周转期的周转额是营业成本而不是营业收入，这主要是因为存货是以成本计价的，为保持两者的口径一致，必须以营业成本作为计算基础。如果企业的经营具有较大的季节性，各月存货的变动幅度较大，根据期初和期末存货简单平均计算得出的存货余额可能不能反映企业存货的真实周转状况，这时，应尽量使用月末或季末的数字进行平均。

（3）流动资产周转情况分析。反映流动资产周转情况的指标有流动资产周转率和流动资产周转期。

$$\text{流动资产周转率}=\frac{\text{营业收入}}{\text{流动资产平均余额}}$$

$$\text{流动资产周转期}=\frac{\text{计算期天数}}{\text{流动资产周转率}}=\frac{\text{流动资产平均余额}\times\text{计算期天数}}{\text{营业收入}}$$

流动资产周转指标反映企业投入在全部流动资产上的资金的运用效率和周转的快慢。流动资产周转率越大，周转期越短，表明企业以相同的流动资产完成的周转额越大，说明企业流动资产的经营利用效果越好，企业的经营效率越高，进而使企业的偿债能力和盈利能力得到增强。

2. 固定资产周转情况分析

反映固定资产周转情况的指标有固定资产周转率和固定资产周转期。

$$\text{固定资产周转率}=\frac{\text{营业收入}}{\text{固定资产平均余额}}$$

$$\text{固定资产周转期}=\frac{\text{计算期天数}}{\text{固定资产周转率}}=\frac{\text{固定资产平均余额}\times\text{计算期天数}}{\text{营业收入}}$$

固定资产周转指标反映固定资产在经营活动中周转的快慢、变现能力和有效利用程度，以此也可确定固定资产的投资是否有效或是否继续投资。固定资产周转率越大，周转期越短，说明企业固定资产的利用效率越高，资产的经营风险越小，也说明企业固定资产投资得当，固定资产结构分布合理。

运用固定资产周转率时，需要考虑固定资产因计提折旧其净值不断减少，以及因更新重置其净值突然增加的影响。同时，由于折旧方法的不同，可能影响其可比性。故在分析时，一定要剔除掉这些不可比因素。

3. 总资产周转情况分析

反映总资产周转情况的指标有总资产周转率和总资产周转期。

$$总资产周转率=\frac{营业收入}{总资产平均余额}$$

$$总资产周转期=\frac{计算期天数}{总资产周转率}=\frac{总资产平均余额\times 计算期天数}{营业收入}$$

总资产周转指标反映企业全部资产的周转快慢，说明企业全部资产的综合利用效率。总资产周转率越大，周转期越短，说明资产的管理水平越高，相应的企业的偿债能力和获利能力就越强。反之，则表明企业利用全部资产进行经营活动的能力差，效率低，最终还将影响企业的盈利能力。如果总资产周转率长期处于较低的状态，企业则应采取适当措施提高各项资产的利用程度，对那些确实无法提高利用率的多余、闲置的资产应及时进行处理，加速资产周转速度。

【例 7 -4】 根据东方公司相关财务报告数据，整理并计算公司营运能力分析指标如表 7 -9 所示。东方公司 2012 年末的应收票据、应收账款、存货、流动资产、固定资产和资产余额分别为 5 780 万元、5 586 万元、31 111 万元、328 051 万元、47 110 万元和 422 635 万元。

表 7 -9　　东方公司营运能力分析指标　　金额单位：万元

项目	2013 年	2014 年
应收账款周转率	$\frac{305\ 607}{\frac{5\ 262+10\ 368+5\ 780+5\ 586}{2}}=17.65$（次）	$\frac{401\ 630}{\frac{7\ 641+17\ 993+5\ 262+10\ 368}{2}}=19.47$（次）
应收账款周转期	$\frac{360}{17.65}=20.40$（天）	$\frac{360}{19.47}=18.49$（天）
存货周转率	$\frac{80\ 530}{\frac{40\ 083+31\ 111}{2}}=2.26$（次）	$\frac{146\ 656}{\frac{55\ 101+40\ 083}{2}}=3.08$（次）
存货周转期	$\frac{360}{2.26}=159.29$（天）	$\frac{360}{3.08}=116.88$（天）
流动资产周转率	$\frac{305\ 607}{\frac{416\ 934+328\ 051}{2}}=0.82$（次）	$\frac{401\ 630}{\frac{408\ 254+416\ 934}{2}}=0.97$（次）

续表

项目	2013 年	2014 年
流动资产周转期	$\frac{360}{0.82}=439.02$（天）	$\frac{360}{0.97}=371.13$（天）
固定资产周转率	$\frac{305\ 607}{\frac{52\ 244+47\ 110}{2}}=6.15$（次）	$\frac{401\ 630}{\frac{64\ 130+52\ 244}{2}}=6.90$（次）
固定资产周转期	$\frac{360}{6.15}=58.54$（天）	$\frac{360}{6.90}=52.17$（天）
总资产周转率	$\frac{305\ 607}{\frac{532\ 566+422\ 635}{2}}=0.64$（次）	$\frac{401\ 630}{\frac{597\ 974+532\ 566}{2}}=0.71$（次）
总资产周转期	$\frac{360}{0.64}=562.50$（天）	$\frac{360}{0.71}=507.04$（天）

7.2.3 盈利能力分析

企业作为一个盈利性的组织，获取利润是其永恒的主题。尽管财务信息使用者的分析目的与要求不同，但对利润的追逐是一致的。所以，不同的财务信息使用者对企业进行财务分析时，其共同点都是关注企业的盈利能力。盈利能力是指企业通过资产运用赚取利润的能力。企业盈利能力的高低会影响到企业的流动性和企业成长。无论是企业的股东、债权人，还是企业的管理人员、员工都日益重视和关心企业的盈利能力。反映企业盈利能力的财务指标主要有营业毛利率、营业利润率、营业净利率、资产净利率和净资产收益率等。

1. 营业毛利率

营业毛利率是企业营业毛利与营业收入的比值。其计算公式如下：

$$营业毛利率 = \frac{营业毛利}{营业收入} \times 100\%$$

其中：营业毛利 = 营业收入 - 营业成本

营业毛利率表示每一元营业收入扣除营业成本后，有多少钱可用于期间费用的补偿和形成利润。营业毛利率是企业盈利的基础和保障，一般地，没有足够高的毛利率便不可能有足够高的盈利。营业毛利率越大，其营业成本在营业收入中所占的比重就越小，企业的盈利能力就会越强。

2. 营业利润率

营业利润率是企业营业利润与营业收入的比值。其计算公式如下：

$$营业利润率 = \frac{营业利润}{营业收入} \times 100\%$$

营业利润率反映企业一定时期内每一元营业收入能够带来多少营业利润，也即说明企业市场销售获取利润的能力。企业的营业利润率越高，说明企业通过扩大销售获取收益的能力就越强。

3. 营业净利率

营业净利率是企业一定时期的净利润与营业收入的比值。其计算公式如下：

$$营业净利率 = \frac{净利润}{营业收入} \times 100\%$$

营业净利率反映每一元营业收入所带来净利润的多少，表示营业收入的收益水平。从营业净利率的指标关系看，企业在增加营业收入的同时，必须相应地获得更多的净利润，才能使营业净利率保持不变或有所提高。通过分析营业净利率的变动，可以促使企业在扩大销售的同时，注意改进经营管理，提高盈利水平。

营业毛利率是营业净利率的主要影响因素。营业净利率的高低首先取决于营业毛利率的高低，营业毛利率的高低又主要取决于营业成本率的高低。也就是说：营业成本率越低，营业毛利率越高，营业净利率也就越高。可见，要提高营业净利率，首先必须降低营业成本率，以提高营业毛利率。

4. 资产净利率

资产净利率是企业净利润与总资产平均余额的比率。其计算公式如下：

$$资产净利率 = \frac{净利润}{总资产平均余额} \times 100\%$$

资产净利率反映每一元资产所创造的净利润，表明企业资产利用的综合效果。资产净利率指标越高，表明资产的利用效率越高，说明企业在增加收入和节约资金使用等方面取得的效果越好。企业净利的多少与企业资产的规模、结构及企业的经营管理水平有着密切的关系。分析者可以利用该指标分别与本企业上年、计划、本行业平均水平和本行业内先进水平进行对比，分析差异产生的原因，发现经营中存在的问题，提高总资产的收益水平，加速资金周转。因为：

$$\text{资产净利率} = \frac{\text{净利润}}{\text{总资产平均余额}} = \frac{\text{净利润}}{\text{营业收入}} \times \frac{\text{营业收入}}{\text{总资产平均余额}}$$

$$= \text{营业净利率} \times \text{总资产周转率}$$

所以，资产净利率受到营业净利率和总资产周转率的影响，因而，企业可以通过提高营业净利率和加速资产周转来提高资产净利率。

5. 净资产收益率

净资产收益率，又称权益报酬率或自有资金收益率，是净利润与净资产平均余额的比率。其计算公式如下：

$$\text{净资产收益率} = \frac{\text{净利润}}{\text{净资产平均余额}} \times 100\%$$

净资产收益率反映一元股东资本所赚取的净收益，是投资者对企业进行投资的真正回报，是分析企业盈利能力的核心指标。一般来说，净资产收益率越高，表明企业自有资本获取收益的能力越强，对企业投资人、债权人利益的保证程度越高，但净资产收益率并不是越高越好。因为：

$$\text{净资产收益率} = \frac{\text{净利润}}{\text{净资产平均余额}} = \frac{\text{净利润}}{\text{总资产平均余额}} \times \frac{\text{总资产平均余额}}{\text{净资产平均余额}}$$

$$= \text{资产净利率} \times \text{权益乘数}$$

所以，净资产收益率的高低取决于资产净利率和权益乘数两个因素，改善资产的盈利能力和提高企业负债水平都可以提高净资产收益率，而如果企业在不改善资产盈利能力的前提下单纯通过增加负债来提高净资产收益率，将可能会使企业面临财务困境。

【例 7－5】根据东方公司相关财务报告数据，整理并计算公司盈利能力分析指标见表 7－10。东方公司 2012 年末的资产和所有者权益余额分别为 422 635 万元和 347 511 万元。

表7－10　　东方公司盈利能力分析指标　　金额单位：万元

项目	2013年	2014年
营业毛利率	$\frac{305\ 607-80\ 530}{305\ 607}\times100\%=73.65\%$	$\frac{401\ 630-146\ 656}{401\ 630}\times100\%=63.48\%$
营业利润率	$\frac{123\ 302}{305\ 607}\times100\%=40.35\%$	$\frac{141\ 805}{401\ 630}\times100\%=35.31\%$
营业净利率	$\frac{105\ 356}{305\ 607}\times100\%=34.47\%$	$\frac{121\ 972}{401\ 630}\times100\%=30.37\%$
资产净利率	$\frac{105\ 356}{\frac{532\ 566+422\ 635}{2}}\times100\%=22.06\%$	$\frac{121\ 972}{\frac{597\ 974+532\ 566}{2}}\times100\%=21.58\%$
净资产收益率	$\frac{105\ 356}{\frac{431\ 120+347\ 511}{2}}\times100\%=27.06\%$	$\frac{121\ 972}{\frac{508\ 429+431\ 120}{2}}\times100\%=25.96\%$

6. 上市公司盈利能力比率

（1）每股收益。每股收益由归属于普通股股东的当期净利润除以当期实际发行在外普通股的股份数计算确定。其计算公式如下：

$$每股收益=\frac{归属于普通股股东的当期净利润}{当期发行在外普通股的股份数}$$

每股收益是指普通股股东每持有一股普通股所能享有的企业净利润（或承担的企业净亏损），是评价上市公司投资收益的基本和核心指标，因为它具有引导投资、增加市场评价功能、简化财务指标体系的作用。具体来说就是：每股收益指标具有联结资产负债表和利润表的功能，是两张财务报表之间的“桥梁”。每股收益这一单一指标具有反映两张报表的综合数值的特点，即每股收益是企业的多种因素综合作用形成的结果的表现形式，这就使企业的财务评价通过分析这一指标而变得简单易行；每股收益指标较好地反映了股东的投资收益，决定了股东的收益数量。每股收益值越高，股东的投资收益能力越强，股东的投资收益就越好，每一股份所得的利润也越多。每股收益还是确定企业股票价格的主要参考指标。在其他因素不变的情况下，每股收益越高，则该种股票的市价上升空间越大。反之，企业股票的市价也会越低。

信息使用者在运用每股收益进行分析时，需要注意：每股收益仅仅反映了上市公司过去期间的盈利能力，不能反映该上市公司所面临的风险。另外，股份仅仅是一个份额的概念，不同公司每一股股份所代表的价值量不尽相同，从而限制了每股收益在公司间的比较。

（2）市盈率。市盈率是普通股每股市价与每股收益的比率。其计算公式如下：

$$市盈率=\frac{每股市价}{每股收益}$$

市盈率反映投资人对每一元净利润所愿意支付的价格，可以用来估计股票的投资收益和风险。市盈率越高，表明市场对公司的未来越看好。但如果股票的市盈率过高，则意味着该股票潜在的投资风险也较高。所以，高市盈率是一把“双刃剑”，一方面，市盈率越高，意味着企业未来成长的潜力越大，也即投资者对该股票的估价越高；另一方面，市盈率越高，说明投资于该股票的风险也越大。

（3）每股股利。每股股利是指普通股分配的现金股利总额与期末发行在外普通股股份数的比值。其计算公式为：

$$每股股利=\frac{普通股现金股利总额}{期末发行在外普通股股份数}$$

每股股利反映上市公司每一股普通股所获取现金股利的大小。每股股利越大，企业股本获利能力越强。但须注意，上市公司股利发放额除了受上市公司盈利能力大小影响以外，还取决于企业的股利政策。

（4）股利支付率。股利支付率是指普通股每股股利与每股收益的比率。其计算公式如下：

$$股利支付率=\frac{每股股利}{每股收益}\times 100\%$$

股利支付率反映公司的股利分配政策和支付股利的能力。股利支付率的高低主要取决于公司的股利政策。一般来说，如果公司的现金比较充裕，并且目前没有更好的项目进行投资，公司可能会倾向于发放现金股利。

（5）每股净资产。每股净资产，又称每股账面价值，是指公司股东权益总额与期末发行在外普通股股份数之间的比率。其计算公式如下：

$$每股净资产=\frac{普通股股东权益总额}{发行在外普通股的股份数}$$

每股净资产反映了发行在外的每一普通股股份所能分配的企业账面净资产的价值。这里所说的账面净资产是指企业账面上的总资产减去负债后的余额，即股东权益总额。每股净资产指标反映了在会计期末每一股份在企业账面上到底值多少钱，它与股票面值、发行价值、市场价值乃至清算价值等往往有较大差距。

7.2.4　发展能力分析

发展能力是企业在生存的基础上，扩大规模、壮大实力的潜在能力，是公司核心竞争力、公司综合能力的体现。反映企业发展能力的财务指标主要有总资产增长率、所有者权益增长率、营业收入增长率、营业利润增长率和净利润增长率。

1. 总资产增长率

总资产增长率是指公司本年资产增长额与年初资产的比率，其计算公式如下：

$$总资产增长率=\frac{本年总资产增长额}{年初资产总额}\times 100\%$$

其中：本年总资产增长额 = 年末资产总额 − 年初资产总额

在经营效益和资产周转次数不变的情况下，企业的新增利润主要来自于新增资产，因此，企业的增长能力首先体现在企业投资规模的增加上。

总资产增长率是用来考核企业资产规模增长幅度的财务指标。总资产增长率越高，表明企业一定时期内资产经营规模扩张的速度越快。但总资产增长率高并不意味着企业的资产规模增长就一定适当。要评价一个企业的资产规模增长是否适当，必须与销售增长、利润增长等情况结合起来分析。只有在企业的销售增长、利润增长超过资产规模增长的情况下，这种资产规模增长才属于效益型增长，才是适当的、正常的。

2. 所有者权益增长率

所有者权益增长率，也称资本积累率或净资产增长率，是指公司本年所有者权益增长额与年初所有者权益的比率。其计算公式如下：

$$净资产增长率=\frac{本年所有者权益增长额}{年初所有者权益}\times 100\%$$

其中：本年所有者权益增长额 = 年末所有者权益 − 年初所有者权益

所有者权益增长率反映了企业所有者权益在当年的变动水平，体现了企业资本积累情况，是企业扩大再生产的源泉。同时，所有者权益增长率反映了投资者投入资本的保全性和增长性，该指标越大，表明企业的资本积累越多，资本保全性越强，应对风险、持续发展的能力越强。

3. 营业收入增长率

营业收入增长率是公司本年营业收入增长额与上年营业收入的比率。其计算公式如下：

$$营业收入增长率=\frac{本年营业收入增长额}{上年营业收入}\times 100\%$$

其中：本年营业收入增长额 = 本年营业收入 - 上年营业收入

营业收入增长率反映公司营业收入的增减变动情况。营业收入增长率越高，表明企业营业收入的增长速度越快，企业市场前景越好。营业收入是企业规模、实力的具体体现，是企业综合实力的市场体现。营业收入增长是企业扩大市场和提高市场占有率的结果，没有营业收入的增加，企业很难做大做强。营业收入增长率是衡量企业经营状况和市场占有能力，预测企业经营业务拓展趋势的重要标志，也是企业扩张存量和增量资本的重要前提。不断增加的营业收入是企业生存和发展的条件。因此，营业收入增长率是评价企业成长状况和发展能力的重要指标。

4. 营业利润增长率和净利润增长率

由于企业的价值主要取决于其盈利及其增长能力，所以企业的收益增长是反映企业增长能力的重要方面。在企业实务中，一般使用的是营业利润增长率和净利润增长率两项指标。其计算公式如下：

$$营业利润（净利润）增长率=\frac{本年营业利润（净利润）增长额}{上年营业利润（净利润）}\times 100\%$$

其中：本年营业利润（净利润）增长额 = 本年营业利润（净利润）- 上年营业利润（净利润）

营业利润增长率越大，说明企业经营业务成长性好，业务扩张能力强。净利润增长率越大，说明企业收益增长得越多，表明企业经营业绩突出，市场竞争能力越强，对股东的回报越高。

上述增长率指标从不同的侧面考察了企业的增长能力。在实际运用时，应该把各种指标相互联系起来，才能正确评价企业的增长能力。一般地说，如果企业的资产增长率、营业收入增长率、营业利润（净利润）增长率能够持续保持同步增长，且不低于行业平均水平，则基本可以认为该企业具有良好的增长能力。

【例 7－6】根据东方公司相关财务报告数据，整理并计算公司发展能力分析指标（如表 7－11 所示）。东方公司 2012 年的营业收入、营业利润和净利润分别为 275 885 万元、103 054 万元和 87 026 万元。

表7-11　　东方公司发展能力分析指标　　金额单位：万元

项目	2013年	2014年
总资产增长率	$\frac{532\ 566-422\ 635}{422\ 635}\times100\%=26.01\%$	$\frac{597\ 974-532\ 566}{532\ 566}\times100\%=12.28\%$
所有者权益增长率	$\frac{431\ 120-347\ 511}{347\ 511}\times100\%=24.06\%$	$\frac{508\ 429-431\ 120}{431\ 120}\times100\%=17.93\%$
营业收入增长率	$\frac{305\ 607-275\ 885}{275\ 885}\times100\%=10.77\%$	$\frac{401\ 630-305\ 607}{305\ 607}\times100\%=31.42\%$
营业利润增长率	$\frac{123\ 302-103\ 054}{103\ 054}=19.65\%$	$\frac{141\ 805-123\ 302}{123\ 302}\times100\%=15.01\%$
净利润增长率	$\frac{105\ 356-87\ 026}{87\ 026}=21.06\%$	$\frac{121\ 972-105\ 356}{105\ 356}=15.77\%$

7.3 财务报表综合分析

任何一类财务指标的计算和分析都不可能对一个企业的财务状况和经营成果做出全面的判断，只有对各种财务指标进行系统的分析才能对企业的财务状况做出合理的评价。财务报表综合分析是指将各项财务分析的内容和指标作为一个整体，系统、全面、综合地对企业财务状况和经营成果进行的分析和评价活动，借以揭示企业整体的财务状况、经营情况及未来发展趋势等。常用的财务报表的综合分析方法有杜邦分析法和沃尔评分法。

7.3.1 杜邦分析法

杜邦分析法

杜邦分析法因美国杜邦公司创造并最先采用而得名，是利用各主要财务比率指标间的内在联系，对企业财务状况及经济效益进行综合系统分析和评价的一种方法。杜邦分析法以净资产收益率为龙头指标，重点揭示企业获利能力及其前因后果，其特点是通过财务比率之间的相互关系，全面、系统、直观地反映企业的财务状况。因为企业的各项财务活动、各项财务指标是相互联系，并且相互影响的，这便要求财务分析人员将企业财务活动看作一个大系统，对系统内相互依存、相互作用的各因素进行综合分析。

通过前面的介绍已知，净资产收益率指标可以分解如下：

净资产收益率 = 资产净利率 × 权益乘数

= 营业净利率 × 总资产周转率 × 权益乘数

公式表明，决定净资产收益率的因素有三个：营业净利率、总资产周转率和权益乘数。这样，分解以后，就可以把净资产收益率这一综合性指标升降变化的原因加以具体化。净资产收益率的分解如图7－1所示。

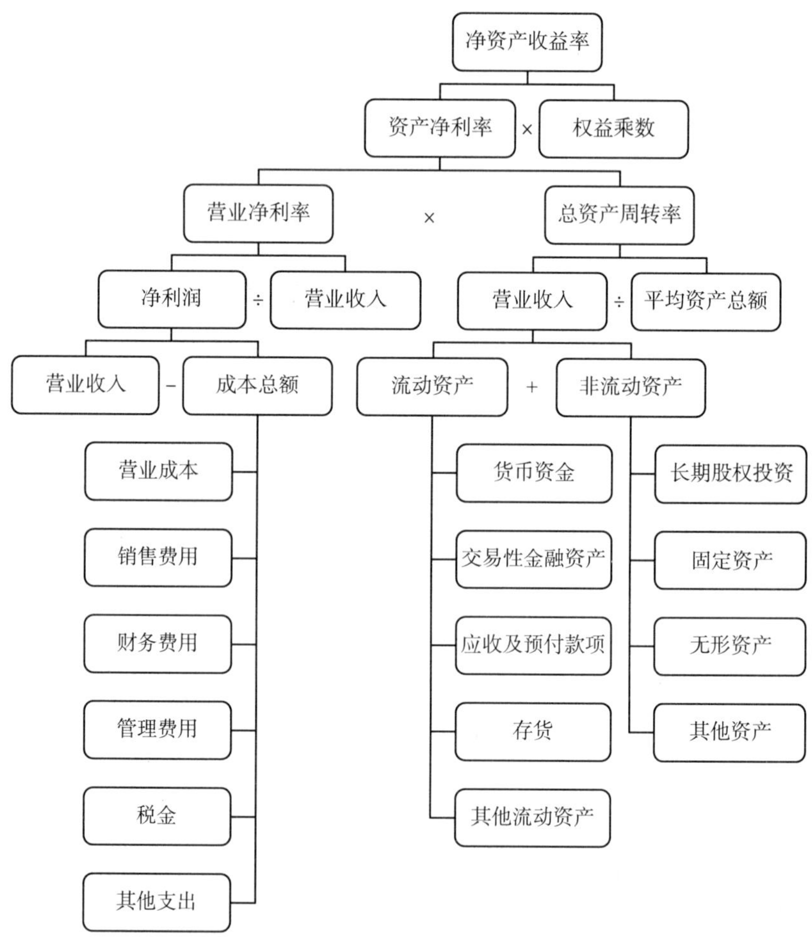

图7－1　杜邦分析体系

从图7－1我们可以了解到以下财务信息：

（1）净资产收益率是一个综合性很强、极有代表性的财务比率。

企业财务管理的重要目标之一是实现股东财富的最大化，净资产收益率正是反映了股东投入资金的获利能力，体现了企业经营的目标。从企业财务活动和经营活动的相互关系上看，这一比率反映了企业投资、筹资和生产运营等各个方面经营活动的效率，提高净资产收益率是所有者财富最大化的基本保证。

（2）资产净利率是反映企业获利能力的一个重要财务比率，揭示了企业生产经营活动的效率，综合性很强。企业的营业收入、成本费用、资产、资产周转速度以及资金占用量等各种因素，都直接影响资产净利率的高低。资产净利率是营业净利率和总资产周转率的乘积。营业净利率和总资产周转率可以反映企业的经营战略。因为营业净利率与总资产周转率通常呈反向变化，仅仅从营业净利率的高低并不能评价业绩的好坏，把它和总资产周转率联系起来可以考察企业经营战略。真正重要的是两者共同作用而得到的资产净利率。

（3）总资产周转率是反映企业营运能力的一个重要指标。资产营运效率的高低是企业资产经营的核心，并最终影响到企业的经营业绩。影响总资产周转率的一个重要因素是资产总额。企业的资产总额由流动资产和非流动资产组成，流动资产反映了企业的偿债能力和变现能力，非流动产则体现了企业的经营规模、发展潜力和盈利能力，两者之间应该有一个合理的比例关系。因此，需要分析各项资产的占用数额及其周转速度。

（4）营业净利率反映的是净利润与营业收入之间的关系，是评价企业盈利能力的重要指标。一般来说，营业收入增加，企业的净利润也会随之增加。但是，要想提高营业净利润，必须一方面提高营业收入，另一方面降低各种成本费用，这样才能使营业净利润的增长高于营业收入的增长，从而使营业净利率得到提高。由此可见，提高营业净利率必须在以下两个方面下功夫：一是扩大营业收入；二是降低成本。

（5）权益乘数反映了所有者权益同资产的关系，主要受资产与负债之间比例关系的影响。在资产总额既定的前提下，负债总额越大，权益乘数就越高，说明企业有较高的负债程度，会给企业带来较大的杠杆收益，同时企业也承担了较高的财务风险。财务杠杆可以反映企业的财务政策。一般来说，资产净利率高的企业，财务杠杆较低。资产净利率与财务杠杆呈现负相关关系，两者共同决定企业的净资产收益率。因此，企业必须使其经营战略和财务政策相匹配。

7.3.2 沃尔评分法

沃尔评分法，又称系数分析法或综合评分法，由亚利山大·沃尔最早提出，因此而得名。沃尔评分法是指企业先选定若干重要财务比率，然后根据财务比率的不同重要程度计算相应的分数，从而对企业财务状况进行评价和分析的一种方法。

运用沃尔评分法进行综合分析的程序为：

（1）选定评价企业财务状况的指标。由于企业的盈利能力、偿债能力和营运能力等指标可以概括企业的基本财务状况，所以，可从中分别选择若干具有代表性的重要比率。

（2）根据各项财务指标的重要程度，确定其重要性系数即权重。各项指标的重要程度的判定，一般可根据企业经营状况、管理要求、企业所有者、经营者及债权人的意向综合确定，但其重要性系数之和应等于100。

（3）确定各项财务指标的标准值。财务指标的标准值是指各项指标在企业现有条件下最理想的数值。一般可以本行业的平均数为基础加以修正。

（4）计算企业一定时期内各项财务指标的实际值。

（5）计算确定各指标实际值与标准值的比率，即关系比率，其计算公式如下：

$$关系比率 = \frac{实际值}{标准值}$$

（6）计算各项财务比率的得分并进行加总。各项指标得分计算公式如下：

$$某指标得分 = 该指标的重要性系数 \times 关系比率$$

各项财务比率综合得分若超过100，说明企业财务状况超过同行业平均或历史先进水平，财务状况良好；若综合得分为100或接近于100，说明企业财务状况基本良好；若综合得分与100有较大差距，则说明企业财务状况不佳，有待进一步改善。

采用沃尔评分法评价企业财务状况，关键在于如何合理确定重要性系数和标准值。这两大因素的确定带有一定的主观性，因此，企业要综合各方面情况慎重考虑。

【例7－7】根据东方公司相关财务数据，采用沃尔评分法对东方公司2014年度的财务状况进行综合评价如表7－12所示。

表 7－12　　东方公司 2014 年度沃尔评分表

财务比率	权重 1	标准比率 2	实际比率 3	关系比率 4＝3÷2	实际得分 5＝1×4
净资产收益率	20	20.20%	25.96%	1.29	25.8
资产净利率	15	11.50%	21.58%	1.88	28.2
速动比率	10	1.59	3.19	2	20
现金流动负债比率	10	9.2	1.1	0.12	1.2
资产/负债	10	3.05	6.68	2.19	21.90
总资产周转率	10	1.4	0.71	0.51	5.1
存货周转率	5	5.2	3.08	0.59	2.95
应收账款周转率	5	8.5	19.47	2.29	11.45
营业收入增长率	10	27%	31.42%	1.16	11.6
营业利润增长率	5	17.70%	15.01%	0.85	4.25
合计	100				132.45

根据表 7－12 中的数据可以看出，东方公司 2014 年度财务比率综合评分为 132.45 分，超过 100 分，说明该公司的财务状况不错，超过了行业平均水平。

本章小结

1. 财务报表分析是以企业的财务报告等资料为基础，对企业的财务状况、经营成果和现金流量等进行分析和评价的一种方法。财务报表分析的目的有四个方面：评价企业的偿债能力、评价企业的资产管理水平、评价企业的获利能力和评价企业的发展趋势。

2. 对企业进行财务分析一般以企业的会计资料为基础，企业的财务报告主要包括资产负债表、利润表、现金流量表、所有者权益变动表等财务报表和财务报表附注等。

3. 财务报表分析的方法有比较分析法、比率分析法和因素分析法。

4. 比较分析法是将同一个经济指标在不同时期或不同情况的执行结果进行对比，揭示差异和矛盾的一种方法，是财务分析最基本的方法。比较分析法按比较对象的不同，可以分为差异分析法、横向分析法和趋势分析法。

5. 比率分析法是将某些彼此之间存在一定关系的财务指标进行

对照，计算有关比率，并据以确定经济活动变动程度的分析方法。比率分析法的形式包括相关比率分析、构成比率分析和效率比率分析。

6. 因素分析法是依据分析指标与其影响因素的关系，从数量上确定各因素对指标的影响程度的一种财务分析方法。因素分析法的主要形式是连环替代法。

7. 反映企业短期偿债能力的财务指标主要有流动比率、速动比率、现金比率和现金流量比率等。

8. 反映企业长期偿债能力的财务指标主要有资产负债率、产权比率、权益乘数、已获利息倍数和偿债保障比率等。

9. 反映企业营运能力的财务指标主要有应收账款周转率、存货周转率、流动资产周转率、固定资产周转率和总资产周转率。

10. 反映企业盈利能力的财务指标主要有营业毛利率、营业利润率、营业净利率、资产净利率、净资产收益率、每股收益、市盈率、每股股利、股利支付率和每股净资产。

11. 反映企业发展能力的财务指标主要有总资产增长率、所有者权益增长率、营业收入增长率、营业利润增长率和净利润增长率。

12. 杜邦分析法是指利用各主要财务比率指标间的内在联系，对企业财务状况及经济效益进行综合系统分析和评价的一种方法。杜邦分析法以净资产收益率为龙头指标，重点揭示企业获利能力及其前因后果。决定净资产收益率的因素有三个：营业净利率、总资产周转率和权益乘数。

13. 沃尔评分法是指企业先选定若干重要财务比率，然后根据财务比率的不同重要程度计算相应的分数，从而对企业财务状况进行评价和分析的一种方法。

本章练习题

一、单项选择题

1. 下列可用于企业短期偿债能力分析的财务比率为（　　）。

A. 已获利息倍数　　B. 资产净利率

C. 速动比率　　D. 市盈率

2. 某企业 2014 年年初与年末的所有者权益分别为 250 万元和 300 万元，则所有者权益增长率为（　　）。

A. 17%　　B. 83%　　C. 120%　　D. 20%

3. 已获利息倍数不仅反映了企业的获利能力，而且反映了（　　）。

A. 发展能力　　B. 短期偿债能力

C. 长期偿债能力　　　　　D. 营运能力

4. 一般的，如果企业速动比率很小，下列结论成立的是（　　）。

A. 企业流动资产占有过多　　B. 企业短期偿债能力很强

C. 企业短期偿债风险很大　　D. 企业资产流动性很强

5. 下列各项中，不会影响流动比率的业务是（　　）。

A. 用现金购买短期债券　　B. 用现金购买固定资产

C. 用存货进行对外长期投资　　D. 从银行取得长期借款

6. 某企业2014年的营业收入为36 000万元，流动资产平均余额为4 000万元，非流动资产平均余额为8 000万元。假定无其他资产，则该企业2009年的总资产周转率为（　　）次。

A. 3　　B. 3.4　　C. 2.9　　D. 3.2

7. 如果流动负债小于流动资产，则期末用现金偿付一笔短期借款所导致的结果是（　　）。

A. 营运资金减少　　B. 营运资金增加

C. 流动比率降低　　D. 流动比率提高

8. 下列项目中，不属于速动资产项目的是（　　）。

A. 库存现金　　B. 应收账款

C. 交易性金融资产　　D. 存货

9. 某企业应收账款周转率为4.5次，一年按360天计算，则应收账款周转天数为（　　）天。

A. 20　　B. 81.1　　C. 80　　D. 730

10. 下列各项中，可能导致企业资产负债率变化的经济业务是（　　）。

A. 收回应收账款　　B. 用现金购买债券

C. 接受投资转入的固定资产　　D. 以固定资产对外投资

11. 某企业2014年有关资料为：年末流动负债为50万元，流动比率2.5，速动比率1.5，当年营业成本80万元。假设企业流动资产由速动资产和存货组成，存货年初数和年末数相等，则该企业当年存货周转次数为（　　）次。

A. 1.2　　B. 1.6　　C. 2　　D. 3

12. 反映股份公司普通股获利水平的指标是（　　）。

A. 每股股利　　B. 市盈率　　C. 每股市价　　D. 每股收益

13. 计算速动比率时，从流动资产中扣除存货最重要的原因是（　　）。

A. 存货价值较大　　B. 存货质量难以保证

C. 存货变现能力较差　　D. 存货不属于流动资产

14. 已获利息倍数是（　　）与利息支出的比率。

A. 利润总额　　B. 净利润

C. 收入总额　　D. 息税前利润

15. 市盈率是指（　　）和每股收益的比率。

A. 每股市价　B. 每股股利　C. 每股面值　D. 每股利润

二、多项选择题

1. 下列属于评价企业盈利能力的财务指标有（　　）。

A. 总资产周转率　　B. 资产净利率

C. 产权比率　　D. 净资产收益率

2. 速动资产包括（　　）。

A. 存货　B. 应收账款　C. 应付账款　D. 货币资金

3. 下列属于评价企业偿债能力的财务指标有（　　）。

A. 产权比率　B. 速动比率　C. 资产负债率　D. 流动比率

4. 提高应收账款周转率有助于（　　）。

A. 加快资金周转　　B. 提高生产能力

C. 增强短期偿债能力　　D. 减少坏账损失

5. 下列属于评价企业发展能力的财务指标有（　　）。

A. 资本积累率　　B. 总资本周转率

C. 总资产增长率　　D. 资产净利率

6. 下列各项中，与净资产收益率密切相关的有（　　）。

A. 营业净利率　　B. 总资产周转率

C. 总资产增长率　　D. 权益乘数

7. 已知某公司 2014 年年末资产总额为 500 万元，负债总额为 200 万元，流动资产和流动负债分别为 240 万元和 160 万元。2014 年净利润为 100 万元，所得税为 30 万元，利息费用为 20 万元，则（　　）。

A. 2014 年年末资产负债率为 40%

B. 2014 年年末流动比率为 0.67

C. 2014 年年末权益乘数为 1.67

D. 2014 年的已获利息倍数为 7.5

8. 下列有关流动比率的表述错误的有（　　）。

A. 流动比率越高越好

B. 流动比率高并不意味着企业一定具有很强的短期偿债能力

C. 不同企业的流动比率有着统一的衡量标准

D. 流动比率比速动比率更能准确反映企业的短期偿债能力

9. 财务报表分析的比较标准有（　　）。

A. 历史标准　B. 行业标准　C. 预算标准　D. 基本标准

10. 下列财务比率中属于反映企业短期偿债能力的比率有（　　）。

A. 流动比率　　B. 速动比率

C. 现金比率　　D. 资产负债率

三、判断题

1. 速动比率用于分析企业的短期偿债能力，一般地，速动比率越大越好。（　　）

2. 通过对比两期或连续数期财务报告中的相同指标，揭示企业财务状况和经营成果变动趋势的分析方法称为趋势分析法。（　　）

3. 一般来说，市盈率越高，说明投资者对公司的发展前景越看好，但市盈率并不是越高越好。（　　）

4. 资产负债率与产权比率的乘积等于1。（　　）

5. 构成比率反映的是投入与产出的关系。（　　）

6. 资产周转天数越多，表明资产使用效率越高，营运能力越强。（　　）

7. 流动比率可以反映企业的短期偿债能力，有的企业尽管流动比率较高，但仍有可能出现无力支付到期债务的情况。（　　）

8. 在其他条件不变的情况下，权益乘数越小，企业的负债程度越高，财务风险越大。（　　）

9. 财务分析中的效率比率，是某项财务活动中所费与所得之间的比率，反映投入与产出的关系。（　　）

10. 在进行财务报表的差异分析时通常使用本企业历史数据作为比较标准。（　　）

四、计算题

习题一

[目的] 练习财务指标的计算。

[资料] 某企业2014年度营业收入为2 000万元，营业成本为1 600万元；年初、年末应收账款余额分别为200万元和400万元；年初、年末存货余额分别为200万元和600万元；年末速动比率为1.2，年末库存现金与流动负债的比率为0.7。假定该企业流动资产由速动资产和存货组成，速动资产由应收账款和库存现金组成。

[要求]

1. 计算2014年应收账款周转期；

2. 计算2014年存货周转期；

3. 计算2014年年末流动负债余额和速动资产余额；

4. 计算2014年年末流动比率。

习题二

［目的］练习财务指标的计算。

［资料］华信公司2014年末的资产负债表和2014年度利润表如下：

资产负债表

编制单位：华信公司　　2014年12月31日　　单位：万元

资产	期末余额	年初余额	负债和所有者权益	期末余额	年初余额
流动资产：			流动负债：		
货币资金	5 020	2 850	短期借款	485	650
交易性金融资产	175	425	应付账款	1 295	1 945
应收账款	3 885	3 500	预收款项	1 460	970
预付款项	890	725	其他应付款	2 590	1 620
存货	2 820	2 610	流动负债合计	5 830	5 185
其他流动资产			非流动负债：		
流动资产合计	12 790	10 110	长期借款	1 615	1 050
非流动资产：			非流动负债合计	1 615	1 050
长期股权投资	1 650	975	负债合计	7 445	6 235
固定资产	6 280	5 650	所有者权益（或股东权益）：		
无形资产	130	165	实收资本（或股本）	5 850	4 860
非流动资产合计	8 060	6 790	资本公积	2 370	1 560
			盈余公积	3 240	2 595
			未分配利润	1 945	1 650
			所有者权益合计	13 405	10 665
资产总计	20 850	16 900	负债和所有者权益总计	20 850	16 900

利　润　表

单位：华信公司　　2014年度　　单位：万元

项目	本期金额	上期金额
一、营业收入	49 000	37 500
减：营业成本	27 500	22 500

续表

项目	本期金额	上期金额
税金及附加	2 450	1 875
销售费用	1 750	1 575
管理费用	2 750	2 450
财务费用（假定均为利息费用）	195	165
加：投资收益（损失以“－”号填列）	450	325
二、营业利润（亏损以“－”号填列）	14 805	9 260
加：营业外收入	165	195
减：营业外支出	170	1 155
三、利润总额（亏损总额以“－”号填列）	14 800	8 300
减：所得税费用	3 700	2 075
四、净利润（净亏损以“－”号填列）	11 100	6 225

注：假设财务费用均为利息费用。

［要求］

1. 计算2014年的下列指标：（1）流动比率；（2）速动比率；（3）资产负债率；（4）产权比率；（5）已获利息倍数；（6）应收账款周转率和周转期；（7）存货周转率和周转期；（8）流动资产周转率和周转期；（9）固定资产周转率和周转期；（10）总资产周转率和周转期；（11）营业利润率；（12）资产净利率；（13）净资产收益率；（14）营业收入增长率；（15）资本积累率；（16）总资产增长率。

2. 假设华信公司发行在外的普通股股票为 11 100 万股，2014 年度发放普通股现金股利 3 330 万元，年末股票市价为每股 25 元。计算该公司每股收益、每股股利和市盈率指标。

附录

附表 1 　　复利终值系数表

Period	1%	2%	3%	4%	5%	6%	7%	8%	9%	10%
1	1.0100	1.0200	1.0300	1.0400	1.0500	1.0600	1.0700	1.0800	1.0900	1.1000
2	1.0201	1.0404	1.0609	1.0816	1.1025	1.1236	1.1449	1.1664	1.1881	1.2100
3	1.0303	1.0612	1.0927	1.1249	1.1576	1.1910	1.2250	1.2597	1.2950	1.3310
4	1.0406	1.0824	1.1255	1.1699	1.2155	1.2625	1.3108	1.3605	1.4116	1.4641
5	1.0510	1.1041	1.1593	1.2167	1.2763	1.3382	1.4026	1.4693	1.5386	1.6105
6	1.0615	1.1262	1.1941	1.2653	1.3401	1.4185	1.5007	1.5869	1.6771	1.7716
7	1.0721	1.1487	1.2299	1.3159	1.4071	1.5036	1.6058	1.7138	1.8280	1.9487
8	1.0829	1.1717	1.2668	1.3686	1.4775	1.5938	1.7182	1.8509	1.9926	2.1436
9	1.0937	1.1951	1.3048	1.4233	1.5513	1.6895	1.8385	1.9990	2.1719	2.3579
10	1.1046	1.2190	1.3439	1.4802	1.6289	1.7908	1.9672	2.1589	2.3674	2.5937
11	1.1157	1.2434	1.3842	1.5395	1.7103	1.8983	2.1049	2.3316	2.5804	2.8531
12	1.1268	1.2682	1.4258	1.6010	1.7959	2.0122	2.2522	2.5182	2.8127	3.1384
13	1.1381	1.2936	1.4685	1.6651	1.8856	2.1329	2.4098	2.7196	3.0658	3.4523
14	1.1495	1.3195	1.5126	1.7317	1.9799	2.2609	2.5785	2.9372	3.3417	3.7975
15	1.1610	1.3459	1.5580	1.8009	2.0789	2.3966	2.7590	3.1722	3.6425	4.1772
16	1.1726	1.3728	1.6047	1.8730	2.1829	2.5404	2.9522	3.4259	3.9703	4.5950
17	1.1843	1.4002	1.6528	1.9479	2.2920	2.6928	3.1588	3.7000	4.3276	5.0545
18	1.1961	1.4282	1.7024	2.0258	2.4066	2.8543	3.3799	3.9960	4.7171	5.5599
19	1.2081	1.4568	1.7535	2.1068	2.5270	3.0256	3.6165	4.3157	5.1417	6.1159
20	1.2202	1.4859	1.8061	2.1911	2.6533	3.2071	3.8697	4.6610	5.6044	6.7275
21	1.2324	1.5157	1.8603	2.2788	2.7860	3.3996	4.1406	5.0338	6.1088	7.4002
22	1.2447	1.5460	1.9161	2.3699	2.9253	3.6035	4.4304	5.4365	6.6586	8.1403
23	1.2572	1.5769	1.9736	2.4647	3.0715	3.8197	4.7405	5.8715	7.2579	8.9543
24	1.2697	1.6084	2.0328	2.5633	3.2251	4.0489	5.0724	6.3412	7.9111	9.8497
25	1.2824	1.6406	2.0938	2.6658	3.3864	4.2919	5.4274	6.8485	8.6231	10.835
26	1.2953	1.6734	2.1566	2.7725	3.5557	4.5494	5.8074	7.3964	9.3992	11.918
27	1.3082	1.7069	2.2213	2.8834	3.7335	4.8223	6.2139	7.9881	10.245	13.110
28	1.3213	1.7410	2.2879	2.9987	3.9201	5.1117	6.6488	8.6271	11.167	14.421
29	1.3345	1.7758	2.3566	3.1187	4.1161	5.4184	7.1143	9.3173	12.172	15.863
30	1.3478	1.8114	2.4273	3.2434	4.3219	5.7435	7.6123	10.063	13.268	17.449
40	1.4889	2.2080	3.2620	4.8010	7.0400	10.286	14.974	21.725	31.409	45.259
50	1.6446	2.6916	4.3839	7.1067	11.467	18.420	29.457	46.902	74.358	117.39
60	1.8167	3.2810	5.8916	10.520	18.679	32.988	57.946	101.26	176.03	304.48

续表

Period	12%	14%	15%	16%	18%	20%	24%	28%	32%	36%
1	1. 1200	1. 1400	1. 1500	1. 1600	1. 1800	1. 2000	1. 2400	1. 2800	1. 3200	1. 3600
2	1. 2544	1. 2996	1. 3225	1. 3456	1. 3924	1. 4400	1. 5376	1. 6384	1. 7424	1. 8496
3	1. 4049	1. 4815	1. 5209	1. 5609	1. 6430	1. 7280	1. 9066	2. 0972	2. 3000	2. 5155
4	1. 5735	1. 6890	1. 7490	1. 8106	1. 9388	2. 0736	2. 3642	2. 6844	3. 0360	3. 4210
5	1. 7623	1. 9254	2. 0114	2. 1003	2. 2878	2. 4883	2. 9316	3. 4360	4. 0075	4. 6526
6	1. 9738	2. 1950	2. 3131	2. 4364	2. 6996	2. 9860	3. 6352	4. 3980	5. 2899	6. 3275
7	2. 2107	2. 5023	2. 6600	2. 8262	3. 1855	3. 5832	4. 5077	5. 6295	6. 9826	8. 6054
8	2. 4760	2. 8526	3. 0590	3. 2784	3. 7589	4. 2998	5. 5895	7. 2058	9. 2170	11. 703
9	2. 7731	3. 2519	3. 5179	3. 8030	4. 4355	5. 1598	6. 9310	9. 2234	12. 166	15. 917
10	3. 1058	3. 7072	4. 0456	4. 4114	5. 2338	6. 1917	8. 5944	11. 806	16. 060	21. 647
11	3. 4785	4. 2262	4. 6524	5. 1173	6. 1759	7. 4301	10. 657	15. 112	21. 199	29. 439
12	3. 8960	4. 8179	5. 3503	5. 9360	7. 2876	8. 9161	13. 215	19. 343	27. 983	40. 037
13	4. 3635	5. 4924	6. 1528	6. 8858	8. 5994	10. 699	16. 386	24. 759	36. 937	54. 451
14	4. 8871	6. 2613	7. 0757	7. 9875	10. 147	12. 839	20. 319	31. 691	48. 757	74. 053
15	5. 4736	7. 1379	8. 1371	9. 2655	11. 974	15. 407	25. 196	40. 565	64. 359	100. 71
16	6. 1304	8. 1372	9. 3576	10. 748	14. 129	18. 488	31. 243	51. 923	84. 954	136. 97
17	6. 8660	9. 2765	10. 761	12. 468	16. 672	22. 186	38. 741	66. 461	112. 14	186. 28
18	7. 6900	10. 575	12. 375	14. 463	19. 673	26. 623	48. 039	85. 071	148. 02	253. 34
19	8. 6128	12. 056	14. 232	16. 777	23. 214	31. 948	59. 568	108. 89	195. 39	344. 54
20	9. 6463	13. 743	16. 367	19. 461	27. 393	38. 338	73. 864	139. 38	257. 92	468. 57
21	10. 804	15. 668	18. 822	22. 574	32. 324	46. 005	91. 592	178. 41	340. 45	637. 26
22	12. 100	17. 861	21. 645	26. 186	38. 142	55. 206	113. 57	228. 36	449. 39	866. 67
23	13. 552	20. 362	24. 891	30. 376	45. 008	66. 247	140. 83	292. 30	593. 20	1 178. 7
24	15. 179	23. 212	28. 625	35. 236	53. 109	79. 497	174. 63	374. 14	783. 02	1 603. 0
25	17. 000	26. 462	32. 919	40. 874	62. 669	95. 396	216. 54	478. 90	1 033. 6	2 180. 1
26	19. 040	30. 167	37. 857	47. 414	73. 949	114. 48	268. 51	613. 00	1 364. 3	2 964. 9
27	21. 325	34. 390	43. 535	55. 000	87. 260	137. 37	332. 95	784. 64	1 800. 9	4 032. 3
28	23. 884	39. 204	50. 066	63. 800	102. 97	164. 84	412. 86	1 004. 3	2 377. 2	5 483. 9
29	26. 750	44. 693	57. 575	74. 009	121. 50	197. 81	511. 95	1 285. 6	3 137. 9	7 458. 1
30	29. 960	50. 950	66. 212	85. 850	143. 37	237. 38	634. 82	1 645. 5	4 142. 1	10 143
40	93. 051	188. 88	267. 86	378. 72	750. 38	1 469. 8	5 455. 9	19 427	66 521	*
50	289. 00	700. 23	1 083. 7	1 670. 7	3 927. 4	9 100. 4	46 890	*	*	*
60	897. 60	2 595. 9	4 384. 0	7 370. 2	20 555	56 348	*	*	*	*

附表 2 **复利现值系数表**

Period	1%	2%	3%	4%	5%	6%	7%	8%	9%	10%
1	0.9901	0.9804	0.9709	0.9615	0.9524	0.9434	0.9346	0.9259	0.9174	0.9091
2	0.9803	0.9612	0.9426	0.9246	0.9070	0.8900	0.8734	0.8573	0.8417	0.8264
3	0.9706	0.9423	0.9151	0.8890	0.8638	0.8396	0.8163	0.7938	0.7722	0.7513
4	0.9610	0.9238	0.8885	0.8548	0.8227	0.7921	0.7629	0.7350	0.7084	0.6830
5	0.9515	0.9057	0.8626	0.8219	0.7835	0.7473	0.7130	0.6806	0.6499	0.6209
6	0.9420	0.8880	0.8375	0.7903	0.7462	0.7050	0.6663	0.6302	0.5963	0.5645
7	0.9327	0.8706	0.8131	0.7599	0.7107	0.6651	0.6227	0.5835	0.5470	0.5132
8	0.9235	0.8535	0.7894	0.7307	0.6768	0.6274	0.5820	0.5403	0.5019	0.4665
9	0.9143	0.8368	0.7664	0.7026	0.6446	0.5919	0.5439	0.5002	0.4604	0.4241
10	0.9053	0.8203	0.7441	0.6756	0.6139	0.5584	0.5083	0.4632	0.4224	0.3855
11	0.8963	0.8043	0.7224	0.6496	0.5847	0.5268	0.4751	0.4289	0.3875	0.3505
12	0.8874	0.7885	0.7014	0.6246	0.5568	0.4970	0.4440	0.3971	0.3555	0.3186
13	0.8787	0.7730	0.6810	0.6006	0.5303	0.4688	0.4150	0.3677	0.3262	0.2897
14	0.8700	0.7579	0.6611	0.5775	0.5051	0.4423	0.3878	0.3405	0.2992	0.2633
15	0.8613	0.7430	0.6419	0.5553	0.4810	0.4173	0.3624	0.3152	0.2745	0.2394
16	0.8528	0.7284	0.6232	0.5339	0.4581	0.3936	0.3387	0.2919	0.2519	0.2176
17	0.8444	0.7142	0.6050	0.5134	0.4363	0.3714	0.3166	0.2703	0.2311	0.1978
18	0.8360	0.7002	0.5874	0.4936	0.4155	0.3503	0.2959	0.2502	0.2120	0.1799
19	0.8277	0.6864	0.5703	0.4746	0.3957	0.3305	0.2765	0.2317	0.1945	0.1635
20	0.8195	0.6730	0.5537	0.4564	0.3769	0.3118	0.2584	0.2145	0.1784	0.1486
21	0.8114	0.6598	0.5375	0.4388	0.3589	0.2942	0.2415	0.1987	0.1637	0.1351
22	0.8034	0.6468	0.5219	0.4220	0.3418	0.2775	0.2257	0.1839	0.1502	0.1228
23	0.7954	0.6342	0.5067	0.4057	0.3256	0.2618	0.2109	0.1703	0.1378	0.1117
24	0.7876	0.6217	0.4919	0.3901	0.3101	0.2470	0.1971	0.1577	0.1264	0.1015
25	0.7798	0.6095	0.4776	0.3751	0.2953	0.2330	0.1842	0.1460	0.1160	0.0923
26	0.7720	0.5976	0.4637	0.3607	0.2812	0.2198	0.1722	0.1352	0.1064	0.0839
27	0.7644	0.5859	0.4502	0.3468	0.2678	0.2074	0.1609	0.1252	0.0976	0.0763
28	0.7568	0.5744	0.4371	0.3335	0.2551	0.1956	0.1504	0.1159	0.0895	0.0693
29	0.7493	0.5631	0.4243	0.3207	0.2429	0.1846	0.1406	0.1073	0.0822	0.0630
30	0.7419	0.5521	0.4120	0.3083	0.2314	0.1741	0.1314	0.0994	0.0754	0.0573
35	0.7059	0.5000	0.3554	0.2534	0.1813	0.1301	0.0937	0.0676	0.0490	0.0356
40	0.6717	0.4529	0.3066	0.2083	0.1420	0.0972	0.0668	0.0460	0.0318	0.0221
45	0.6391	0.4102	0.2644	0.1712	0.1113	0.0727	0.0476	0.0313	0.0207	0.0137
50	0.6080	0.3715	0.2281	0.1407	0.0872	0.0543	0.0339	0.0213	0.0134	0.0085
55	0.5785	0.3365	0.1968	0.1157	0.0683	0.0406	0.0242	0.0145	0.0087	0.0053

续表

Period	12%	14%	15%	16%	18%	20%	24%	28%	32%	36%
1	0. 8929	0. 8772	0. 8696	0. 8621	0. 8475	0. 8333	0. 8065	0. 7813	0. 7576	0. 7353
2	0. 7972	0. 7695	0. 7561	0. 7432	0. 7182	0. 6944	0. 6504	0. 6104	0. 5739	0. 5407
3	0. 7118	0. 6750	0. 6575	0. 6407	0. 6086	0. 5787	0. 5245	0. 4768	0. 4348	0. 3975
4	0. 6355	0. 5921	0. 5718	0. 5523	0. 5158	0. 4823	0. 4230	0. 3725	0. 3294	0. 2923
5	0. 5674	0. 5194	0. 4972	0. 4761	0. 4371	0. 4019	0. 3411	0. 2910	0. 2495	0. 2149
6	0. 5066	0. 4556	0. 4323	0. 4104	0. 3704	0. 3349	0. 2751	0. 2274	0. 1890	0. 1580
7	0. 4523	0. 3996	0. 3759	0. 3538	0. 3139	0. 2791	0. 2218	0. 1776	0. 1432	0. 1162
8	0. 4039	0. 3506	0. 3269	0. 3050	0. 2660	0. 2326	0. 1789	0. 1388	0. 1085	0. 0854
9	0. 3606	0. 3075	0. 2843	0. 2630	0. 2255	0. 1938	0. 1443	0. 1084	0. 0822	0. 0628
10	0. 3220	0. 2697	0. 2472	0. 2267	0. 1911	0. 1615	0. 1164	0. 0847	0. 0623	0. 0462
11	0. 2875	0. 2366	0. 2149	0. 1954	0. 1619	0. 1346	0. 0938	0. 0662	0. 0472	0. 0340
12	0. 2567	0. 2076	0. 1869	0. 1685	0. 1372	0. 1122	0. 0757	0. 0517	0. 0357	0. 0250
13	0. 2292	0. 1821	0. 1625	0. 1452	0. 1163	0. 0935	0. 0610	0. 0404	0. 0271	0. 0184
14	0. 2046	0. 1597	0. 1413	0. 1252	0. 0985	0. 0779	0. 0492	0. 0316	0. 0205	0. 0135
15	0. 1827	0. 1401	0. 1229	0. 1079	0. 0835	0. 0649	0. 0397	0. 0247	0. 0155	0. 0099
16	0. 1631	0. 1229	0. 1069	0. 0930	0. 0708	0. 0541	0. 0320	0. 0193	0. 0118	0. 0073
17	0. 1456	0. 1078	0. 0929	0. 0802	0. 0600	0. 0451	0. 0258	0. 0150	0. 0089	0. 0054
18	0. 1300	0. 0946	0. 0808	0. 0691	0. 0508	0. 0376	0. 0208	0. 0118	0. 0068	0. 0039
19	0. 1161	0. 0829	0. 0703	0. 0596	0. 0431	0. 0313	0. 0168	0. 0092	0. 0051	0. 0029
20	0. 1037	0. 0728	0. 0611	0. 0514	0. 0365	0. 0261	0. 0135	0. 0072	0. 0039	0. 0021
21	0. 0926	0. 0638	0. 0531	0. 0443	0. 0309	0. 0217	0. 0109	0. 0056	0. 0029	0. 0016
22	0. 0826	0. 0560	0. 0462	0. 0382	0. 0262	0. 0181	0. 0088	0. 0044	0. 0022	0. 0012
23	0. 0738	0. 0491	0. 0402	0. 0329	0. 0222	0. 0151	0. 0071	0. 0034	0. 0017	0. 0008
24	0. 0659	0. 0431	0. 0349	0. 0281	0. 0188	0. 0126	0. 0057	0. 0027	0. 0013	0. 0006
25	0. 0588	0. 0378	0. 0304	0. 0245	0. 0160	0. 0105	0. 0046	0. 0021	0. 0010	0. 0005
26	0. 0525	0. 0331	0. 0264	0. 0211	0. 0135	0. 0087	0. 0037	0. 0016	0. 0007	0. 0003
27	0. 0469	0. 0291	0. 0230	0. 0182	0. 0115	0. 0073	0. 0030	0. 0013	0. 0006	0. 0002
28	0. 0419	0. 0255	0. 0200	0. 0157	0. 0097	0. 0061	0. 0024	0. 0010	0. 0004	0. 0002
29	0. 0374	0. 0224	0. 0174	0. 0135	0. 0082	0. 0051	0. 0020	0. 0008	0. 0003	0. 0001
30	0. 0334	0. 0196	0. 0151	0. 0116	0. 0070	0. 0042	0. 0016	0. 0006	0. 0002	*
35	0. 0189	0. 0102	0. 0075	0. 0055	0. 0030	0. 0017	0. 0005	0. 0002	0. 0001	*
40	0. 0107	0. 0053	0. 0037	0. 0026	0. 0013	0. 0007	0. 0002	*	*	*
45	0. 0061	0. 0027	0. 0019	0. 0013	0. 0006	0. 0003	*	*	*	*
50	0. 0035	0. 0014	0. 0009	0. 0006	0. 0003	0. 0001	*	*	*	*
55	0. 0020	0. 0007	0. 0005	0. 0003	0. 0001	*	*	*	*	*

附表 3　　年金终值系数表

Period	1%	2%	3%	4%	5%	6%	7%	8%	9%	10%
1	1. 0000	1. 0000	1. 0000	1. 0000	1. 0000	1. 0000	1. 0000	1. 0000	1. 0000	1. 0000
2	2. 0100	2. 0200	2. 0300	2. 0400	2. 0500	2. 0600	2. 0700	2. 0800	2. 0900	2. 1000
3	3. 0301	3. 0604	3. 0909	3. 1216	3. 1525	3. 1836	3. 2149	3. 2464	3. 2781	3. 3100
4	4. 0604	4. 1216	4. 1836	4. 2465	4. 3101	4. 3746	4. 4399	4. 5061	4. 5731	4. 6410
5	5. 1010	5. 2040	5. 3091	5. 4163	5. 5256	5. 6371	5. 7507	5. 8666	5. 9847	6. 1051
6	6. 1520	6. 3081	6. 4684	6. 6330	6. 8019	6. 9753	7. 1533	7. 3359	7. 5233	7. 7156
7	7. 2135	7. 4343	7. 6625	7. 8983	8. 1420	8. 3938	8. 6540	8. 9228	9. 2004	9. 4872
8	8. 2857	8. 5830	8. 8923	9. 2142	9. 5491	9. 8975	10. 260	10. 637	11. 028	11. 436
9	9. 3685	9. 7546	10. 159	10. 583	11. 027	11. 491	11. 978	12. 488	13. 021	13. 579
10	10. 462	10. 950	11. 464	12. 006	12. 578	13. 181	13. 816	14. 487	15. 193	15. 937
11	11. 567	12. 169	12. 808	13. 486	14. 207	14. 972	15. 784	16. 645	17. 560	18. 531
12	12. 683	13. 412	14. 192	15. 026	15. 917	16. 870	17. 888	18. 977	20. 141	21. 384
13	13. 809	14. 680	15. 618	16. 627	17. 713	18. 882	20. 141	21. 495	22. 953	24. 523
14	14. 947	15. 974	17. 086	18. 292	19. 599	21. 015	22. 550	24. 215	26. 019	27. 975
15	16. 097	17. 293	18. 599	20. 024	21. 579	23. 276	25. 129	27. 152	29. 361	31. 772
16	17. 258	18. 639	20. 157	21. 825	23. 657	25. 673	27. 888	30. 324	33. 003	35. 950
17	18. 430	20. 012	21. 762	23. 698	25. 840	28. 213	30. 840	33. 750	36. 974	40. 545
18	19. 615	21. 412	23. 414	25. 645	28. 132	30. 906	33. 999	37. 450	41. 301	45. 599
19	20. 811	22. 841	25. 117	27. 671	30. 539	33. 760	37. 379	41. 446	46. 018	51. 159
20	22. 019	24. 297	26. 870	29. 778	33. 066	36. 786	40. 995	45. 762	51. 160	57. 275
21	23. 239	25. 783	28. 676	31. 969	35. 719	39. 993	44. 865	50. 423	56. 765	64. 002
22	24. 472	27. 299	30. 537	34. 248	38. 505	43. 392	49. 006	55. 457	62. 873	71. 403
23	25. 716	28. 845	32. 453	36. 618	41. 430	46. 996	53. 436	60. 893	69. 532	79. 543
24	26. 973	30. 422	34. 426	39. 083	44. 502	50. 816	58. 177	66. 765	76. 790	88. 497
25	28. 243	32. 030	36. 459	41. 646	47. 727	54. 865	63. 249	73. 106	84. 701	98. 347
26	29. 526	33. 671	38. 553	44. 312	51. 113	59. 156	68. 676	79. 954	93. 324	109. 18
27	30. 821	35. 344	40. 710	47. 084	54. 669	63. 706	74. 484	87. 351	102. 72	121. 10
28	32. 129	37. 051	42. 931	49. 968	58. 403	68. 528	80. 698	95. 339	112. 97	134. 21
29	33. 450	38. 792	45. 219	52. 966	62. 323	73. 640	87. 347	103. 97	124. 14	148. 63
30	34. 785	40. 568	47. 575	56. 085	66. 439	79. 058	94. 461	113. 28	136. 31	164. 49
40	48. 886	60. 402	75. 401	95. 026	120. 80	154. 76	199. 64	259. 06	337. 88	442. 59
50	64. 463	84. 579	112. 80	152. 67	209. 35	290. 34	406. 53	573. 77	815. 08	1 163. 9
60	81. 670	114. 05	163. 05	237. 99	353. 58	533. 13	813. 52	1 253. 2	1 944. 8	3 034. 8

续表

Period	12%	14%	15%	16%	18%	20%	24%	28%	32%	36%
1	1.0000	1.0000	1.0000	1.0000	1.0000	1.0000	1.0000	1.0000	1.0000	1.0000
2	2.1200	2.1400	2.1500	2.1600	2.1800	2.2000	2.2400	2.2800	2.3200	2.3600
3	3.3744	3.4396	3.4725	3.5056	3.5724	3.6400	3.7776	3.9184	4.0624	4.2096
4	4.7793	4.9211	4.9934	5.0665	5.2154	5.3680	5.6842	6.0156	6.3624	6.7251
5	6.3528	6.6101	6.7424	6.8771	7.1542	7.4416	8.0484	8.6999	9.3983	10.146
6	8.1152	8.5355	8.7537	8.9775	9.4420	9.9299	10.980	12.136	13.406	14.799
7	10.089	10.730	11.067	11.414	12.142	12.916	14.615	16.534	18.696	21.126
8	12.300	13.233	13.727	14.240	15.327	16.499	19.123	22.163	25.678	29.732
9	14.776	16.085	16.786	17.519	19.086	20.799	24.712	29.369	34.895	41.435
10	17.549	19.337	20.304	21.321	23.521	25.959	31.643	38.593	47.062	57.352
11	20.655	23.045	24.349	25.733	28.755	32.150	40.238	50.398	63.122	78.998
12	24.133	27.271	29.002	30.850	34.931	39.581	50.895	65.510	84.320	108.44
13	28.029	32.089	34.352	36.786	42.219	48.497	64.110	84.853	112.30	148.47
14	32.393	37.581	40.505	43.672	50.818	59.196	80.496	109.61	149.24	202.93
15	37.280	43.842	47.580	51.660	60.965	72.035	100.82	141.30	198.00	276.98
16	42.753	50.980	55.717	60.925	72.939	87.442	126.01	181.87	262.36	377.69
17	48.884	59.118	65.075	71.673	87.068	105.93	157.25	233.79	347.31	514.66
18	55.750	68.394	75.836	84.141	103.74	128.12	195.99	300.25	459.45	700.94
19	63.440	78.969	88.212	98.603	123.41	154.74	244.03	385.32	607.47	954.28
20	72.052	91.025	102.44	115.38	146.63	186.69	303.60	494.21	802.86	1 298.8
21	81.699	104.77	118.81	134.84	174.02	225.03	377.46	633.59	1 060.8	1 767.4
22	92.503	120.44	137.63	157.41	206.34	271.03	469.06	812.00	1 401.2	2 404.7
23	104.60	138.30	159.28	183.60	244.49	326.24	582.63	1 040.4	1 850.6	3 271.3
24	118.16	158.66	184.17	213.98	289.49	392.48	723.46	1 332.7	2 443.8	4 450.0
25	133.33	181.87	212.79	249.21	342.60	471.98	898.09	1 706.8	3 226.8	6 053.0
26	150.33	208.33	245.71	290.09	405.27	567.38	1 114.6	2 185.7	4 260.4	8 233.1
27	169.37	238.50	283.57	337.50	479.22	681.85	1 383.1	2 798.7	5 624.8	11 198
28	190.70	272.89	327.10	392.50	566.48	819.22	1 716.1	3 583.3	7 425.7	15 230
29	214.58	312.09	377.17	456.30	669.45	984.07	2 129.0	4 587.7	9 802.9	20 714
30	241.33	356.79	434.75	530.31	790.95	1 181.9	2 640.9	5 873.2	12 941	28 172
40	767.09	1 342.0	1 779.1	2 360.8	4 163.2	7 343.9	22 729	69 377	*	*
50	2 400.0	4 994.5	7 217.7	10 436	21 813	45 497	*	*	*	
60	7 471.6	18 535	29 220	46 058	*	*	*	*	*	

附表 4 年金现值系数表

Period	1%	2%	3%	4%	5%	6%	7%	8%	9%
1	0.9901	0.9804	0.9709	0.9615	0.9524	0.9434	0.9346	0.9259	0.9174
2	1.9704	1.9416	1.9135	1.8861	1.8594	1.8334	1.8080	1.7833	1.7591
3	2.9410	2.8839	2.8286	2.7751	2.7232	2.6730	2.6243	2.5771	2.5313
4	3.9020	3.8077	3.7171	3.6299	3.5460	3.4651	3.3872	3.3121	3.2397
5	4.8534	4.7135	4.5797	4.4518	4.3295	4.2124	4.1002	3.9927	3.8897
6	5.7955	5.6014	5.4172	5.2421	5.0757	4.9173	4.7665	4.6229	4.4859
7	6.7282	6.4720	6.2303	6.0021	5.7864	5.5824	5.3893	5.2064	5.0330
8	7.6517	7.3255	7.0197	6.7327	6.4632	6.2098	5.9713	5.7466	5.5348
9	8.5660	8.1622	7.7861	7.4353	7.1078	6.8017	6.5152	6.2469	5.9952
10	9.4713	8.9826	8.5302	8.1109	7.7217	7.3601	7.0236	6.7101	6.4177
11	10.3676	9.7868	9.2526	8.7605	8.3064	7.8869	7.4987	7.1390	6.8052
12	11.2551	10.5753	9.9540	9.3851	8.8633	8.3838	7.9427	7.5361	7.1607
13	12.1337	11.3484	10.6350	9.9856	9.3936	8.8527	8.3577	7.9038	7.4869
14	13.0037	12.1062	11.2961	10.5631	9.8986	9.2950	8.7455	8.2442	7.7862
15	13.8651	12.8493	11.9379	11.1184	10.3797	9.7122	9.1079	8.5595	8.0607
16	14.7179	13.5777	12.5611	11.6523	10.8378	10.1059	9.4466	8.8514	8.3126
17	15.5623	14.2919	13.1661	12.1657	11.2741	10.4773	9.7632	9.1216	8.5436
18	16.3983	14.9920	13.7535	12.6593	11.6896	10.8276	10.0591	9.3719	8.7556
19	17.2260	15.6785	14.3238	13.1339	12.0853	11.1581	10.3356	9.6036	8.9501
20	18.0456	16.3514	14.8775	13.5903	12.4622	11.4699	10.5940	9.8181	9.1285
21	18.8570	17.0112	15.4150	14.0292	12.8212	11.7641	10.8355	10.0168	9.2922
22	19.6604	17.6580	15.9369	14.4511	13.1630	12.0416	11.0612	10.2007	9.4424
23	20.4558	18.2922	16.4436	14.8568	13.4886	12.3034	11.2722	10.3711	9.5802
24	21.2434	18.9139	16.9355	15.2470	13.7986	12.5504	11.4693	10.5288	9.7066
25	22.0232	19.5235	17.4131	15.6221	14.0939	12.7834	11.6536	10.6748	9.8226
26	22.7952	20.1210	17.8768	15.9828	14.3752	13.0032	11.8258	10.8100	9.9290
27	23.5596	20.7069	18.3270	16.3296	14.6430	13.2105	11.9867	10.9352	10.0266
28	24.3164	21.2813	18.7641	16.6631	14.8981	13.4062	12.1371	11.0511	10.1161
29	25.0658	21.8444	19.1885	16.9837	15.1411	13.5907	12.2777	11.1584	10.1983
30	25.8077	22.3965	19.6004	17.2920	15.3725	13.7648	12.4090	11.2578	10.2737
35	29.4086	24.9986	21.4872	18.6646	16.3742	14.4982	12.9477	11.6546	10.5668
40	32.8347	27.3555	23.1148	19.7928	17.1591	15.0463	13.3317	11.9246	10.7574
45	36.0945	29.4902	24.5187	20.7200	17.7741	15.4558	13.6055	12.1084	10.8812
50	39.1961	31.4236	25.7298	21.4822	18.2559	15.7619	13.8007	12.2335	10.9617
55	42.1472	33.1748	26.7744	22.1086	18.6335	15.9905	13.9399	12.3186	11.0140

续表

Period	10%	12%	14%	15%	16%	18%	20%	24%	28%	32%
1	0. 9091	0. 8929	0. 8772	0. 8696	0. 8621	0. 8475	0. 8333	0. 8065	0. 7813	0. 7576
2	1. 7355	1. 6901	1. 6467	1. 6257	1. 6052	1. 5656	1. 5278	1. 4568	1. 3916	1. 3315
3	2. 4869	2. 4018	2. 3216	2. 2832	2. 2459	2. 1743	2. 1065	1. 9813	1. 8684	1. 7663
4	3. 1699	3. 0373	2. 9137	2. 8550	2. 7982	2. 6901	2. 5887	2. 4043	2. 2410	2. 0957
5	3. 7908	3. 6048	3. 4331	3. 3522	3. 2743	3. 1272	2. 9906	2. 7454	2. 5320	2. 3452
6	4. 3553	4. 1114	3. 8887	3. 7845	3. 6847	3. 4976	3. 3255	3. 0205	2. 7594	2. 5342
7	4. 8684	4. 5638	4. 2883	4. 1604	4. 0386	3. 8115	3. 6046	3. 2423	2. 9370	2. 6775
8	5. 3349	4. 9676	4. 6389	4. 4873	4. 3436	4. 0776	3. 8372	3. 4212	3. 0758	2. 7860
9	5. 7590	5. 3282	4. 9464	4. 7716	4. 6065	4. 3030	4. 0310	3. 5655	3. 1842	2. 8681
10	6. 1446	5. 6502	5. 2161	5. 0188	4. 8332	4. 4941	4. 1925	3. 6819	3. 2689	2. 9304
11	6. 4951	5. 9377	5. 4527	5. 2337	5. 0286	4. 6560	4. 3271	3. 7757	3. 3351	2. 9776
12	6. 8137	6. 1944	5. 6603	5. 4206	5. 1971	4. 7932	4. 4392	3. 8514	3. 3868	3. 0133
13	7. 1034	6. 4235	5. 8424	5. 5831	5. 3423	4. 9095	4. 5327	3. 9124	3. 4272	3. 0404
14	7. 3667	6. 6282	6. 0021	5. 7245	5. 4675	5. 0081	4. 6106	3. 9616	3. 4587	3. 0609
15	7. 6061	6. 8109	6. 1422	5. 8474	5. 5755	5. 0916	4. 6755	4. 0013	3. 4834	3. 0764
16	7. 8237	6. 9740	6. 2651	5. 9542	5. 6685	5. 1624	4. 7296	4. 0333	3. 5026	3. 0882
17	8. 0216	7. 1196	6. 3729	6. 0472	5. 7487	5. 2223	4. 7746	4. 0591	3. 5177	3. 0971
18	8. 2014	7. 2497	6. 4674	6. 1280	5. 8178	5. 2732	4. 8122	4. 0799	3. 5294	3. 1039
19	8. 3649	7. 3658	6. 5504	6. 1982	5. 8775	5. 3162	4. 8435	4. 0967	3. 5386	3. 1090
20	8. 5136	7. 4694	6. 6231	6. 2593	5. 9288	5. 3527	4. 8696	4. 1103	3. 5458	3. 1129
21	8. 6487	7. 5620	6. 6870	6. 3125	5. 9731	5. 3837	4. 8913	4. 1212	3. 5514	3. 1158
22	8. 7715	7. 6446	6. 7429	6. 3587	6. 0113	5. 4099	4. 9094	4. 1300	3. 5558	3. 1180
23	8. 8832	7. 7184	6. 7921	6. 3988	6. 0442	5. 4321	4. 9245	4. 1371	3. 5592	3. 1197
24	8. 9847	7. 7843	6. 8351	6. 4338	6. 0726	5. 4509	4. 9371	4. 1428	3. 5619	3. 1210
25	9. 0770	7. 8431	6. 8729	6. 4641	6. 0971	5. 4669	4. 9476	4. 1474	3. 5640	3. 1220
26	9. 1609	7. 8957	6. 9061	6. 4906	6. 1182	5. 4804	4. 9563	4. 1511	3. 5656	3. 1227
27	9. 2372	7. 9426	6. 9352	6. 5135	6. 1364	5. 4919	4. 9636	4. 1542	3. 5669	3. 1233
28	9. 3066	7. 9844	6. 9607	6. 5335	6. 1520	5. 5016	4. 9697	4. 1566	3. 5679	3. 1237
29	9. 3696	8. 0218	6. 9830	6. 5509	6. 1656	5. 5098	4. 9747	4. 1585	3. 5687	3. 1240
30	9. 4269	8. 0552	7. 0027	6. 5660	6. 1772	5. 5168	4. 9789	4. 1601	3. 5693	3. 1242
35	9. 6442	8. 1755	7. 0700	6. 6166	6. 2153	5. 5386	4. 9915	4. 1644	3. 5708	3. 1248
40	9. 7791	8. 2438	7. 1050	6. 6418	6. 2335	5. 5482	4. 9966	4. 1659	3. 5712	3. 1250
45	9. 8628	8. 2825	7. 1232	6. 6543	6. 2421	5. 5523	4. 9986	4. 1664	3. 5714	3. 1250
50	9. 9148	8. 3045	7. 1327	6. 6605	6. 2463	5. 5541	4. 9995	4. 1666	3. 5714	3. 1250
55	9. 9471	8. 3170	7. 1376	6. 6636	6. 2482	5. 5549	4. 9998	4. 1666	3. 5714	3. 1250

习 题 答 案

第1章

一、单项选择题

1. D　2. D　3. A　4. B　5. C

二、多项选择题

1. ABCD　2. ABC　3. AB　4. BCD　5. BCD

6. ACD　7. ABC　8. ABCD　9. ABD　10. ACD

三、判断题

1. ×　2. √　3. √　4. ×　5. √

6. ×

第2章

一、单项选择题

1. A　2. C　3. C　4. B　5. B

6. D　7. D　8. B　9. B　10. B

11. C　12. D　13. A　14. D　15. D

二、多项选择题

1. ABCD　2. ACD　3. ACD　4. AD　5. ABC

6. BD　7. BC　8. ACD　9. AD　10. ABC

三、判断题

1. √　2. √　3. √　4. ×　5. √

6. ×　7. √　8. ×　9. √　10. ×

四、计算题

习题一

1. F =30 000 ×（F/P，10%，5）=30 000 ×1.6105 =48 315（元）

2. P =20 000 ×（P/F，6%，3）=20 000 ×0.8396 =16 792（元）

3. 由：150 000 =50 000 ×（F/P，8%，n）

可得：（F/P，8%，n）=3

查表得：（F/P，8%，14）=2.9372

$(F/P, 8\%, 15) = 3.1722$

根据插值法原理，有

$$\frac{n-14}{15-14} = \frac{3-2.9372}{3.1722-2.9372}$$

$$n = 14 + \frac{0.0628}{0.235} \times 1 = 14.27$$

即需 14.27 年能使现有资金达到其原来的 3 倍。

4. 实际利率 $= \left(1 + \frac{6\%}{4}\right)^4 - 1 = 6.14\%$

习题二

1. $F = 30 \times (F/A, 3\%, 5) = 30 \times 5.3091 = 159.27$（万元）

$P = 30 \times (P/A, 3\%, 5) = 30 \times 4.5797 = 137.39$（万元）

2. $F = 30 \times [(F/A, 3\%, 5+1) - 1] = 30 \times (6.4684 - 1) = 164.05$（万元）

$P = 30 \times [(P/A, 3\%, 5-1) + 1] = 30 \times (3.7171 + 1) = 141.51$（万元）

3. $F = 30 \times (F/A, 3\%, 5) = 30 \times 5.3091 = 159.27$（万元）

$P = 30 \times (P/A, 3\%, 5) \times (P/F, 3\%, 2) = 30 \times 4.5797 \times 0.9426 = 129.51$（万元）

4. $P = \frac{30}{3\%} = 1\ 000$（万元）

习题三

1. A、B 两个项目的期望收益率：

$\overline{R}_A = 30\% \times 0.3 + 15\% \times 0.5 + (-5\%) \times 0.2 = 15.5\%$

$\overline{R}_B = 40\% \times 0.3 + 15\% \times 0.5 + (-15\%) \times 0.2 = 16.5\%$

2. A、B 两个项目的标准差：

$$\sigma_A = \sqrt{(30\% - 15.5\%)^2 \times 0.3 + (15\% - 15.5\%)^2 \times 0.5 + (-5\% - 15.5\%)^2 \times 0.2} = 12.13\%$$

$$\sigma_B = \sqrt{(40\% - 16.5\%)^2 \times 0.3 + (15\% - 16.5\%)^2 \times 0.5 + (-15\% - 16.5\%)^2 \times 0.2} = 19.11\%$$

3. A、B 两个项目的标准离差率：

$$V_A = \frac{12.13\%}{15.5\%} = 0.7826$$

$$V_B = \frac{19.11\%}{16.5\%} = 1.1582$$

习题四

1. 计算各种股票的必要收益率：

$R_A = 10\% + 0.8 \times (16\% - 10\%) = 14.8\%$

$R_B = 10\% + 1.0 \times (16\% - 10\%) = 16\%$

$R_C = 10\% + 1.4 \times (16\% - 10\%) = 18.4\%$

$R_D = 10\% + 1.5 \times (16\% - 10\%) = 19\%$

$R_E = 10\% + 1.7 \times (16\% - 10\%) = 20.2\%$

2. 计算该资产组合的β系数：

$\beta_p = 10\% \times 0.8 + 20\% \times 1.0 + 20\% \times 1.4 + 30\% \times 1.5 + 20\% \times 1.7 = 1.35$

3. 计算该资产组合的必要收益率：

$R_p = 10\% + 1.35 \times (16\% - 10\%) = 18.1\%$

或

$$R_p = 10\% \times 14.8\% + 20\% \times 16\% + 20\% \times 18.4\% + 30\% \times 19\% + 20\% \times 20.2\% = 18.1\%$$

第3章

一、单项选择题

1. A	2. C	3. D	4. C	5. B
6. C	7. B	8. B	9. D	10. A
11. A	12 . C	13. C	14. A	15. A

二、多项选择题

1. BC	2. ABC	3. ACD	4. AC	5. BD
6. CD	7. AD	8. ABD	9. ABCD	10. AB
11. AB	12. ACD	13. AB	14. ABCD	15. CD

三、判断题

1. ×	2. √	3. √	4. ×	5. √
6. ×	7. ×	8. ×	9. ×	10. √
11. ×	12. ×	13. ×	14. √	15. √

四、计算题

习题一

1. 甲方案：

年折旧额 = 20 000 ÷ 5 = 4 000（元）

$NCF_0 = -20\ 000$（元）

$NCF_{1-5} = (15\ 000 - 5\ 000 - 4\ 000) \times (1 - 25\%) + 4\ 000 = 4\ 500 + 4\ 000 = 8\ 500$（元）

2. 乙方案：

年折旧额 = (30 000 − 4 000) ÷ 5 = 5 200（元）

$NCF_0 = -(30\ 000 + 3\ 000) = -33\ 000$（元）

$NCF_1 = (17\ 000 - 5\ 000 - 5\ 200) \times (1 - 25\%) + 5\ 200 = 5\ 100 + 5\ 200 = 10\ 300$（元）

$NCF_2 = (17\ 000 - 5\ 200 - 5\ 200) \times (1 - 25\%) + 5\ 200 = 4\ 950 + 5\ 200 = 10\ 150$（元）

$NCF_3 = (17\ 000 - 5\ 400 - 5\ 200) \times (1 - 25\%) + 5\ 200 = 4\ 800 + 5\ 200 = 10\ 000$（元）

$NCF_4 = (17\ 000 - 5\ 600 - 5\ 200) \times (1 - 25\%) + 5\ 200 = 4\ 650 + 5\ 200 = 9\ 850$（元）

$NCF_5 = (17\ 000 - 5\ 800 - 5\ 200) \times (1 - 25\%) + 5\ 200 + 4\ 000 + 3\ 000 = 4\ 500 + 5\ 200 + 4\ 000 + 3\ 000 = 16\ 700$（元）

习题二

1. 甲、乙两个方案的投资回收期：

甲方案投产后每年 NCF 相等，则 $PP_{甲} = \frac{20\ 000}{8\ 500} = 2.35$（年）

乙方案投产后每年 NCF 不等，应逐年累计测算投资回收期，如下表所示。

乙方案投资回收期计算表 单位：元

年度	年 NCF	累计 NCF
0	-33 000	-33 000
1	10 300	-22 700
2	10 150	-12 550
3	10 000	-2 550
4	9 850	7 300
5	16 700	24 000

$PP_{乙} = 3 + \frac{2\ 550}{9\ 850} = 3.26$（年）

2. 甲、乙两个方案的会计收益率：

$ARR_{甲} = \frac{4\ 500}{20\ 000} \times 100\% = 22.5\%$

$ARR_{乙} = \frac{(5\ 100 + 4\ 950 + 4\ 800 + 4\ 650 + 4\ 500) \div 5}{33\ 000} = 14.55\%$

3. 甲、乙两个方案的净现值：

$NPV_{甲} = 8\ 500 \times (P/A, 10\%, 5) - 20\ 000$

$= 8\ 500 \times 3.7908 - 20\ 000 = 32\ 221.8 - 20\ 000 = 12\ 221.8$（元）

$$
\begin{aligned}
NPV_{乙} &= 10\,300 \times (P/F,\ 10\%,\ 1) + 10\,150 \times (P/F,\ 10\%,\ 2) \\
&\quad + 10\,000 \times (P/F,\ 10\%,\ 3) + 9\,850 \times (P/F,\ 10\%,\ 4) \\
&\quad + 16\,700 \times (P/F,\ 10\%,\ 5) - 33\,000 \\
&= 10\,300 \times 0.9091 + 10\,150 \times 0.8264 + 10\,000 \times 0.7513 \\
&\quad + 9\,850 \times 0.6830 + 16\,700 \times 0.6209 - 33\,000 \\
&= 56\,966.21 - 33\,000 = 23\,996.21 \text{（元）}
\end{aligned}
$$

4. 甲、乙两个方案的现值指数：

$$PI_{甲} = \frac{32\,221.8}{20\,000} = 1.61$$

$$PI_{乙} = \frac{56\,966.21}{33\,000} = 1.73$$

5. 甲、乙两个方案的内含报酬率：

（1）甲方案的内含报酬率：

$$8\,500 \times (P/A,\ IRR,\ 5) = 20\,000$$

$$(P/A,\ IRR,\ 5) = \frac{20\,000}{8\,500} = 2.3529$$

查“一元年金现值系数”表，查得贴现率28%的年金现值系数为2.5320，贴现率32%的年金现值系数为2.3452。

$$
\left.\begin{array}{l} \left.\begin{array}{l} 28\% \\ IRR_{甲} \end{array}\right\} x \\ 32\% \end{array}\right\} 4\% \qquad
\left.\begin{array}{l} \left.\begin{array}{l} 2.5320 \\ 2.3529 \end{array}\right\} 0.1791 \\ 2.3452 \end{array}\right\} 0.1868
$$

$$\frac{x}{4\%} = \frac{0.1791}{0.1868}$$

$$IRR_{甲} = 28\% + \frac{0.1791}{0.1868} \times 4\% = 31.84\%$$

（2）乙方案的内含报酬率：

乙方案的内含报酬率测试表 单位：元

年度	年现金净流量	测试18%		测试20%	
		复利现值系数	现值	复利现值系数	现值
0	-33 000	1	-33 000.00	1	-33 000.00
1	10 300	0.8475	8 729.25	0.8333	8 582.99
2	10 150	0.7182	7 289.73	0.6944	7 048.16
3	10 000	0.6086	6 086.00	0.5787	5 787.00
4	9 850	0.5158	5 080.63	0.4823	4 750.66
5	16 700	0.4371	7 299.57	0.4019	6 711.73
净现值	—	—	1 485.18	—	-119.46

$$\left.\begin{array}{l}\left.\begin{array}{l}18\% \\ IRR_{乙}\end{array}\right\} x \\ 20\%\end{array}\right\} 2\% \qquad \left.\begin{array}{c}\left.\begin{array}{c}1\ 485.18 \\ 0\end{array}\right\} 1\ 485.18 \\ -119.46\end{array}\right\} 1\ 604.64$$

$$\frac{x}{2\%}=\frac{1\ 485.18}{1\ 604.64}$$

$$IRR_{乙}=18\%+\frac{1\ 485.18}{1\ 604.64}\times 2\%=19.85\%$$

习题三

1. （1）甲公司债券价值 $=1\ 000\times 8\%\times(P/A，6\%，5)+1\ 000\times(P/F，6\%，5)$

$=80\times 4.2124+1\ 000\times 0.7473$

$=1\ 084.29$（元）

（2）甲公司债券到期收益率：

$1\ 041=1\ 000\times 8\%\times(P/A，k，5)+1\ 000\times(P/F，k，5)$

假定 $k=7\%$，则 $1\ 000\times 8\%\times(P/A，7\%，5)+1\ 000\times(P/F，7\%，5)-1\ 041=0$（元）

因此，甲公司债券到期收益率为7%。

2. （1）乙公司债券价值 $=(1\ 000+1\ 000\times 8\%\times 5)\times(P/F，6\%，5)$

$=1\ 400\times 0.7473=1\ 046.22$（元）

（2）乙公司债券到期收益率：

由：$1\ 050=(1\ 000+1\ 000\times 8\%\times 5)\times(P/F，k，5)$

可得：$(P/F，k，5)=0.75$

查表可知 $(P/F，5\%，5)=0.7835$ $(P/F，6\%，5)=0.7473$

$$\left.\begin{array}{l}\left.\begin{array}{l}5\% \\ k\end{array}\right\} x \\ 6\%\end{array}\right\} 1\% \qquad \left.\begin{array}{c}\left.\begin{array}{c}0.7835 \\ 0.75\end{array}\right\} 0.0335 \\ 0.7473\end{array}\right\} 0.0362$$

$$\frac{x}{1\%}=\frac{0.0335}{0.0362}$$

$$k=5\%+\frac{0.0335}{0.0362}\times 1\%=5.98\%$$

因此，乙公司债券到期收益率为5.98%。

3. 丙公司债券的价值：

丙公司债券价值 $=1\ 000\times(P/F，6\%，5)=1\ 000\times 0.7473=747.3$（元）

4. 根据上述计算结果可知，甲公司债券的价值高于其买价，所以具有投资价值；乙公司、丙公司债券的价值均低于其买价，所以不具有投资价值。因此，A公司应购买甲公司债券。

习题四

1. M公司股票价值 $=\dfrac{0.15\times(1+6\%)}{8\%-6\%}=7.95$（元）

N公司股票价值 $=\dfrac{0.6}{8\%}=7.50$（元）

2. 由于M公司股票市价为9元，高于其价值7.95元，故M公司股票目前不宜投资购买。N公司股票市价为7元，低于其价值7.50元，故N公司股票值得投资购买。所以，甲企业应购买N公司股票。

第4章

一、单项选择题

1. C	2. D	3. D	4. A	5. B
6. D	7. C	8. C	9. A	10. A
11. B	12. C	13. C	14. A	15. D

二、多项选择题

1. ABC	2. ABCD	3. CD	4. CD	5. BC
6. AB	7. CD	8. CD	9. BC	10. ABC
11. AD	12. BCD	13. ABCD	14. ABD	15. AC

三、判断题

1. √	2. √	3. ×	4. √	5. ×
6. √	7. ×	8. ×	9. ×	10. ×
11. ×	12. √	13. √	14. ×	15. ×

四、计算题

习题一

1. 个别资本成本计算如下：

借款资本成本 $=\dfrac{7\%\times(1-25\%)}{1-1\%}=5.30\%$

债券资本成本 $=\dfrac{14\times9\%\times(1-25\%)}{15\times(1-3\%)}=6.49\%$

普通股资本成本 $=\dfrac{1.2}{10\times(1-6\%)}+8\%=20.77\%$

留存收益资本成本 $=\dfrac{1.2}{10}+8\%=20\%$

2. 加权平均资本成本计算如下：

加权平均资本成本 $=\dfrac{10}{100}\times5.30\%+\dfrac{15}{100}\times6.49\%+\dfrac{40}{100}\times20.77\%+$

$\frac{35}{100}\times 20\% = 16.81\%$

习题二

1. 边际贡献 = 250 ×（1 − 40%）× 1 = 150（万元）

息税前利润 = 150 − 50 = 100（万元）

$$DOL = \frac{150}{100} = 1.5$$

2. $DFL = \frac{100}{100 - 500 \times 10\%} = 2$

3. $DCL = 1.5 \times 2 = 3$

习题三

1. 每股收益无差别点的息税前利润计算如下：

$$\frac{(\overline{EBIT} - 1\,000 \times 8\%) \times (1 - 25\%)}{4\,500 + 1\,000} = \frac{(\overline{EBIT} - 1\,000 \times 8\% - 2\,500 \times 10\%) \times (1 - 25\%)}{4\,500}$$

$\overline{EBIT} = 1\,455$（万元）

2. 每股收益无差别点财务杠杆系数计算如下：

$$DFL_{(甲)} = \frac{1\,455}{1\,455 - 1\,000 \times 8\%} = 1.06$$

$$DFL_{(乙)} = \frac{1\,455}{1\,455 - 1\,000 \times 8\% - 2\,500 \times 10\%} = 1.29$$

3. 公司预计息税前利润 1 200 万元小于每股收益无差别点的息税前利润 1 455 万元，应采用权益筹资，即采用甲方案。

4. 公司预计息税前利润为 1 600 万元大于每股收益无差别点的息税前利润 1 455 万元，应采用负债筹资，即采用乙方案。

5. 息税前利润增长 10% 时，每股收益增长幅度计算如下：

甲方案每股收益增长幅度 = 1.06 × 10% = 10.6%

乙方案每股收益增长幅度 = 1.29 × 10% = 12.9%

第 5 章

一、单项选择题

1. A	2. D	3. A	4. B	5. C
6. B	7. B	8. C	9. D	10. C

二、多项选择题

1. BCD	2. AB	3. ABCD	4. ABCD	5. BD
6. ABCD	7. ABCD	8. ABD		

三、判断题

1. ×	2. ×	3. √	4. ×	5. ×
6. √	7. √	8. √	9. ×	10. √

四、计算题

习题一

1. 投资所需自有资金 = 800 × 60% = 480（万元）

2014 年可发放的股利 = 1 000 − 480 = 520（万元）

2. 每股收益 = 1 000 ÷ 1 000 = 1（元/股）

每股股利 = 520 ÷ 1 000 = 0.52（元/股）

习题二

1. 应发放的股利 = 400（万元）

2. 应发放的股利 = 2 500 ×（400 ÷ 1 600）= 625（万元）

3. 应发放的股利 = 2 500 − 1 000 ×（1 − 40%）= 1 900（万元）

第 6 章

一、单项选择题

1. B	2. B	3. C	4. A	5. C
6. B	7. A	8. B	9. D	10. C
11. D	12. A	13. B	14. B	15. B
16. C	17. C	18. A	19. C	20. D

二、多项选择题

1. ABC	2. ABD	3. ABCD	4. ABC	5. ABD
6. CD	7. BD	8. ABCD	9. AD	10. ABC
11. BC	12. AD	13. ABD	14. BD	15. ABC

三、判断题

1. ×	2. √	3. ×	4. √	5. ×
6. ×	7. ×	8. ×	9. ×	10. ×

四、计算题

习题一

现金周转期 = 80 + 50 − 40 = 90（天）

现金周转率 $= \frac{360}{9} = 4$（次）

最佳现金持有量 $= \frac{480}{4} = 120$（万元）

习题二

1. 应收账款平均余额 $= \frac{720}{360} \times 30 = 60$（万元）

2. 维持赊销业务所需要的资金 = 60 × 60% = 36（万元）

3. 应收账款机会成本 = 36 × 5% = 1.8（万元）

习题三

信用条件分析评价表　　单位：万元

项目＼方案	A 方案（n/60）	B 方案（n/30）	C 方案（2/10，1/20，n/60）
年赊销额	3 960	3 600	3 960
变动成本	3 960 × 60% = 2 376	3 600 × 60% = 2 160	3 960 × 60% = 2 376
现金折扣			3 960 × (60% × 2% + 15% × 1%) = 53.46
边际成本前收益	1 584	1 440	1 530.54
机会成本	$\frac{3\ 960}{360}\times 60\times 60\%\times 10\% = 39.6$	$\frac{3\ 600}{360}\times 30\times 60\%\times 10\% = 18$	$\frac{3\ 960}{360}\times(60\%\times 10+15\%\times 20+25\%\times 60)\times 60\%\times 10\% = 15.84$
坏账损失	3 960 × 3% = 118.8	3 600 × 2% = 72	3 960 × 1.5% = 59.4
收账费用	60	36	42
成本小计	218.4	126	117.24
边际成本后收益	1 365.6	1 314	1 413.3

C 方案的信用成本后收益最大，所以应执行 C 方案。

习题四

1. 丙材料的经济订购批量 $=\sqrt{\frac{2\times 45\ 000\times 180}{20}}=900$（件）

2. 丙材料的最佳订购次数 $=\frac{45\ 000}{900}=50$（次）

3. 丙材料经济订购批量下的订货成本 $=\frac{45\ 000}{900}\times 180=9\ 000$（元）

丙材料经济订购批量下的订货成本 $=\frac{900}{2}\times 20=9\ 000$（元）

丙材料经济订购批量下的最低存货总成本 $=9\ 000+9\ 000=18\ 000$（元）

或 $=\sqrt{2\times 45\ 000\times 180\times 20}=18\ 000$（元）

第 7 章

一、单项选择题

1. C	2. D	3. C	4. C	5. A
6. A	7. D	8. D	9. C	10. C
11. B	12. D	13. C	14. D	15. A

二、多项选择题

1. BD　2. BD　3. ABCD　4. ACD　5. AC
6. ABD　7. ACD　8. ACD　9. ABC　10. ABC

三、判断题

1. ×　2. √　3. √　4. ×　5. ×
6. ×　7. √　8. ×　9. √　10. ×

四、计算题

习题一

1. 应收账款周转期 $=\dfrac{360\times(200+400)/2}{2\ 000}=54$（天）

2. 存货周转期 $=\dfrac{360\times(200+600)/2}{1\ 600}=90$（天）

3. 因为：$\dfrac{\text{年末速动资产}}{\text{年末流动负债}}=1.2$　$\dfrac{\text{年末速动资产}-400}{\text{年末流动负债}}=0.7$

所以：年末流动负债 =800（万元）、年末速动资产 =960（万元）

4. 流动比率 $=\dfrac{960+600}{800}=1.95$

习题二

1. 2014 年的指标计算结果如下：

（1）流动比率 $=\dfrac{12\ 790}{5\ 830}\times100\%=219.38\%$

（2）速动比率 $=\dfrac{5\ 020+175+3\ 885}{5\ 830}\times100\%=155.75\%$

（3）资产负债率 $=\dfrac{7\ 445}{20\ 850}\times100\%=35.71\%$

（4）产权比率 $=\dfrac{7\ 445}{13\ 405}\times100\%=55.54\%$

（5）已获利息倍数 $=\dfrac{14\ 800+195}{195}=76.90$

（6）应收账款周转率 $=\dfrac{49\ 000}{(3\ 500+3\ 885)/2}=13.27$（次）

应收账款周转期 $=\dfrac{360}{13.27}=27.13$（天）

（7）存货周转率 $=\dfrac{27\ 500}{(2\ 610+2\ 820)/2}=10.13$（次）

存货周转期 $=\dfrac{360}{10.13}=35.54$（天）

（8）流动资产周转率 $=\dfrac{49\ 000}{(10\ 110+12\ 790)/2}=4.28$（次）

流动资产周转期 $=\frac{360}{4.28}=84.11$（天）

（9）固定资产周转率 $=\frac{49\ 000}{(5\ 650+6\ 280)/2}=8.21$（次）

固定资产周转期 $=\frac{360}{8.21}=43.85$（天）

（10）总资产周转率 $=\frac{49\ 000}{(16\ 900+20\ 850)/2}=2.60$（次）

总资产周转期 $=\frac{360}{2.60}=138.46$（天）

（11）营业利润率 $=\frac{14\ 805}{49\ 000}\times 100\%=30.21\%$

（12）资产净利率 $=\frac{11\ 100}{(16\ 900+20\ 850)/2}\times 100\%=58.81\%$

（13）净资产收益率 $=\frac{11\ 100}{(10\ 665+13\ 405)/2}\times 100\%=92.23\%$

（14）营业收入增长率 $=\frac{49\ 000-37\ 500}{37\ 500}\times 100\%=30.67\%$

（15）资本积累率 $=\frac{13\ 405-10\ 665}{10\ 665}\times 100\%=25.69\%$

（16）总资产增长率 $=\frac{20\ 850-16\ 900}{16\ 900}\times 100\%=23.37\%$

2. 每股收益、每股股利和市盈率指标计算如下：

（1）每股收益 $=\frac{11\ 100}{11\ 100}=1$（元）

（2）每股股利 $=\frac{3\ 330}{11\ 100}=0.3$（元）

（3）市盈率 $=\frac{25}{1}=25$

参 考 文 献

1. 李清华、宋涛、姜淑华:《财务管理》，经济科学出版社 2008 年版。

2. 张涛:《财务管理学（第四版）》，经济科学出版社 2018 年版。

3. 张涛:《财务管理学学习指导（第四版）》，经济科学出版社 2018 年版。

4. 荆新、王化成、刘俊彦:《财务管理学（第八版）》，中国人民大学出版社 2018 年版。

5. 财政部会计资格评价中心:《财务管理》，中国财政经济出版社 2019 年版。

6. 刘玉平:《财务管理学（第五版）》，中国人民大学出版社 2019 年版。

7. 贾国军:《财务管理学》，中国人民大学出版社 2014 年版。

8. 姚晓民:《财务管理学（第二版）》，上海财经大学出版社 2013 年版。

9. 张立达:《财务管理学（第二版）》，立信会计出版社 2012 年版。

10. 陈玉菁、宋良荣:《财务管理学》，清华大学出版社 2011 年版。